WENDEL DE BRITO LEMOS TEIXEIRA

# MANUAL DAS ASSOCIAÇÕES CIVIS E ORGANIZAÇÕES RELIGIOSAS

**WENDEL DE BRITO LEMOS TEIXEIRA**
Mestre em Direito Público pela Universidade Federal de Uberlândia
Professor de Pós-graduação da PUC-Uberlândia
Professor convidado da Escola Superior da Advocacia da OAB/MG
Advogado

# MANUAL DAS ASSOCIAÇÕES CIVIS E ORGANIZAÇÕES RELIGIOSAS

3ª EDIÇÃO
REVISTA E ATUALIZADA

Del Rey editora
Belo Horizonte
2019

Impresso no Brasil | Printed in Brazil
EDITORIAL DEL REY LTDA

www.editoradelrey.com.br

**Editor:** Arnaldo Oliveira

**Editor Adjunto:** Ricardo A. Malheiros Fiuza

**Diagramação / Capa:** Alfstudio

**Revisão:** Responsabilidade do autor

**EDITORA**
Rua dos Goitacazes, 71 – Lojas 20 a 24
Centro - Belo Horizonte-MG
CEP 30190-909
Comercial:
Tel.: (31) 3284-3284 | 3293-8233
vendas@editoradelrey.com.br
Editorial:
editorial@editoradelrey.com.br



T266m

Teixeira, Wendel de Brito Lemos
Manual das associações civis e organizações religiosas / Wendel de Brito Lemos Teixeira. – 3. ed. rev. atual. – Belo Horizonte: Del Rey, 2019.
xxviii, 306 p. Inclui bibliografia.

ISBN 978-85-384-0542-9

1. Direito civil 2. Associações, instituições, etc. – Brasil 3. Responsabilidade (Direito) – Brasil I. Título

CDU (1976) 347.471(81)

Ficha catalográfica elaborada pelo bibliotecário Junio Martins Lourenço CRB 6/3167.

Aos meus pais José Tarcizo Lemos Teixeira e
Cleuza Abadia Brito Lemos Teixeira, e a meu irmão
Rodolfo de Brito Lemos Teixeira, meu amor e
minha gratidão que extrapolam o mundo das palavras.

"Coragem!, animou-me o mestre. Não é cedendo ao ócio nem refestelando-se sôbre plumas que se conquistam os prêmios ao valor. Aquêle que à inatividade se entregar, de sí deixará sôbre a terra memória igual ao traço que o fumo risca no ar e a espuma traça na onda. Supera a fadiga, vence o torpor, recobra o ânimo, que das vitórias sobre os perigos, a primeira é a da vontade sôbre o corpo. Pensa que devemos subir muito mais alto e que foi pouco o haver saído dêsse abismo. Se o que disse te aproveita, demonstra-o".

*Dante Aliguieri in* "A Divina Comédia"[1]

[1] ALIGUIERI, Dante. *A Divina Comédia*. Tradução: Hernâni Nonato. São Paulo: Editora Cultrix, 1996, p. 91.

# Prefácio à 3ª edição

*Manual das associações civis e organizações religiosas* é uma construção resultante da privilegiada visão sistêmica que Wendel de Brito Lemos Teixeira tem do ordenamento jurídico brasileiro. A terceira edição vem a lume com algumas novidades: mudança de título, atualização de conhecimentos, ampliação temática e revisão jurídica e linguística.

À maneira de um exímio *bricoleur*, o autor monta um quebra-cabeças de inúmeras peças para oferecer à comunidade jurídica a sistematização da matéria, tendo como pano de fundo a evolução dos fatos sociais. Aliás, o critério histórico que embasa a exposição permite ao leitor ajustar o foco sobre os estágios de repúdio, reconhecimento e promoção por que passaram as associações civis na linha do tempo.

Basta conferir a bibliografia consultada para perceber a riqueza da textura *polifônica* da pesquisa – na acepção bakhtiniana do termo. Na verdade, esse diálogo do autor com vasta produção intelectual permitiu um diagnóstico revelador da escassa literatura nacional acerca dessas *pessoas jurídicas de direito privado*. Foi preciso mudar o ponto de observação. A falta de modelos foi sobretudo uma inspiração. O silêncio da doutrina de um lado e a vivência forense de outro, qual simbiose, fizeram a ideia tomar forma e tornar-se obra robusta que responde a seu caráter de necessidade.

O processo não retrata bem a metáfora de Llosa? O escritor, semelhantemente ao catoplebas – criatura lendária que devora a si mesma –, alimenta-se da própria experiência em busca de matéria-prima para seus escritos. Dito e comprovado!

Portanto, longe de se enquadrar no conceito de literatura *ersatz*, o Manual de Wendel – ressalte-se, endossado por juristas da altura de Fernando Rodrigues Martins e de Luiz Edson Fachin – é uma proposta em essência original de leitura do instituto à luz da Constituição Federal – em especial, dos direitos fundamentais – e da legislação infraconstitucional, da doutrina e da jurisprudência mais recentes.

Liberto de toda impaciência, o autor não sonega informações ao revelar tantas perspectivas do *coletivo não estatal*. O resultado? Uma obra que lembra o universo de Escher, pois, também aqui, o olhar do observador se surpreenderá com a harmonização de múltiplos ângulos de um "desenho".

A proposta é, pois, apresentar as dimensões estrutural, funcional e social das associações civis, ora sob um enfoque ontológico, ora deontológico, e abordar **entre vários outros aspectos que lhes dizem respeito**, sua importância na sociedade pós-moderna; suas características e classificação; o tratamento legal recebido nos principais ordenamentos mundiais; o direito fundamental de associação e seus limites; a aquisição e a desconsideração da personalidade jurídica; o estatuto social; representação, direitos e deveres dos associados; relações de consumo; intervenções do Estado e do Ministério Público; formas de dissolução; transformação, incorporação, fusão e cisão; recuperação judicial e falência. O livro discorre ainda sobre associações coligadas, internacionais, religiosas e de gaveta.

A organização dos temas está numa sucessão que não implica necessariamente consequencialidade ou hierarquia. Isso em nada compromete a essência da informação, tampouco causa congestionamento na leitura, de modo que cada leitor seguirá seu próprio roteiro.

Merece registro a postura de Wendel de evidenciar contradições sistêmicas e lacunas legislativas concernentes ao objeto de seu trabalho e de refutar "invencionices" decorrentes de hermenêutica equivocada das normas jurídicas a fim de propor outras formas de pensar. Combinação perfeita: crítica boa e alternativas de interpretação.

*Manual das associações civis e organizações religiosas*, sua história e processo de criação ratificam a pertinente observação de Stephen King sobre o escritor e sua obra: "Quando escreve um livro, o autor passa dias e dias procurando e identificando as árvores. Quando acaba, é preciso dar um passo para trás e contemplar a floresta". Esse exercício ao certo Wendel já fez. Agora é a vez do leitor de explorar a floresta.

*João Otávio de Noronha*
Ministro-Presidente do Superior Tribunal de Justiça

# Prefácio à 2ª edição

Um sucesso de público e de crítica tem sua razão de ser, especialmente no âmbito da arguta comunidade jurídica brasileira composta por juristas teóricos e práticos cada vez mais demandantes de qualidade e seriedade editorial diante da pródiga oferta de livros jurídicos.

Depreendo, com justa razão, enfeixar-se com perfeição a esse molde a obra 'Associações Civis', de autoria do Professor Dr. Wendel de Brito Lemos Teixeira, tornando presente a profética assertiva do Professor Doutor Fernando Rodrigues Martins, em atilado texto exemplar, prefaciador da edição primeira, segundo a qual o texto "perpetuará no tempo e exigirá outras edições".

O acerto da previsão merecida faz com que o Autor, agora, venha nos honrar com o convite que prontamente acedemos para o fim de prefaciar a segunda edição. É que o teor do estudo contém, sem dúvida, matéria contemporânea a interessar estudiosos e estudantes, teóricos e práticos, nomeadamente em tema das associações, desde o início até sua dissolução. Mais ainda, empreende nele caminho íngreme tanto pelo sensível campo das entidades religiosas quanto das organizações não governamentais e demais instituições.

Emergem, dentre vários relevantes, diversos aspectos desse cotejo informativo, construtivo e crítico sobre pessoas jurídicas no âmbito do direito privado, tomando partido o Autor diante de titubeios legislativos ou vazios doutrinários. *Verbi gratia*, a licitude da cláusula de não indenizar, no terreno da responsabilidade civil das associações, não deixa de merecer o devido estudo, notoriamente problematizante.

Precisamente aí se situa a análise que contempla transmutações da tecnologia jurídica e institucional, vale dizer, a desconsideração da personalidade ao lado da intervenção do Estado nas associações. Intimorato, o texto arrosta a mera reprodução da jurisprudência, aliás, farta e abundante, além de pertinente, e quando reputa cabível deduz a crítica nítida, como o faz ao versar sobre julgamento do Superior Tribunal de Justiça sobre cláusulas estatutárias excludentes do direito de voto. Elogiável também a defesa da inconstitucionalidade de dispositivo do atual Código Civil (artigo 61), e aí sem que se subscreva todos os baldrames ali expostos impende reconhecer o acutíssimo argumento em prol da intervenção legislativa quanto à liberdade de destinação dos bens no caso de dissolução.

Depreendo que a obra, beneplacitando, no tema, autores clássicos e contemporâneos, ao mesmo tempo em que navega no exercício prático das sístoles e diástoles que o próprio tema suscita, realiza uma coerente superação do monólogo pelo diálogo jurídico, vale dizer, do 'one way line' para o 'online'. Lê-se o texto de modo fluido e consistente estando praticamente em presença do formulador da exposição e suas respectivas ideias, tamanha a plasticidade comunicativa do exame levado a efeito.

Como resultado de pesquisa de utilidade inquestionável, o trabalho que ora prefaciamos compõe o firmamento jurídico associativo com diversas figuras-satélites, entidades e organizações que se apresentam nessa constelação, a merecer devida atenção de todos.

Os direitos fundamentais se fazem presentes na obra, quer pela saliência que adquirem no agasalho que a obra lhes imprime, quer pelo posicionamento sufragado, como *exempli gratia* na admissibilidade de pessoas às organizações religiosas condicionada à orientação sexual, não isenta, pois, de polêmica e contraposição devida.

Denota-se sobranceira a preocupação em temperar a busca pela Justiça com a imprescindível segurança jurídica substancial, equilíbrio que subordina as formas às funções de institutos e instituições jurídicas. Daí porque é importante colocar no devido lugar tanto a dimensão estrutural quanto o horizonte funcional da associação. Essas associações de pessoas captam, a rigor, o movimento do clássico ao contemporâneo, isto é, do indivíduo para o sujeito concreto, e deste para o ente supraindividual temporal e espacialmente contextualizado. Para tanto, cumpre mesmo apontar a diluição de verdades então concretas e acabadas, nomeadamente numa sociedade que almeja ser justa e materialmente igualitária na plena isonomia de oportunidades que favoreça o empreendimento associativo no respeito às diferenças.

Atento, por conseguinte, à tríplice base, legislativa, jurisprudencial e doutrinária, o texto se revela duplamente afirmativo, pois é pragmático sem descurar da inflexão teórica legitimadora.

Por essas e muito mais razões que o leitor encontrará por si só, no percurso do livro que tem em mãos, eis uma obra que, sem fórmulas apriorísticas, contribui para pensar e debater a construção racional, sistemática e criativa de soluções jurídicas.

*Professor Luiz Edson Fachin*
Titular de Direito Civil da Universidade Federal do Paraná.

# Prefácio à 1ª edição

Wendel de Brito Lemos Teixeira presta com sua pesquisa designada como "Associações civis" devida reparação doutrinária às conhecidas corporações *universitas personarum* que desde os primórdios da civilização refletem a evolução da humanidade. Diga-se reparação, porquanto a doutrina, tanto nacional como internacional da esfera *civil law*, destinou tímida atenção a esse tema deveras necessário as tratativas do dia-a-dia da sociedade.

O exercício da cátedra tem nos demonstrado que somente os manuais de Direito Civil objetivando o ensino da graduação se referem às associações civis quando do enfretamento da matéria respeitante ao conceito, estrutura e classificação das pessoas jurídicas. Portanto, pode ser percebido que a matéria é invocada na manualística muito mais pela passagem obrigatória da explicitação do fenômeno institucional do que na instrumentalização de imprescindibilidade ao tráfego humano.

Justiça seja feita a Pontes de Miranda que em seu tratado arregimentou estudo profundo ao tema – aliás, como de resto o fez ao longo das seis dezenas dos respectivos volumes (*Tratado de direito privado*, Rio de Janeiro, Borsoi, 1955). Sob sua pena, houve a necessária exploração do direito comparado e pesquisa cronológica do assentamento das associações civis.

É, no entanto, nos incisos XVII a XX do art. 5º da Constituição Federal que se denota o ótimo sentido jurídico no qual a noção das associações deve basear-se: exercício de direito fundamental. É dessa orientação que o operador do Direito não pode se afastar, porque os direitos fundamentais: *i*) expressam ideário democrático; *ii*) têm aplicação imediata tanto nas relações jurídicas públicas como nas relações jurídicas privadas; *iii*) são manifestações deônticas dos direitos humanos adquiridos na experiência e cultura pluriestatal; *iv*) concedem a necessária concretude ao fundamento radice da Lex Magna: a dignidade da pessoa humana.

Ora, não se trata de modismo! A hermenêutica e a interpretação das normas jurídicas desde Hans Kelsen (*Teoria pura do direito*, São Paulo, 1995) na observação do sistema dinâmico, como em Carlos Maximiliano (*Hermenêutica e aplicação do Direito*, Rio de Janeiro, Forense, 1980) e em Luís Roberto Barroso (*Interpretação e aplicação da Constituição*, São Paulo, Saraiva, 2004), inicialmente devem ser cotejadas do geral para o particular. Em outras palavras: do Direito Constitucional ao Direito Civil, ou melhor, da Constituição Federal ao Código Civil.

Com essa observação, ao invés de tisnar as associações civis como entidades ou instituições, concede-se às mesmas uma 'virada Kantiana' (Ricardo Lobo Torres, *O direito ao mínimo existencial*, Rio de Janeiro: Renovar, 2009) de forma a tratá-las como exercício de direito fundamental imprescindível à tutela da pessoa humana, especialmente contra os arbítrios, quer venham do Estado, quer venham do mercado.

Essa constatação tem porte empírico claro nas ruas, muito embora não tenhamos a olhos nus a capacidade de ver os direitos fundamentais em ação. Com o reconhecimento da falência estatal que se deu no final dos anos oitenta e início dos anos noventa do século XX, a saída parcial e 'possível' ao fisiologismo, à corrupção endêmica, à burocracia foi a terceirização e flexibilização de muitas atribuições públicas. Neste passo, foram justamente as organizações não governamentais, muitas delas em forma de associações civis, que passaram a atuar neste relevante setor.

De outro lado, a experiência norte-americana de acesso à justiça (Cass Sustein, *A Constituição parcial*, Del Rey, Belo Horizonte, 2008) foi perfeitamente aceita no Brasil e está contribuindo com a necessária eficácia social (efetividade) no que tange às ações coletivas (*class actions of damages*) de proteção ao meio ambiente, ao consumidor, à infância e juventude, ao idoso, enfim a inúmeros direitos difusos e coletivos que cada vez mais acenam o adeus da molécula ao átomo, nos termos da Lei federal n. 7.347/85.

Não há dúvidas, portanto, sobre o cariz fundamental das associações no trato das questões de aporte humanístico.

Na lógica civilista - adotando-se a prudente linha de direito civil constitucional, conforme lecionado por Pietro Perlingieri (*Profili del Diritto Civile*, Edizioni Scientifiche Italiane de Nápoles, 1994) - e agora na estratégia do particular ao geral, as associações configuram a reunião de pessoas em caráter formal para atividades lícitas sem fins lucrativos com objetivos altruísticos, na dicção normativa do art. 53 do Código Civil.

Nesse passo, pode-se desconstruir essa última assertiva em tópicos reveladores das associações, porquanto: i) a reunião é ponto indicativo do universo de pessoas que contextualiza o elemento subjetivo; ii) a formalidade, que se dá pelo estatuto social, confere a necessária seriedade do negócio jurídico plurilateral, portanto requisito de validade; iii) o exercício de atividades lícitas é elemento objetivo e desde já sofre a limitação Constitucional quanto aos grupos paramilitares (leia-se milícias), porquanto o ilícito é o mal proibido pelo Direito; iv) a ausência de finalidade lucrativa apenas reflete que os associados não podem obter lucro, mas não afasta o caráter de utilidade econômica das associações; v) os objetivos altruísticos revelam a dimensão da solidariedade no trato das relações jurídicas, porque demonstra a preocupação da entidade para com o outro (o alter e daí altruísmo), o que é um imperativo autorizante de nossa Constituição Federal, art. 3, inc. III.

Cabe averbar notadamente que é da essência das associações o cumprimento do requisito da socialidade (função social), isso porque os efeitos das atividades por ela desenvolvidas perante a sociedade somente podem ser aqueles considerados positivos. Nesse ponto, as associações devem assumir o estratagema do princípio da precaução com o meio ambiente, além de observar os limites do exercício do direito de propriedade evitando-se o abuso dominial e pautar-se na relativização da livre iniciativa, entre outras situações jurídicas. Enfim, é correto compreender que as associações encontram fronteiras na esfera jurídica alheia.

Se entreolharmos a filosofia, duas categorias de pensamento ganham proeminência na história por serem antagônicas e de análises obrigatórias. Destaque a primeira defendida por René Descartes no seu famoso vaticínio: "cogito, ergo sum." Para muitos, essa lógica seria a concessão da racionalidade que difere o homem dos animais. Mas para o Direito quer dizer outra situação: o individualismo, o ensimesmamento, o direito de estar só. Noutra ponta, o relevo é de Aristóteles, porque o *ethos* apenas pode vir da alteridade, da intersubjetividade, da sociedade e das cidades: o coletivo.

O plano da obra que dá prazeroso gosto da leitura e da apreensão do saber parte inicialmente de prudente escorço histórico e análise das associações civis no âmbito do direito comparado. O estudo cotejado do direito estrangeiro sempre é relevante na medida em que desnuda o aporte ideológico que motivou os movimentos codificadores de cada nação. É por isso que o autor não poupa a notícia de que os países têm noções independentes de associações civis considerando o historicismo axiológico próprio (Miguel Reale, *Introdução à filosofia*, São Paulo, Saraiva, 2006). Aí ainda poderia ser acrescido o BGB no § 21 ao tratar das *Nichwirrtschaftlicher Verein* quando estipula que "un'associazione, che non ha per scopo un azienda commerciale, ottiene la capacita giuridica con l'iscrizione nel registro delle associazioni dell'Amtsgericht competente" (*Codice Civile Tedesco*, traduzione e presentazione a cura di Salvatore Patti, Giuffrè, Milano, 2005).

A estrutura metodológica da obra também permite visualizar as características das associações do ponto de vista ontológico (existência) ou nas palavras de Emilio Betti "do objeto cognoscido" (*Interpretazione della legge e degli atti giuridici*, Giuffrè, Milano, 1949). Mas justamente no capítulo reservado ao estatuto social das associações, agora no âmbito deontológico (normatividade), é que os escritos se avultam ganhando a confiança do leitor pela segurança do arrazoado, especialmente no tema respeitante ao *due process of law* garantido ao associado na possibilidade de processo (e não procedimento) administrativo de exclusão, pois a redação do art. 57 do Código Civil foi acrescida do necessário direito à ampla defesa e direito ao contraditório, conforme a superveniente Lei federal n. 11.127/05: não se associa nem se dissocia pelo arbítrio!

Também merece destaque o capítulo respeitante à responsabilidade civil das associações, porque a obra não se furta a essa imprescindível análise. O autor filia-se à corrente de que a tendência da responsabilidade civil é subjetiva, cabendo aos vitimados a comprovação do grau de reprovabilidade do ato ilícito cometido no âmbito da associação, o que não se afigura desprezível em face da inexistência de finalidade lucrativa da entidade e presença do elemento altruístico. Mas igualmente a tendência de responsabilidade objetiva é perfeitamente possível se abstrairmos do campo do ato rumo à atividade e dos deveres laterais da obrigação (artigos 422 e 927, parágrafo único, ambos do Código Civil), tanto que as grandes associações atualmente valem-se dos contratos de seguros de responsabilidade civil, acompanhando o *locus* universal de coletivização dos riscos (Geneviève Viney, *Les obligations*: La responsabilité: conditions. Paris: LGDJ, 1982).

Duas outras notas são bastante significativas. Com invejável acerto, o autor não mede esforços em apontar que a intervenção estatal nos rumos da associação é uma exceção e assim somente poderia sê-lo, porque o bom juiz é aquele que intervém para salvar e integrar os institutos (contratos, associações, propriedades etc.) e não defenestrá-los do mundo jurídico. Ademais o autor comprova sua razoabilidade intelectiva ao tratar da dissolução das associações, apontando que também a pessoa jurídica tem nascimento (gênese), vida (plenitude) e morte (crise), de acordo com as sábias lições de Nelson Saldanha (*Ética e Direito*, Renovar, Rio de Janeiro, 2006).

A bibliografia, por derradeiro, é a comprovação da pertinência temática do trabalho desenvolvido. Vê-se que a pesquisa não foi pueril e ignóbil. Ao contrário, é densa com forte apoio nos escritos estrangeiros indispensáveis à leitura das associações no âmbito da sociedade pós-moderna, hipercomplexa, de racionalidade reflexiva, onde os setores (dentro dos quais se destacam as associações) perfazem normas de convivência humana: das regras do jogo ao jogo com as regras.

Além do mérito da obra que agora vai ao mercado editorial, Wendel de Brito Lemos Teixeira se notabiliza como excelente advogado. Forjado na capacidade incansável de proteção dos interesses de seus clientes, dá sentido exato à expressão máxima do contrato de mandato (*manu datum*), ou seja, ato de dar a mão ao próximo.

E nesse ensejo os advogados discrepam dos demais operadores. A Lei Orgânica da Magistratura dispõe que o juiz presidirá a audiência, sendo que ao seu lado direito sentará o membro do Ministério Público. Por sua vez, determina a Lei Orgânica do Ministério Público que o Promotor de Justiça sentará à direita do Juiz de Direito quando dos trabalhos formais de audiência. Interessante que a "profissão de fé" da ritualística católica dentre tantos apontamentos sobre a fidelidade divina lembra que "nosso Senhor Jesus Cristo está sentado à direita de Deus Pai todo poderoso". Vale dizer: o representante do Ministério Público fora cristianizado ao passo que o Juiz de Direito fora elevado à condição divina. Isso tudo poderia ser aceitável, mas não o é frente à qualidade do produto justiça fornecido pelo Estado. Mera idolatria que afasta o dever de servir e bane dos tribunais a cientificidade tão específica do Direito.

A constatação acima permite entreolhar que o exercício da advocacia é mais lídimo que os afazeres da judicatura ou do múnus ministerial, porque não parte da divindade para firmar-se na condição da essencialidade social. Silentes, os advogados transformam o mundo (Francesco Galgano, *La globalización en el espejo del derecho*, Rubinzal Editores, Santa Fé, 2006).

Wendel de Brito Lemos Teixeira fixa um ponto interessante e sem volta em sua vida profissional, postando-se advogado jovem, no entanto, experiente no ramo das associações com finalidades de clubes de lazer, tão importantes à formação desportiva, cultural, salutar dos cidadãos. E aqui fica desde já registrado o sinal de que a presente obra perpetuará no tempo e exigirá outras edições e atualizações, porque caracterizada pelo ineditismo e profundidade.

Do professor e do amigo inscreve-se também o orgulho por esta nova etapa de mundivisão do autor que conseguiu identificar a importância do coletivo não estatal e sabiamente traduzi-lo aos olhos dos operadores do Direito.

Uberlândia, primavera de 2009.

*Fernando Rodrigues Martins*
Professor universitário
Doutor e Mestre em Direito Civil
Promotor de Justiça em Minas Gerais

# Apresentação à 3ª edição

Com muita satisfação, e atendendo honroso convite da Editora Del Rey, é que apresentamos a 3ª edição do livro "Manual das Associações Civis", o qual teve grande acolhida pelos acadêmicos e profissionais do Direito.

Esta obra foi revista, atualizada e ampliada, passando por importantes e interessantes modificações.

A primeira mudança realizada foi no título, passando a se chamar "Manual das Associações Civis e Organizações religiosas", o que já deveria ter feito na edição anterior, por englobar estudo significativo desta espécie de pessoa jurídica com objetivo religioso.

A segunda modificação foi quanto à atualização, onde se buscou deixar o trabalho de acordo com a legislação, doutrina e jurisprudência mais recente.

Quanto à terceira alteração, esta diz respeito à revisão, tanto gramatical quanto teórica e jurisprudencial, tendo-se em vista a grande quantidade de situações e questionamentos onde nos deparamos seja na elaboração de pareceres, seja na atuação em processos, seja em contatos com leitores da 1ª e 2ª edição, seja no cotidiano forense ou em palestras e congressos sobre o tema.

Também foi nosso intuito fazer o presente manual à luz dos direitos fundamentais, mantendo inclusive o capítulo referente ao direito fundamental de associação.

Ainda foi nosso intento, incluir novos temas e questões para enriquecer a obra e informar o leitor, de modo que esta 3ª edição possa ser interessante não apenas para quem não tinha a 1ª e 2ª edição, mas também para àqueles que já têm. Acrescentou-se capítulos/tópicos sobre a atualização da lei de associações francesas, associações de gaveta e pseudo-associações, desconsideração da personalidade jurídica nas associações, intervenção do Ministério Público nas associações, suspensão e nulidade de deliberações associativas, suspensão das atividades das associações, lei de acesso à informação, dentre outros, .

Espero assim, conseguir retribuir por meio desta 3ª edição, o carinho dado pela excelente acolhida pelas edições anteriores

*O Autor*
Uberlândia(MG), Janeiro de 2019

# SUMÁRIO

# 1
# INTRODUÇÃO

A falta de material doutrinário do tema, em parte, dificultou, mas, por outro, nos atiçou a promover alguns escólios sobre as associações.

Em levantamento bibliográfico feito, notamos que poucas foram as obras e artigos nacionais escritos especificamente sobre associações civis, apesar da importância ímpar desta espécie de pessoa jurídica no mundo contemporâneo.

Essa escassez de material doutrinário tornou o nosso trabalho mais árduo, mas, em compensação, possibilitou que algumas vezes pudéssemos desenvolver nossos próprios entendimentos.

Outro fator que nos estimulou a escrever algumas linhas sobre tão nobre (e tão pouco analisado) instituto é a vivência forense.

A aplicação da doutrina na vivência forense também demonstra muitos equívocos no tratamento das associações segundo nosso humilde ponto de vista, principalmente após o advento do Código Civil de 2002, onde não é raro encontrar invencionices sobre o novo *codex*.[1]

Importante salientar que as associações aqui tratadas são as pessoas jurídicas de direito privado e não as associações públicas (consórcios) previstas no art. 41, IV, do Código Civil.

Também advertimos que sempre utilizamos a expressão "associado" ao invés de "sócio", porque o Código Civil de 2002 diferenciou tais figuras ao distinguir as associações das sociedades. Associação não se equipara à sociedade, pelo que associado, por via de consequência, não se equipara a sócio.

---

1 REALE, Miguel. *Estudos preliminaries do código civil.* São Paulo: Editora Revista dos Tribunais, 2003; p. 8.

O objetivo de contribuir para adequação da legislação e doutrina à natureza das associações também foi força motriz da presente obra. Como repudiamos a crítica sem sugestões, nos pontos em que entendemos serem os dispositivos legislativos inconstitucionais ou incompatíveis com a natureza das associações, apontamos possíveis medidas que poderão ser tomadas para sanar tais problemas.

Nesta edição, passamos a analisar as associações à luz da Constituição Federal, notadamente dos direitos fundamentais, mesmo porque ela própria é um direito fundamental (direito fundamental de associação)

Nesta edição, analisamos associações à luz da Constituição Federal, notadamente dos direitos fundamentais, mesmo porque ela própria é um direito fundamental (direito fundamental de associação).

Também fizemos abordagem das organizações religiosas que, desde o advento do atual Código Civil, foram consideradas uma espécie de pessoa jurídica diversa (art. 44, IV) das associações civis.

Desejamos que esta obra auxilie de algum modo os estudantes, operadores do direito e aqueles que lidam com associações.

Por fim, parafraseamos Hélio Tornagui[2] ao afirmamos que esta é uma obra cheia de luz e de sombra. Muito mais de sombra do que luz, mas mesmo assim a pouca luz não perde o seu brilho.

O Autor

*wendelbritolemos@hotmail.com*

---

2 RF 306/79.

# 2

# ESCORÇO HISTÓRICO

Inicialmente, importante trazer a lume a advertência de Guido Alpa de que a importância das associações varia de acordo com a fase histórica e área geográfica estudada.[3]

Como é cediço, as liberdades coletivas surgiram muito depois das liberdades individuais, pois a preocupação com si mesmo isoladamente precedeu a preocupação com si mesmo junto a outros.

Os motivos que geraram demora no desenvolvimento das liberdades coletivas são explicitados por Celso Ribeiro Bastos: a) os governos temiam as facilidades de contestação que as liberdades públicas proporcionavam; b) as liberdades públicas não têm herança ideológica na Declaração dos Direitos dos Homens de 1789, a qual é altamente individualista; c) o liberalismo político temia entidades que pudessem se postar entre o indivíduo e a coletividade total, deturpando a "vontade geral"; d) o liberalismo econômico desconfiava das associações pelos prejuízos que poderiam trazer a uma economia de mercado, fundada em contratos individuais e na livre concorrência.[4]

O demorado desenvolvimento das liberdades coletivas foi causa da pouca importância histórica que as associações tiveram até o advento da Revolução Francesa.

Era tão diminuta a influência das corporações (nomenclatura arcaica dada às associações e utilizada atualmente apenas por pouquíssimos países

---

3 ALPA, Guido. *Istituzioni di Diritto Privato*. 2. ed. Torino: UTET, 1997; p. 481.

4 BASTOS, Celso Ribeiro. *Curso de Direito Constitucional*. São Paulo: Editora Saraiva, 1999; p. 204.

como o Chile) até a Revolução Francesa que a única entidade desta categoria de relevo histórico foi a Corporação de Mestres e Artesãos da Idade Média e Renascimento.

Pontes de Miranda menciona que "a hostilidade dos Enciclopedistas e da Revolução francesa foi causa de se propagar por muitos países a vedação das associações".[5] Cite-se como exemplo a França (berço das liberdades e influência para o mundo), que proibiu expressamente esta modalidade de pessoa jurídica no domínio profissional pela lei *Le Chapelier* de 1791.

O próprio Código Penal Francês, em seus arts. 291 e 292, dispunha que somente era permitida associação com até 20 (vinte) membros, salvo decisão prévia e discricionária em sentido contrário.

*Jean Jacques Israel* cita que o decreto de 2 e 17 de março de 1791 (Decreto de Allarde) proibiu as corporações de profissões, a lei le chapelier de 14 e 17 de junho de 1791 probiiu as associações de operários, a lei de 5 de fevereiro de 1790 e decreto de 18 de agosto de 1792 restringiram a liberdade de associação religiosa.[6]

As associações passam a ter importância tão-somente a partir da criação do Clube dos Jacobinos, que era uma organização política à margem da legalidade com fortíssima influência na França, principalmente na Revolução Francesa.

Aspecto interessante foi que apesar dos ideais da Revolução Francesa serem totalmente avessos às associações, proibindo-as e extinguindo as já existentes por meio da lei de 14 de junho de 1791[7], aquele momento histórico foi altamente influenciado justamente por uma associação (à margem da legalidade): o Clube dos Jacobinos.

Mediante a verificação da importância do Clube dos Jacobinos (mesmo à margem da legalidade) e com o passar dos anos, as associações passaram a ter grande influência no mundo. Diante dessa realidade, a própria disposição legal do Código Penal Francês contrária ao associativismo caiu em desuso.

Alexis de Tocqueville após viagem aos Estados Unidos pós-independência publicou sua obra *A Democracia na América* (1835) e deu outro grande

---

5 MIRANDA, Francisco Cavalcanti Pontes de. *Tratado de Direito Privado.* Parte geral. Tomo I. Rio de Janeiro: Editor Borsoi, 1954; p. 321.

6 ISRAEL, Jean Jacques. *Direito das liberdades fundamentais.* Barueri: Manoel, 2005; p. 556.

7 RIPERT, Georges; BOULANGER, Jean. *Tratado de Derecho Civil segun el tratado de Planiol.* Traduccion de Delia Garcia Daireaux. Buenos Aires: La ley; p. 196.

impulso às associações civis na França. Afirmou que nos Estados Unidos não havia vontade humana que não pudesse ser alcançada pela associação (poder coletivo dos indivíduos)[8]. Levou para a França e para o mundo a importância desempenhada pelas associações nos Estados Unidos:

> Os americanos de todas as idades, de todas as condições, de todos os espíritos, estão constantemente a se unir. Não só possuem associações comerciais, industriais, nas quais todos tomam parte, como ainda existem mil outras espécies: religiosas, morais, graves, fúteis, muito gerais e muito particulares, imensas e muito pequenas; os americanos associam-se para dar festas, fundar seminários, construir hotéis, edificar igrejas, distribuir livros, enviar missionários aos antípodas; assim também, criam hospitais, prisões, escolas. Trata-se, enfim, de trazer à luz ou se desenvolver um sentimento pelo apoio de um grande exemplo, eles se associam. Em toda parte onde, à frente de uma empresa nova, vemos na França, o governo e na Inglaterra um grande senhor, tenhamos certeza de perceber, nos Estados Unidos, uma associação. (...) Os sentimentos e as idéias não se renovam, o coração não cresce e o espírito não se desenvolve a não ser pela ação recíproca dos homens uns sobre os outros. Mostrei que essa ação é quase nula nos países democráticos. É necessário criá-la artificialmente. E somente as associações são capazes de fazê-lo.(...)Logo que muitos habitantes dos Estados Unidos tenham formulado um sentimento ou uma idéia que desejam produzir no mundo, procuram-se, e, quando se encontram, unem-se. Desde então, não são mais homens isolados, mas um poder que se vê de longe, e do qual as associações servem de exemplo; que fala e que é ouvido[9]

A Constituição francesa de 1848 passou a prever, em seu art. 8º, o direito de associação, o que se tratou de grande evolução no pensamento jurídico da época.

Outro ponto importante para as associações foi o aval dado a essas entidades por Napoleão III ao permitir a greve, a liberdade de reunião e a liberdade sindical. Tais medidas populistas se deram pelo fato de que Napoleão III necessitava do apoio da classe operária.

A obra *On liberty* de Stuart Mill publicada em 1850 também foi muito importante para as associações, haja vista que modificou o conceito dessas entidades perante o liberalismo.

---

[8] TOCQUEVILLE, Aléxis. *A democracia na América*. Trad. Neil Ribeiro da Silva. São Paulo: Folha de São Paulo, 2010; p. 149 e 354.

[9] Idem; p. 353.

John Stuart Mill pregou a liberdade de associação como espécie da liberdade humana.[10]

Stuart Mill também mencionou com grande propriedade que uma sociedade não é livre, independentemente da forma de governo adotada, se ela não respeita a liberdade de associação[11]. Essa nova maneira de ver as associações afastou o repúdio que o liberalismo possuía pelas organizações associativas.

Percebeu-se também que, para determinadas atividades, o indivíduo isolado era impotente, mas ao se unir a outros homens com a mesma finalidade sua força se multiplicaria, podendo realizar seu objetivo.

O fator decisivo para legitimação das associações se deu no começo do século XX quando a França abarcou em seu direito civil (lei de 1º de julho de 1901) o direito de reunião e de associação, influenciando todo o mundo ocidental.

O Conselho de Estado Francês também teve relevante papel ao reconhecer a liberdade de associação na categoria de princípios fundamentais reconhecidos pelas leis da República em 1956 e depois ter reconhecido a liberdade de associação como liberdade constitucional.[12]

Assim, as associações se consolidaram como instrumento de realização de ideais supraindividuais convergentes.

No Brasil, a partir de 1891, as Constituições brasileiras passaram a prever a liberdade de associação em seu bojo, o qual se deu da seguinte forma: Constituição de 1891 (art. 72, § 8º); Constituição de 1934 (art. 113, inc. 12); Constituição de 1937 (art. 122, § 9º); Constituição de 1946 (art. 141, § 12); Constituição de 1967 modificada pela EC n. 1/1969, § 28 (art. 150, § 28); Constituição de 1988 (art. 5º, incisos XVII a XXI e XXVIII, "b"; art. 8º; art. 21, XXV; art. 37, VI; art. 174, § 2º, e art. 217, I).

A Constituição brasileira de 1988 é uma das cartas magnas mundiais que mais trata das associações em seu bojo, o que denota a importância desta espécie de pessoa jurídica no ordenamento nacional.

O Código Civil de 2002 também procurou dar uma disciplina pormenorizada às associações, disciplinando tais pessoas jurídicas no Livro I, Título I,

---

10 MILL, John Stuart. *Sobre a liberdade*. Tradução e prefácio Alberto Rocha Barros; apresentação Celso Lafer. 2. ed. Petrópolis: Vozes, 1991; p. 56.

11 *Op. cit.*

12 ISRAEL, Jean Jacques. *Direito das liberdades fundamentais*. Barueri: Manoel, 2005; p. 561.

Capítulo II (arts. 53 a 61), além de lhe serem aplicados, no que couber, os preceitos das disposições gerais (Livro I, Título I, Capítulo I – arts. 40 a 52 do CC de 2002).

Atualmente, as associações têm grande importância, possuindo tratamento privilegiado em praticamente todos os ordenamentos jurídicos modernos (principalmente em sede constitucional) por realizar atividades que seriam, em um primeiro momento, obrigação do Estado, sendo inimaginável o mundo sem estas pessoas jurídicas.

O direito de associação é tão relevante que resta consagrado no art. XX, I, da Declaração Universal dos Direitos do Homem de 1948 e na Constituição Federal de 1988 está no rol dos direitos fundamentais (Título II – Dos direitos e garantias fundamentais).

Houve conforme aponta Rodrigo Xavier Leonardo, no que tange as associações, a passagem pela história, do repúdio para o reconhecimento e depois desta fase para a promoção.[13]

---

13 LEONARDO, Rodrigo Xavier. *Associações sem fins econômicos*. São Paulo: Editora Revista dos Tribunais, 2014; p. 23-84.

# 3

# AS ASSOCIAÇÕES NO DIREITO COMPARADO

O estudo do direito comparado como fonte do estudo do direito pátrio é condição *sine qua non* para buscar a evolução do direito nacional.

Também é importante salientar que a normatização de cada país sobre a associação reflete a história da própria nação, como pode se perceber, por exemplo, na Constituição Italiana que proíbe associações secretas pela experiência tida com a Máfia e na Lei Fundamental alemã que veda associações contrárias à noção de compreensão entre os povos em resposta ao nazismo.

Assim, tentamos trazer ao leitor, na língua mãe, o tratamento legal das associações nos principais ordenamentos mundiais, visando com isso atingir a maior quantidade possível de operadores do Direito. Para alcançar este árduo intuito, ora efetuamos traduções livres diretamente da língua alienígena (Canadá e Itália), ora nos debruçamos exclusivamente nas traduções da excepcional obra de Souza Diniz[14] [França].

## 3.1 Canadá

A Consolidação da Constituição Canadense de 1989[15], mais especificamente no ato constitucional de 1982, dispõe que é liberdade fundamental de qualquer um a liberdade de associação (*fundamental freedoms* – 2, "d").

---

[14] FRANÇA. *Código Napoleão ou Código Civil dos Franceses*. Trad.: Souza Diniz. Rio de Janeiro: Distribuidora Record, 1962.

[15] Capturado do site do Canadian Legal Information Institute. Disponível em: <http://pdba.georgetown.edu/Constitutions/Canada/canada1982.html.>. Acesso em: 09 de outubro de 2006.

Já o Código Civil de Quebec (Canadá) de 1991[16] trata do contrato de sociedade e de associação no Capítulo X.

Tal *codex* estipula que o contrato de associação é o contrato pelo qual os membros se unem para perseguir fim comum sem benefício financeiro a ser partilhado entre seus membros (art. 2.186).

A sociedade ou associação é criada quando da formação do contrato quando não houver outra data indicada no contrato (art. 2.187).

O contrato pelo qual uma associação é fundada pode ser escrito ou verbal. E pode também originar-se de ato evidente indicando a intenção de formar uma associação (art. 2.267).

O contrato de associação prevê o objeto, funcionamento, administração e outros termos e condições da associação. É presumida a permissão de ingresso de membros outros que não os fundadores (art. 2.268).

Inexistindo alguma norma especial no contrato de associação, os diretores da associação serão eleitos dentre os membros, e os membros fundadores serão, de direito, os diretores da associação até que os mesmos sejam substituídos (art. 2.269).

Os diretores agem como mandatários dos membros da associação. Seus únicos poderes são aqueles conferidos a eles pelo contrato de associação ou pela lei, ou advindo dos mandantes (art. 2.270).

Os diretores podem ajuizar ações e reivindicar direitos e interesses da associação (art. 2.271).

Todo membro tem o direito de participar das decisões coletivas, não podendo ser impedido de exercer os direitos previstos pelo contrato de associação. As decisões coletivas, incluindo aquelas que alteram o contrato de associação, são tomadas pela maioria de votos dos membros, caso não esteja estipulado diversamente no contrato (art. 2.272).

Não obstante alguma estipulação em contrário, algum membro pode ele próprio se inteirar das atividades da associação e consultar os livros e registros mesmo se estiver excluído da administração. No exercício desse direito, o membro está obrigado a não impedir as atividades da associação indevidamente e tampouco obstar que outros membros exerçam o mesmo direito (art. 2.273).

---

16 Capturado do site do Canadian Legal Information Institute. Disponível em: <http://www.canlii.org/qc/laws/sta/ccq/20060818/whole.html>. Acesso em: 09 de outubro de 2006.

Quando o patrimônio da associação é insuficiente, os diretores e alguns membros que administram de fato os negócios da associação são solidariamente responsáveis pelas obrigações da associação resultantes de decisões por eles aprovadas durante suas administrações, quer ou não as obrigações tenham sido contratadas para serviços ou operações de iniciativa da associação. O patrimônio de cada uma dessas pessoas não pode ser aplicado para o pagamento de créditos da associação, a não ser depois de seus credores serem pagos (art. 2.274). "A propriedade de cada uma destas pessoas não serão aplicadas para o pagamento dos créditos da associação, mesmo até depois que seus próprios créditos sejam pagos."

O membro que não administra a associação é responsável pelos débitos da associação, limitado à contribuição prometida e dívida subscrita (art. 2.275).

Não obstante alguma previsão em sentido contrário, um membro pode retirar-se da associação, mesmo que se tiver sido estabelecida por termo fixo; caso ele se retire, ele é obrigado a pagar a contribuição prometida e a dívida subscrita. Um membro pode ser excluído da associação por decisão dos membros (art. 2.276).

O contrato de associação termina com a expiração de seus termos ou a satisfação das condições constantes do contrato, ou por cumprimento ou impossibilidade de cumprimento do objeto do contrato. Será também terminado pela decisão dos membros (art. 2.277).

Quando o contrato é terminado, a associação é liquidada pela pessoa apontada pelos diretores ou, em sua falta, pela Justiça (art. 2.278).

Depois do pagamento dos débitos, as propriedades remanescentes serão devolvidas de acordo com as regras respectivas do contrato de associação ou, na falta de regras específicas, serão divididas igualmente entre os membros. Contudo, quaisquer propriedades derivadas de contribuições de terceiras pessoas serão transferidas, não obstante qualquer estipulação em contrário, para uma associação, pessoa jurídica ou sindicato com objetivos similares ao da associação; se não for possível, será devolvido para o Estado e administrado pelo Ministério da Fazenda como propriedade sem dono ou, se de pequeno valor, será dividida igualmente entre os membros (art. 2.279).

## 3.2 França

A Constituição francesa de 1958[17] não trata das associações.

A disciplina das associações no Direito francês é feita pela lei de 1º de julho de 1901 relativa ao contrato de associação (*loi du 1er juillet 1901 – relative au contrat d'association ou code des associationes)*), decreto de 16 de agosto de 1901, decreto-lei de 23 de outubro de 1935, decreto nº 2011-773 de 28 de junho de 2011, lei 2012-387 de 22 de março de 2012, lei 2014-856 de 31 de julho de 2014, ordenança 2015-904 de 23 de julho de 2015 e lei 2017-86 de 27 de janeiro de 2017.

A lei de 1º de julho de 1901[18] [19]define a associação como a convenção pela qual duas ou mais pessoas põem em comum, de maneira permanente, seus conhecimentos ou atividade com um fim diverso de compartilhar lucro As associações são regidas, quanto a sua validade, pelos princípios gerais de direito aplicáveis aos contratos e obrigações (art. 1º).

As associações de pessoas poderão se formar livremente sem autorização nem declaração preliminar, mas só gozarão de capacidade jurídica caso se conforme com as disposições do art. 5º (art. 2º).

Qualquer menor pode ser tornar livremente membro de uma associação nas condições definidas por esta lei. Qualquer menor com menos de dezesseis anos, mediante consentimento prévio por escrito do seu representante legal, pode participar do estabelecimento de uma associação e ser responsável pela sua administração, nas condições previstas no artigo 1990 do Código Civil. Ele também pode realizar, mediante consentimento prévio por escrito do seu representante legal, todos os atos úteis para a administração da associação, com exceção dos atos de disposição. Qualquer menor que tenha atingido a idade de 16 anos pode participar livremente do estabelecimento de uma associação e ser responsável pela sua administração, nas condições estabelecidas no artigo 1990 do Código Civil. Os representantes legais do menor são informados

---

17 Capturado do site da Corte Constitucional da França. Disponível em: <http://www.conseil-constitutionnel.fr/textes/constit.htm#Preambule.>. Acesso em: 10 de janeiro de 2007.

18 FRANÇA. *Código Napoleão ou Código Civil dos Franceses*. Trad.: Souza Diniz. Rio de Janeiro: Distribuidora Record, 1962.

19 Capturado do site da Corte Constitucional da França. Disponível em: < https://translate.googleusercontent.com/translate_c?depth=1&hl=pt-BR&prev=search&rurl=translate.google.com.br&sl=fr&sp=nmt4&u=https://www.legifrance.gouv.fr/affichTexte.do%3FcidTexte%3DLEGITEXT000006069570&usg=ALkJrhioT18Jh3khlCuwsKhKJL_4ijOjLw>. Acesso em: 10 de janeiro de 2018.

de imediato pela associação, nas condições fixadas por decreto. A menos que o representante legal o exija expressamente, o menor pode realizar sozinho todos os atos úteis à administração da associação, com exceção dos atos de disposição (art. 2ª)

Toda associação fundada sobre uma causa ou tendo em vista um fim ilícito, contrário às leis, aos bons costumes, ou que tenha por fim atentar contra a integridade do território nacional e a forma republicana de governo é nula e de nenhum efeito (art. 3º).

Qualquer membro de uma associação pode se retirar a qualquer momento, após o pagamento das dívidas do ano em curso, inobstante qualquer cláusula em contrário (art. 4º).

Toda associação que quiser obter a capacidade jurídica prevista pelo art. 6º, deverá ser tornada pública por iniciativa de seus fundadores. A declaração preliminar será feita à chefia do departamento onde a associação tiver sua sede social. Ela própria fará conhecer o título e objeto da associação, a sede de seus estabelecimentos e os nomes, profissões, domicílios e nacionalidades daqueles que, sob um título qualquer, estão encarregados da sua administração. Uma cópia dos estatutos serão juntados à declaração. O recibo será entregue dentro de cinco dias. Quando a associação tiver a sua sede no estrangeiro, a declaração prévia prevista no parágrafo anterior será feita ao representante do Estado no departamento onde se encontra a sede do seu principal estabelecimento. A associação é tornada pública somente por publicação no Jornal Oficial.As associações serão obrigadas a dar a conhecer, dentro de três meses, todas as mudanças sobrevindas na sua administração, assim como todas as modificações feitas nos seus estatutos. Essas modificações e mudanças só serão vinculativas a partir do dia em que forem declaradas. (art. 5º).

Toda associação regularmente declarada pode, sem nenhuma autorização especial, comparecer em juízo, receber doações privadas e de instituições de utilidade pública, adquirir possuir e administrar, além das subvenções do Estado, regiões, dos departamentos, municípios e seus estabelecimentos públicos: 1. as contribuições de seus membros; 2. as instalações destinadas à administração da associação e à reunião de seus membros; 3. os imóveis estritamente necessários à realização do fim a que se propõe. As associações declaradas há pelo menos três anos e cujas atividades são mencionadas no parágrafo 1 do artigo 200 do Código Tributário Geral também podem: a). aceitar doações entre vivos e testamentários, nas condições estabelecidas no artigo 910 do Código Civil; b) possuir e administrar todos os imóveis adquiridos gratuitamente. Os parágrafos 5º e 7º são aplicáveis a associações constituídas anteriormente cujo único propósito seja a assistência, beneficência ou pesquisa científica médica declarada antes da data de promulgação da lei nº 2014-856 de 31 de julho de 2014, relativo à economia social e solidária e que, na mesma data, aceitou uma doação ou obteve uma resposta favorável a um pedido feito com no inciso V do artigo 111 da lei 2009-526 de 12 de maio de 2009, simplificação e esclarecimento da lei e simplificação de procedimentos (art. 6º).

Em caso de nulidade prevista no art. 3º, a dissolução da associação será pronunciada pelo tribunal de última instância, seja a requerimento de todos interessados, seja a requerimento do ministério público. O último poderá pleitear em três dias úteis, e o tribunal, sob as sanções previstas no art. 8º, ordenará por provisão, e, não obstante qualquer recurso, o fechamento dos locais e interdição de todas as reuniões dos membros da associação. (art. 7º).

Serão punidos com uma multa prevista no 5º do art. 131-13 do Código Penal aqueles que contrariarem as disposições do art. 5º na primera ofensa e, em caso de repetição, as que terão violado o disposto no art. 5º. Será punido com três anos de prisão e multa de 45.000 euros, os fundadore , diretores ou diretores da associação que teriam mantido ou reconstituído ilegalmente após o julgamento da dissolução. Todos os que favoreçam a reunião dos membros da associação dissolvida serão punidos com a mesma penalidade ao consentir o uso de uma sala à disposição (art. 8º).

Em caso de dissolução voluntária, estatutária ou pronunciada pela justiça, os bens da associação serão distribuídos conforme seus estatutos, ou, à falta de disposição estatutária, seguindo as regras determinadas em assembléia geral (art. 9º).

I. - A fusão de várias associações é decidida por deliberações concordantes adotadas nas condições exigidas pelos seus estatutos para a sua dissolução. Quando a fusão é realizada através da criação de uma nova associação, o projeto de estatutos da nova associação é aprovado por deliberações concordantes de cada uma das associações que desaparecem e não há necessidade de aprovação da operação pela nova associação. A divisão de uma associação é decidida nas condições exigidas pelos seus estatutos para a sua dissolução. Quando a divisão é alcançada ao contribuir para uma nova associação, o projeto de estatutos da nova associação é aprovado por deliberação da associação dividida e não há lugar para aprovação da operação pela nova associação. A contribuição parcial dos ativos entre as associações é decidida por deliberações concordantes adotadas nas condições exigidas pelos seus estatutos.

As associações que participam de uma das operações mencionadas nos três primeiros parágrafos estabelecem um projeto de fusão, cisão ou transferência parcial de ativos, que é publicado em um meio autorizado para receber anúncios legais. , em condições e prazos fixados por regulamento. Quando o valor total de todas as contribuições for pelo menos igual a um limite estabelecido por regulamento, as deliberações previstas nos três primeiros parágrafos serão precedidas do exame de um relatório elaborado por um comissário de fusão , a divisão ou as contribuições, designadas de comum acordo pelas associações que contribuem. O relatório determina os métodos de avaliação e o valor dos ativos e passivos das associações envolvidas e estabelece as condições financeiras da operação. Para cumprir a sua missão, o Comissário pode obter de cada uma das associações todos os documentos relevantes e realizar as verificações necessárias.

II. - A incorporação ou divisão implica a dissolução sem liquidação das associações desaparecidas e a transferência universal de seus bens para as associações beneficiárias, no estado em que se encontra na data da conclusão final da operação. A contribuição parcial dos ativos não resulta na dissolução da associação que traz parte de seus ativos. Os membros das associações desaparecidas adquirem a qualidade dos membros da associação resultante da fusão ou da divisão. Os artigos L. 236-14 , L. 236-20 e L. 236-21 do Código de Comércio francês são aplicáveis a fusões ou divisões de associações.

III. - Salvo estipulação em contrário no contrato de contribuição, a fusão, a cisão ou a transferência parcial de ativos produzem efeito:

1 ° No caso da criação de uma ou mais novas associações, na data de publicação no Jornal Oficial da declaração da nova associação ou da última delas;

2 ° Quando a transação envolver uma alteração legal sujeita à aprovação administrativa, na data da sua entrada em vigor;

3 ° Nos outros casos, na data da última deliberação aprovada a operação.

IV. - Quando uma associação que se beneficia de uma autorização administrativa, uma autorização, um acordo ou uma autorização participam de uma fusão, de uma cisão ou de uma contribuição parcial de ativos e deseja saber se a associação resultante da fusão ou divisão ou beneficiário da contribuição beneficiará da autorização, da autorização, do acordo ou da autorização por tempo restante, podendo interrogar a autoridade administrativa, que decide sobre o pedido:

1 ° Se existirem, de acordo com as regras previstas para autorizar a transferência da autorização, a autorização, o contrato ou a autorização;

2 ° Em outros casos, nas condições e horários concedidos para a concessão da autorização, a autorização, o acordo ou a autorização. Este IV não é aplicável ao reconhecimento de utilidade pública. V. - Um decreto no Conselho de Estado estabelece os procedimentos para a aplicação deste artigo. (art. 9aº).

As associações podem ser reconhecidas de utilidade pública por decretos baixados pelo Conselho de Estado no final de um período probatório de duração de pelo menos três anos. O reconhecimento da utilidade pública pode ser retirado da mesma forma. No entanto, o período probatório de operação não é necessário se os recursos previsíveis durante um período de três anos da associação que solicita esse reconhecimento provavelmente assegurarão seu equilíbrio financeiro (art. 10).

Associações reconhecidas como de utilidade pública podem fazer todos os atos de vida civil que não são proibidos por seus estatutos. Os ativos elegíveis para o investimento dos fundos dessas associações são aqueles autorizados pelo Código de Segurança Social para a representação dos compromissos regulados de instituições e sindicatos envolvidos em uma atividade de seguros. As associações reconhecidas como de utilidade pública podem aceitar presentes entre pessoas vivas e testamentários, nas condições estabelecidas no artigo 910 do Código Civil. (art. 11).

A dissolução sem liquidação da associação reconhecida de utilidade pública que desaparece como resultado de uma fusão ou divisão é aprovada por decreto no Conselho de Estado. Este mesmo decreto revoga o decreto de reconhecimento de utilidade pública da associação absorvida. (art. 12)

Qualquer congregação religiosa pode obter o reconhecimento legal por decreto baixado com parecer favorável do Conselho de Estado; as disposições relativas às congregações anteriormente autorizadas lhes são aplicáveis. O reconhecimento legal poderá ser concedido a todos novos estabelecimentos congregacionistas em decorrência de um decreto do Conselho de Estado. A dissolução da congregação ou a supressão de qualquer estabelecimentos pode ser pronunciada por decreto com parecer favorável do Conselho de Estado (art. 13).

Toda congregação religiosa manterá uma relação de suas receitas e despesas; organizará cada ano, a conta financeira do ano decorrido e a relação inventariada dos seus bens móveis e imóveis. A lista completa de seus membros, mencionando seu patronímico, assim como o nome pelo qual são designados na congregação, suas nacionalidades, idades e local de nascimento, a data de seu ingresso, deve-se achar na sede da congregação. Fica ela obrigada a apresentar, sem deslocações, a qualquer pedido do chefe do departamento, a ele mesmo ou ao seu delegado, as contas, relações e listas acima indicadas. Serão punidos com as penas estabelecidas na alínea 2 do art. 8 os representantes ou diretores de uma congregação que tiverem feito comunicações inverídicas ou recusado atender as requisições do chefe do departamento nos casos previstos no presente artigo (art. 15).

Revogado (art. 16)

São nulos todos os atos entre vivos ou testamentários, a titulo oneroso ou gratuito, realizados diretamente ou por interposta pessoa, ou todas outras vias indiretas, que tenham por objeto permitir às associações legalmente ou ilegalmente formadas subtraírem-se as disposições dos arts. 2, 6, 9, 11, 13 (14 e 16). A nulidade poderá ser pronunciada por requerimento do ministério público, ou por requerimento de qualquer interessado (art. 17).

As congregações existentes no momento da promulgação desta lei, que não foram previamente autorizadas ou reconhecidas, devem, no prazo de três meses, justificar que tenham feito a diligência necessária para cumprir suas prescrições. Na falta desta justificativa, eles são considerados como sendo automaticamente dissolvidos. Será o mesmo para as congregações às quais a permissão foi recusada. A liquidação dos bens detidos por eles ocorrerá no tribunal. O tribunal, a pedido do Ministério Público, nomeará um liquidatário para executar todos os poderes de um administrador de custódia durante a vigência da liquidação. O tribunal que designou o liquidatário tem jurisdição exclusiva para ouvir, em matéria civil, qualquer ação movida pelo liquidatário ou contra ele. O liquidatário procederá à venda dos imóveis nos formulários prescritos para a venda de imóveis de menores de idade. O julgamento que ordena a liquidação será tornado público na forma prescrita para anúncios legais. A propriedade e os valores pertencentes aos membros da congregação antes da sua entrada na congregação, ou que lhes teria caído, uma vez que, por sucessão intestada em uma linha direta ou colateral, ou por doação ou legado em uma linha direta, será restaurado para eles. As doações e os legados que lhes seriam feitos de outra forma que não por linha direta também podem ser reivindicados, mas os destinatários devem suportar o ônus de provar que não foram intermediários previstos no artigo 17. Os bens e valores adquiridos, gratuitamente, que não foram especialmente afetados pelo ato de liberalidade a um trabalho de assistência, podem ser reivindicados pelo doador, seus herdeiros ou cessionários, ou pelos herdeiros ou cessionários do testador, sem poder se opor a qualquer prescrição pelo tempo decorrido antes da sentença que pronuncia a liquidação. Se os bens e os valores foram dados ou legados para satisfazer não os Congreganistas, mas para providenciar um trabalho de assistência, eles só podem ser reivindicados para a tarefa de prover o cumprimento da finalidade atribuída à liberalidade. Qualquer ação de recuperação ou reclamação deve ser condenada contra o liquidatário, sob pena de encerramento, no prazo de seis meses a contar da publicação do acórdão. Os julgamentos contraditórios com o liquidatário, e tendo adquirido a autoridade da res judicata, são opostos a todas as partes interessadas. Após o período de seis meses, o liquidatário procederá à venda legal de todos os imóveis que não tenham sido reivindicados ou que não tenham sido atribuídos a um trabalho de socorro. O produto da venda, bem como todos os valores mobiliários, serão depositados junto à Caisse des dépôts et consignations. A manutenção dos pobres hospitalizados, até a conclusão da liquidação, será considerada como um custo de liquidação privilegiada. Se não houver disputa ou quando todas as ações formadas dentro do prazo prescrito foram julgadas, os ativos líquidos são distribuídos entre os detentores de direitos. O decreto a que se refere o artigo 20 da presente lei determinará, no ativo restante livre após a cobrança acima mencionada, a alocação, em capital ou sob a forma de anuidade vital, que será atribuída aos membros da congregação dissolvida. que não teria meios de subsistência segurados ou que teria justificado ter contribuído para a aquisição dos valores distribuídos pelo produto de seu trabalho pessoal. (art. 18)

Revogado (art. 19).

Um regulamento administrativo público (decreto do Conselho de Estado) determinará os meios próprios a assegurar a execução da presente lei (art. 20).

São revogados os artigos 291, 292, 293 do Código Penal , bem como as disposições do artigo 294 do mesmo código relativo às associações; Artigo 20 do decreto de 5 a 8 de julho de 1820; a lei de 10 de abril de 1834; Artigo 13 do Decreto de 28 de julho de 1848; Artigo 7º da lei de 30 de junho de 1881; a lei de 14 de março de 1872; parágrafo 2, artigo 2º, da lei de 24 de maio de 1825; o decreto de 31 de janeiro de 1852 e, em geral, todas as disposições contrárias a esta lei. Não há derrogação para o futuro das leis especiais relativas a sindicatos, empresas comerciais e sociedades de benefícios fraternos. (art. 21).

I.-Esta lei é aplicável nas colectividades estrangeiras regidas pelo artigo 74.º da Constituição e na Nova Caledónia, com excepção do artigo 18.º e sujeito às seguintes disposições: II.-Para os fins desta Lei em Saint-Barthélemy, Saint-Martin e Saint-Pierre-et-Miquelon: 1 ° No artigo 5º, a referência ao representante do Estado no departamento é substituída pela referência ao representante do Estado na colectividade territorial;

2. No artigo 6º, as palavras: "regiões, departamentos" são substituídas pelas palavras: "da colectividade"; 3 ° No artigo 15, a referência ao prefecto é substituída pela referência ao representante do Estado. III.-Para os fins desta Lei nas Ilhas Wallis e Futuna: 1. Nos artigos 5 e 15, as referências ao representante do Estado no departamento e ao prefeito são substituídas pela referência ao administrador superior das Ilhas Wallis e Futuna;

2 ° No artigo 6º: (a) As palavras: "regiões, departamentos, comunas" são substituídas pelas palavras: "Ilhas Wallis e Futuna, circunscrições territoriais"; (b) Após as palavras: "16 euros" são inseridas as palavras: "ou um montante equivalente em moeda local"; 3 ° No artigo 7º, a referência ao tribunal superior é substituída pela referência ao tribunal de primeira instância; 4 ° No artigo 8º, após as palavras: "45 000 euros" são inseridas as palavras: "ou um montante equivalente em moeda local"; 5 ° No artigo 11, os termos: "em valores mobiliários para os quais está estabelecida a lista de referências nominativas previstas no artigo 15, a referência ao prefecto é substituída pela referência ao administrador sênior; 6 ° (revogado) 7 ° (Revogado) IV.-Para os fins desta Lei na Polinésia Francesa: 1 ° Nos artigos 5 e 15, as referências ao representante do Estado no departamento e ao prefeito são substituídas pela referência ao Alto Comissário da República na Polinésia Francesa; 2 ° No artigo 6º: (a) as palavras: "regiões, departamentos" são substituídas pelas palavras: "de la Polynésie française"; (b) Após as palavras: "16 euros" são inseridas as palavras: "ou um montante equivalente em moeda local"; 3 ° No artigo 7º, a referência ao tribunal superior é substituída pela referência ao tribunal de primeira instância; 4 ° No artigo 8º, após as palavras: "45 000 euros" são inseridas as palavras: "ou um montante equivalente em moeda local"; 5 ° No artigo 11, as palavras: "em valores mobiliários para os quais está estabelecida, são suprimidas a lista de referências nominativas previstas no artigo 55 da Lei nº 87-416, de 17 de junho de 1987, relativa à poupança"; 6 ° No artigo 15, a referência ao prefecto é substituída pela referência ao Alto Comissário da República. V. - Para a aplicação desta lei na Nova Caledônia: 1 ° Nos artigos 5 e 15, as referências ao representante do Estado no departamento e ao prefeito são substituídas pela referência ao Alto Comissário da República na Nova Caledônia; 2 ° No artigo 6º: (a) as palavras: "regiões, departamentos" são substituídas pelas palavras: "Nova

Caledônia ou suas províncias"; (b) Após as palavras: "16 euros" são inseridas as palavras: "ou um montante equivalente em moeda local"; 3 ° No artigo 7º, a referência ao tribunal superior é substituída pela referência ao tribunal de primeira instância; 4 ° No artigo 8º, após as palavras: "45 000 euros" são inseridas as palavras: "ou um montante equivalente em moeda local"; 5 ° No artigo 11, os termos: "em valores mobiliários para os quais está estabelecida, são suprimidas a lista de referências nominativas previstas no artigo 55 da Lei nº 87-416, de 17 de junho de 1987, sobre poupança". (art. 21 bis)

Para efeitos do presente Acto, em Mayotte: 1 ° No artigo 5º, a referência ao departamento é substituída pela referência ao Departamento de Mayotte; 2. No artigo 6, as palavras: "regiões, departamentos" são substituídas pelas palavras "do Departamento". (art. 21 ter)

A Corte Constitucional Francesa na decisão de 16 de julho de 1971 já havia deixado patente que "a liberdade de associação é um dos princípios fundamentais das leis da República".

## 3.3 Itália

Na Itália, os diplomas legais que tratam das associações são a Constituição italiana de 1947[20] e o Código Civil italiano de 1942[21].

A Constituição italiana trata das associações em seu art. 2º e 18.

A Constituição italiana prevê que a República italiana reconhece e garante os direitos invioláveis do homem, seja singularmente, seja nas formações sociais onde se desenvolve a sua personalidade, e exige o cumprimento dos deveres inderrogáveis de solidariedade política, econômica e social (art. 2º).

É justamente nas formações sociais que se incluem as associações.

A Constituição italiana também prevê que os cidadãos têm direito de se associar livremente, independentemente de autorização, para fins que não sejam vetados aos indivíduos nas leis penais (art. 18).

São proibidas as associações secretas e aquelas que perseguem, mesmo que indiretamente, fins políticos mediante organizações de caráter paramilitar (art. 18).

---

[20] Capturado do site do Senado da Itália. Disponível em: <http://www.senato.it/documenti/repository/costituzione.pdf>. Acesso em: 10 de Janeiro de 2007.

[21] ITÁLIA. *Código Civile com la Costituizone e le principalli leggi speciali*. A cura di: Rosário Nicolo e Adolfo di Majo. Milano: Dott. A. Giuffrè Editore, 1977.

O Código Civil italiano, por sua vez, em seu Título II, trata das pessoas jurídicas, subdividido em (três) 3 capítulos: I – Disposições gerais; II – Associações e fundações; e III – Das associações não reconhecidas e das comissões.

O Código Civil italiano trata tanto das associações de direito como das associações de fato.

As associações no Código Civil italiano são pessoas jurídicas de direito privado cuja aquisição da personalidade dá-se com o reconhecimento por decreto do Chefe do Governo (art. 12).

As associações devem ser constituídas por ato público (art. 14).

O ato constitutivo e os estatutos devem conter os seguintes dados da associação: a) denominação; b) finalidade; c) patrimônio; d) sede; e) normas sobre organização e administração (art. 16).

O ato constitutivo e os estatutos também devem conter as seguintes regulamentações pertinentes aos associados: a) direitos e obrigações; b) condições de admissão (art. 16).

O ato constitutivo e os estatutos podem conter as normas relativas à extinção da entidade e à atribuição do patrimônio (art. 16).

As modificações no ato constitutivo e nos estatutos devem ser aprovadas pelo Chefe do Governo (art. 16).

As associações somente podem adquirir imóveis, aceitar doações, heranças ou legados, caso haja autorização governamental, sob pena de invalidade (art. 17).

Os administradores se responsabilizam para com a entidade na forma prevista no mandato, mas estará isento de responsabilidade o administrador que não participou do ato que causou o dano, a não ser no caso em que, tendo conhecimento de que o ato estava para ser realizado, não fez constar o próprio dissentimento (art. 18).

As limitações do poder de representação que não resultem de registro no órgão competente não podem ser opostas a terceiros, a não ser que se prove que estes estavam no conhecimento delas (art. 19).

A assembléia das associações deve ser convocada pelos administradores uma vez ao ano para aprovação do balanço (art. 19). A assembléia deve ser também convocada quando houver a necessidade motivada de ao menos um décimo dos associados. Neste último caso, se os administradores não providenciarem a convocação, a mesma poderá ser ordenada pelo presidente do tribunal (art. 20).

As deliberações da assembléia são tomadas por maioria de votos e com a presença de ao menos a metade dos associados. Em segunda convocação, a deliberação é válida por qualquer que seja o número dos presentes. Nas deliberações de aprovação do balanço e naquelas em que concernem as suas responsabilidades, os administradores não terão voto (art. 21).

Para modificar o ato constitutivo e o estatuto, caso não esteja disposto de outra forma, deverá ocorrer a presença de ao menos três quartos dos associados e o voto favorável da maioria dos presentes (art. 21).

Para deliberar a dissolução da associação e a devolução do patrimônio, é necessário o voto favorável de três quartos dos associados (art. 21).

As ações de responsabilidade contra os administradores das associações por fatos por eles realizados são deliberadas pela assembléia e são exercidas pelos novos administradores ou pelos liquidantes (art. 22).

As deliberações da assembléia contrárias à lei, ao ato constitutivo ou estatuto podem ser anuladas a pedido dos órgãos da entidade, de qualquer associado ou do ministério público. A anulação das deliberações não prejudica os direitos adquiridos dos terceiros de boa-fé baseados em atos realizados em execução das próprias deliberações. O presidente do tribunal ou o juiz instrutor, ouvidos os administradores das associações, podem suspender, a pedido daquele que propôs a impugnação, a execução da deliberação impugnada, quando suscitam graves motivos. O decreto de suspensão deve ser motivado e notificado aos administradores (art. 23).

A execução das deliberações contrárias à ordem pública ou ao bom costume pode ser suspensa também pela autoridade governamental (art. 23).

A qualidade de associado não é transmissível, salvo se a transmissão seja consentida pelo ato constitutivo ou estatuto (art. 24).

O associado pode sempre se retirar da associação se não há obrigação de fazer parte da mesma por um tempo determinado. A declaração de retirada deve ser comunicada por escrito aos administradores e terá efeito com o término do ano em curso, desde que seja feita com três meses de antecedência (art. 24).

A exclusão de associado só pode ser deliberada pela assembléia por motivos graves. O associado pode recorrer à autoridade judiciária dentro de seis meses do dia em que foi notificado da deliberação (art. 24).

Os associados que se retirarem ou forem excluídos ou que não mais pertençam à associação não receberão as entradas feitas e nem têm direito algum ao patrimônio da associação (art. 24).

Além das causas previstas no ato constitutivo e no estatuto, a pessoa jurídica se extingue quando o fim foi cumprido ou se mostra impossível de cumprir. As associações se extinguem também quando todos os associados vierem a faltar. A extinção é declarada pela autoridade governamental, a pedido de qualquer interessado ou também de ofício (art. 27).

Os administradores não podem executar novas operações, desde que lhes sejam comunicados a decisão judiciária que declara a extinção da pessoa jurídica ou a decisão em que a autoridade, de acordo com a lei, ordena a dissolução da associação, ou apenas seja adotada pela assembléia a deliberação de dissolução da própria associação. Aqueles que transgridem essa proibição assumem responsabilidade pessoal e solidária (art. 29).

Declarada a extinção da pessoa jurídica ou decretada a dissolução da associação, se procede a liquidação do patrimônio segundo as normas de atuação do código (art. 30).

Os bens da pessoa jurídica que restam depois exauridos à liquidação são devolvidos em conformidade com o ato constitutivo ou estatuto. Caso estes nada disponham, se observa as deliberações da assembléia que estabeleceu a dissolução e, quando estas também faltarem, intervirá neste mesmo modo a autoridade governamental. Os credores que durante a liquidação não fizerem valer seu crédito podem pedir o pagamento àqueles aos quais os bens foram atribuídos, dentro de um ano do encerramento da liquidação, em proporção e nos limites do que receberam (art. 31).

Nos casos de transformação ou de dissolução de uma entidade, à qual foram doados ou deixados bens com finalidade diversa da própria entidade, atribuirá a autoridade governamental, com o mesmo encargo, tais bens a outras pessoas jurídicas que têm fim análogo (art. 32).

Em toda província existe um registro público das pessoas jurídicas. No registro deve-se indicar: a) a data do ato constitutivo; b) a data do decreto de reconhecimento; c) a denominação; d) os fins; e) o patrimônio; f) a duração quando esteja determinada; g) a sede da pessoa jurídica; h) o nome e o sobrenome dos administradores com as menções daqueles aos quais é atribuída a representação. O registro pode ser feito também de ofício. Os administradores de uma associação ou de uma fundação não registrada, apesar de reconhecida, respondem pessoalmente e solidariamente, junto com a pessoa jurídica, as obrigações assumidas (art. 33).

No registro devem-se escrever também as modificações do ato constitutivo e do estatuto, depois de aprovados pela autoridade governamental, a transferência da sede e instituição de sedes secundárias, a substituição dos administradores com indicações daqueles aos quais competem a representação, as deliberações de dissolução, os provimentos que ordenam a dissolução ou declaram a instituição, o sobrenome e o nome do liquidante. Se a inscrição não tiver sido feita, os fatos indicados não poderão ser opostos aos terceiros, ao menos que provem que estes não eram de seus conhecimento (art. 34).

Os administradores e liquidantes que não requisitarem as inscrições prescritas nos arts. 33 e 34, nos termos e segundo os moldes estabelecidos nas normas de atuação do código (art. 25 e seg.), serão punidos com multa de oitocentos a quarenta mil liras (art. 35).

No caso das associações não reconhecidas como pessoas jurídicas, o ordenamento interno e administrativo regulam os acordos das associações. As ditas associações podem estar em juízo na pessoa daquele ao qual, segundo estes acordos, foi conferida a presidência ou a direção (art. 36).

As contribuições dos associados e os bens adquiridos com essas contribuições constituem o fundo comum da associação. Até que esta dure, os associados singularmente não podem requerer a divisão do fundo comum, nem pretender a cota em caso de retirada (art. 37).

Pelas obrigações assumidas pelas pessoas que representam a associação, os terceiros podem fazer valer os seus direitos sobre o fundo comum. Pelas próprias obrigações respondem também pessoalmente e solidariamente as pessoas que tiverem agido em nome e por conta da associação (art. 38).

Os organizadores e aqueles que assumem a gestão dos fundos recolhidos são responsáveis pessoalmente e solidariamente pela conservação dos fundos e de sua destinação ao fim anunciado (art. 40).

Se os fundos recolhidos sejam insuficientes à finalidade, ou esta não seja mais alcançável, ou, depois de a finalidade atingida, haja um excesso de fundos, estabelece a autoridade governamental a atribuição dos bens, se esta não é disciplinada no momento da constituição (art. 42).

## 3.4 Portugal

A Constituição portuguesa de 1976[22] regra que os cidadãos têm o direito de, livremente e sem dependência de qualquer autorização, constituir associações, desde que estas não se destinem a promover a violência e os respectivos fins não sejam contrários à lei penal (art. 46°, 1).

As associações prosseguem livremente os seus fins sem interferência das autoridades públicas e não podem ser dissolvidas pelo Estado ou suspensas as suas atividades, senão nos casos previstos na lei e mediante decisão judicial (art. 46°, 2).

Ninguém pode ser obrigado a fazer parte de uma associação, nem coagido por qualquer meio a permanecer nela (art. 46°, 3).

Não são consentidas associações armadas nem de tipo militar, militarizadas ou paramilitares, nem organizações racistas ou que perfilhem a ideologia fascista (art. 46°, 4).

A liberdade de associação compreende o direito de constituir ou participar em associações e partidos políticos e de através deles concorrer democraticamente para a formação da vontade popular e a organização do poder político (art. 51°).

As freguesias podem constituir, nos termos da lei, associações para administração de interesses comuns (art. 247°).

Os municípios podem constituir associações e federações para a administração de interesses comuns, às quais a lei pode conferir atribuições e competências próprias (art. 253°).

A lei pode estabelecer restrições ao exercício dos direitos de expressão, reunião, manifestação, associação e petição coletiva e à capacidade eleitoral passiva dos militares e agentes militarizados dos quadros permanentes em serviço efetivo, bem como por agentes dos serviços e forças de segurança, na estrita medida das exigências das suas funções próprias (art. 270°).

O Código Civil português de 1966[23] dispõe que as disposições do presente capítulo (Capítulo II do Título II) são aplicáveis às associações que não tenham

---

22 Capturada do site do STF. Disponível em: <http://stf.gov.br/jurisprudencia/cplp/pdf/portugal.pdf>. Acesso em: 11 de janeiro de 2007.

23 Capturado do site do Supremo Tribunal de Justiça de Portugal. Disponível em: <http://www.stj.pt/nsrepo/geral/cptlp/Portugal/CodigoCivil.pdf>. Acesso em: 11 de janeiro de 2007.

por fim o lucro econômico dos associados, às fundações de interesse social, e ainda às sociedades, quando a analogia das situações o justifique (art. 157º).

As associações constituídas por escritura pública, com as especificações referidas no n. 1 do art. 167º, gozam de personalidade jurídica (art. 158º, 1).

As fundações adquirem personalidade jurídica pelo reconhecimento, o qual é individual e da competência da autoridade administrativa (art. 158º, 2).

É aplicável à constituição de pessoas coletivas o disposto no art. 280º, devendo o Ministério Público promover a declaração judicial da nulidade (art. 158º-A).

A sede da pessoa coletiva é a que os respectivos estatutos fixarem ou, na falta de designação estatutária, o lugar em que funciona normalmente a administração principal (art. 159º).

A capacidade das pessoas coletivas abrange todos os direitos e obrigações necessárias ou convenientes à persecução dos seus fins (art. 160º, 1).

Excetuam-se os direitos e obrigações vedadas por lei ou que sejam inseparáveis da personalidade singular (art. 160º, 2).

Os estatutos da pessoa coletiva designarão os respectivos órgãos, entre os quais haverá um órgão colegial de administração e um conselho fiscal, ambos constituídos por um número ímpar de titulares, dos quais um será o presidente (art. 162º).

A representação da pessoa coletiva, em juízo e fora dele, cabe a quem os estatutos determinarem ou, na falta de disposição estatutária, à administração ou a quem por ela for designado (art. 163º, 1).

A designação de representantes por parte da administração só é oponível a terceiros quando se prove que estes a conheciam (art. 163º, 2).

As obrigações e a responsabilidade dos titulares dos órgãos das pessoas coletiva para com estas são definidas nos respectivos estatutos, aplicando-se, na falta de disposições estatutárias, as regras do mandato com as necessárias adaptações (art. 164º, 1).

Os membros dos corpos gerentes não podem abster-se de votar nas deliberações tomadas em reuniões a que estejam presentes, e são responsáveis pelos prejuízos delas decorrentes, salvo se houverem manifestado a sua discordância (art. 164º, 2).

As pessoas coletivas respondem civilmente pelos atos ou omissões dos seus representantes, agentes ou mandatários nos mesmos termos em que os comitentes respondem pelos atos ou omissões dos seus comissários (art. 165º).

Extinta a pessoa coletiva, se existirem bens que lhe tenham sido doados ou deixados com qualquer encargo ou que estejam afetadas a um certo fim, o tribunal, a requerimento do Ministério Público, dos liquidatários, de qualquer associado ou interessado, ou ainda de herdeiros do doador ou do autor da deixa testamentária, irá atribuí-los, com o mesmo encargo ou afetação, a outra pessoa coletiva (art. 166º, 1).

Os bens não abrangidos pelo número anterior têm o destino que lhes for fixado pelos estatutos ou por deliberação dos associados, sem prejuízo do disposto em leis especiais; na falta de fixação ou de lei especial, o tribunal, a requerimento do Ministério Público, dos liquidatários, ou de qualquer associado ou interessado, determinará que sejam atribuídos a outra pessoa coletiva ou ao Estado, assegurando, tanto quanto possível, a realização dos fins da pessoa extinta (art. 166º, 2).

O ato de constituição da associação especificará os bens ou serviços com que os associados concorrem para o patrimônio social, a denominação, fim e sede da pessoa coletiva, a forma do seu funcionamento, assim como a sua duração, quando a associação não se constitua por tempo indeterminado (art. 167º, 1).

Os estatutos podem especificar ainda os direitos e obrigações dos associados, as condições da sua admissão, saída e exclusão, bem como os termos da extinção da pessoa coletiva e consequente devolução do seu patrimônio (art. 167º, 2).

O ato de constituição da associação, os estatutos e as suas alterações devem constar de escritura pública (art. 168º, 1).

O notário deve, oficiosamente, a expensas da associação, comunicar a constituição e estatutos, bem como as alterações destes, à autoridade administrativa e ao Ministério Público e remeter ao jornal oficial um extrato para publicação (art. 168º, 2).

O ato de constituição, os estatutos e as suas alterações não produzem efeitos em relação a terceiros, enquanto não forem publicados nos termos do número anterior (art. 168º, 3).

É a assembléia geral que elege os titulares dos órgãos da associação, sempre que os estatutos não estabeleçam outro processo de escolha (art. 170º, 1).

As funções dos titulares eleitos ou designados são revogáveis, mas a revogação não prejudica os direitos fundados no ato de constituição (art. 170º, 2).

O direito de revogação pode ser condicionado pelos estatutos à existência de justa causa (art. 170º, 3).

O órgão da administração e o conselho fiscal são convocados pelos respectivos presidentes e só podem deliberar com a presença da maioria dos seus titulares (art. 171º, 1).

Salvo disposição legal ou estatutária em contrário, as deliberações são tomadas por maioria de votos dos titulares presentes, tendo o presidente, além do seu voto, direito a voto de desempate (art. 171º, 2).

Competem à assembléia geral todas as deliberações não compreendidas nas atribuições legais ou estatutárias de outros órgãos da pessoa coletiva (art. 172º, 1).

São, necessariamente, da competência da assembléia geral a destituição dos titulares dos órgãos da associação, a aprovação do balanço, a alteração dos estatutos, a extinção da associação e a autorização para esta demandar os administradores por fatos praticados no exercício do cargo (art. 172º, 2).

A assembléia geral deve ser convocada pela administração nas circunstâncias fixadas pelos estatutos e, em qualquer caso, uma vez em cada ano para aprovação do balanço (art. 173º, 1).

A assembléia será ainda convocada sempre que a convocação seja requerida, com um fim legítimo, por um conjunto de associados não inferior à quinta parte da sua totalidade, se outro número não for estabelecido nos estatutos (art. 173º, 2).

Se a administração não convocar a assembleia nos casos em que deve fazê-lo, a qualquer associado é lícito efetuar a convocação (art. 173º, 3).

A assembléia geral é convocada por meio de aviso postal, expedido para cada um dos associados com a antecedência mínima de oito dias; no aviso indicar-se-á o dia, hora e local da reunião e a respectiva ordem do dia (art. 174º, 1).

São anuláveis as deliberações tomadas sobre matéria estranha à ordem do dia, salvo se todos os associados comparecerem à reunião e todos concordarem com o aditamento (art. 174º, 2).

O comparecimento de todos os associados sanciona quaisquer irregularidades da convocação, desde que nenhum deles se oponha à realização da assembléia (art. 174º, 3).

A assembléia não pode deliberar, em primeira convocação, sem a presença de metade, pelo menos, dos seus associados (art. 175º, 1).

Salvo o disposto nos números seguintes, as deliberações são tomadas por maioria absoluta dos associados presentes (art. 175º, 2).

As deliberações sobre alterações dos estatutos exigem o voto favorável de três quartos do número dos associados presentes (art. 175º, 3).

As deliberações sobre a dissolução ou prorrogação da pessoa coletiva requerem o voto favorável de três quartos do número de todos os associados (art. 175º, 4).

Os estatutos podem exigir um número de votos superior ao fixado nas regras anteriores (art. 175º, 5).

O associado não pode votar, por si ou como representante de outrem, nas matérias em que haja conflito de interesses entre a associação e ele, seu cônjuge, ascendentes ou descendentes (art. 176º, 1).

As deliberações tomadas com infração do disposto no número anterior são anuláveis se o voto do associado impedido for essencial à existência da maioria necessária (art. 176º, 2).

As deliberações da assembléia geral contrárias à lei ou aos estatutos, seja pelo seu objeto, seja por virtude de irregularidades havidas na convocação dos associados ou no funcionamento da assembléia, são anuláveis (art. 177º).

A anulabilidade prevista nos artigos anteriores pode ser arguida, dentro do prazo de seis meses, pelo órgão da administração ou por qualquer associado que não tenha votado a deliberação (art. 178º, 1).

Tratando-se de associado que não foi convocado regularmente para a reunião da assembléia, o prazo só começa a correr a partir da data em que ele teve conhecimento da deliberação (art. 178º, 2).

A anulação das deliberações da assembléia não prejudica os direitos que terceiro de boa-fé haja adquirido em execução das deliberações anuladas (art. 179º).

Salvo disposição estatutária em contrário, a qualidade de associado não é transmissível, quer por ato entre vivos, quer por sucessão; o associado não pode incumbir outrem de exercer os seus direitos pessoais (art. 180º).

O associado que por qualquer forma deixar de pertencer à associação não tem o direito de repetir as quotizações que haja pago e perde o direito ao patrimônio social, sem prejuízo da sua responsabilidade por todas as prestações relativas ao tempo em que foi membro da associação (art. 181º).

As associações extinguem-se: a) Por deliberação da assembléia geral; b) Pelo decurso do prazo, se tiverem sido constituídas temporariamente; c) Pela verificação de qualquer outra causa extintiva prevista no ato de constituição ou nos estatutos; d) Pelo falecimento ou desaparecimento de todos os associados; e) Por decisão judicial que declare a sua insolvência (art. 182º, 1).

As associações extinguem-se ainda por decisão judicial: a) Quando o seu fim se tenha esgotado ou se haja tornado impossível; b) Quando o seu fim real não coincida com o fim expresso no ato de constituição ou nos estatutos; c) Quando o seu fim seja sistematicamente prosseguido por meios ilícitos ou imorais; d) Quando a sua existência se torne contrária à ordem pública (art. 182º, 2).

Nos casos previstos nas alíneas b) e c) do n. 1 do artigo anterior, a extinção só se produzirá se, nos trinta dias subsequentes à data em que devia operar-se, a assembléia geral não decidir a prorrogação da associação ou a modificação dos estatutos (art. 183º, 1).

Nos casos previstos no n. 2 do artigo precedente, a declaração da extinção pode ser pedida em juízo pelo Ministério Público ou por qualquer interessado (art. 183º, 2).

A extinção por virtude da declaração de insolvência dá-se em consequência da própria declaração (art. 183º, 3).

Extinta a associação, os poderes dos seus órgãos ficam limitados à prática dos atos meramente conservatórios e dos necessários, quer à liquidação do patrimônio social, quer à ultimação dos negócios pendentes; pelos atos restantes e pelos danos que deles advenham à associação respondem solidariamente os administradores que os praticarem (art. 184º, 1).

Pelas obrigações que os administradores contraírem, a associação só responde perante terceiros se estes estavam de boa-fé e à extinção não tiver sido dada a devida publicidade (art. 184º, 2).

À organização interna e administração das associações sem personalidade jurídica são aplicáveis as regras estabelecidas pelos associados e, na sua falta, as disposições legais relativas às associações, excetuadas as que pressupõem a personalidade destas (art. 195º, 1).

As limitações impostas aos poderes normais dos administradores só são oponíveis a terceiro quando este as conhecia ou devia conhecer (art. 195º, 2).

À saída dos associados é aplicável o disposto no art. 181º (art. 195º, 3).

As contribuições dos associados e os bens com elas adquiridos constituem o fundo comum da associação (art. 196º, 1).

Enquanto a associação subsistir, nenhum associado pode exigir a divisão do fundo comum e nenhum credor dos associados tem o direito de o fazer excutir (art. 196º, 2).

As liberalidades em favor de associações sem personalidade jurídica consideram-se feitas aos respectivos associados, nessa qualidade, salvo se o autor tiver condicionado a deixa ou doação à aquisição da personalidade jurídica; neste caso, se tal aquisição não se verificar dentro do prazo de um ano, fica a disposição sem efeito (art. 197º, 1).

Os bens deixados ou doados à associação sem personalidade jurídica acrescem ao fundo comum, independentemente de outro ato de transmissão (art. 197º, 2).

Pelas obrigações validamente assumidas em nome da associação responde o fundo comum e, na falta ou insuficiência deste, o patrimônio daquele que as tiver contraído; sendo o ato praticado por mais de uma pessoa, respondem todas solidariamente (art. 198º, 1).

Na falta ou insuficiência do fundo comum e do patrimônio dos associados diretamente responsáveis, têm os credores ação contra os restantes associados, que respondem proporcionalmente à sua entrada para o fundo comum (art. 198º, 2).

A representação em juízo do fundo comum cabe àqueles que tiverem assumido a obrigação (art. 198º, 3).

As comissões constituídas para realizar qualquer plano de socorro ou beneficência, ou promover a execução de obras públicas, monumentos, festivais, exposições, festejos e atos semelhantes, se não pedirem o reconhecimento da personalidade da associação ou não a obtiverem, ficam sujeitas, na falta de lei em contrário, às disposições subsequentes (art. 199º).

Os membros da comissão e os encarregados de administrar os seus fundos são pessoal e solidariamente responsáveis pela conservação dos fundos recolhidos e pela sua afetação ao fim anunciado (art. 200º, 1).

Os membros da comissão respondem ainda, pessoal e solidariamente, pelas obrigações contraídas em nome dela (art. 200º, 2).

Os subscritores só podem exigir o valor que tiverem subscrito quando não se cumpra, por qualquer motivo, o fim para que a comissão foi constituída (art. 200º, 3).

## 3.5 ESTADOS UNIDOS

Apesar de reconhecer a importância das associações, os Estados Unidos não prevêem expressamente a liberdade de associação na sua Constituição. A mesma é apenas reconhecida como decorrente da liberdade de expressão prevista na 1ª Emenda da Constituição dos Estados Unidos da América.

Muitos doutrinadores e precedentes não admitem a liberdade de associação isoladamente, somente dando guarida judicial quando a mesma estiver atrelada a outro direito previsto na 1ª Emenda da Constituição dos Estados Unidos da América. Parte da doutrina, no entanto, tem se voltado para a importância da liberdade de associação, enfatizando seu caráter independente e mais do que isto, que outros direitos podem possuir pouca importância se não observada a liberdade de associação.

Diante disto, o direito de associação é pautado pelos precedentes judiciais.

O primeiro precedente da Suprema Corte a reconhecer o direito de associação (ainda que não isoladamente) deu-se em 1958 no caso N.A.A.C.P. *v* Alabama, 357 US 449. Tratava-se em um caso onde se ordenou à uma associação informar os dados (nomes e endereços) de seus associados. A Suprema Corte norte-americana mencionou que tal exigência afrontaria a liberdade de associação que decorre da liberdade de expressão.

Em outra ação, a NAACP (que é uma organização norte-americana de defesa dos direitos das pessoas negras) promoveu um boicote a comerciantes brancos que não respeitavam os direitos civis dos negros norte-americanos. A entidade foi processada e a Suprema Corte em 1982 entendeu que o boicote foi lícito pelo fato de terem se unido para promover crenças e idéias. (NAACP v. Claiborne Hardware Co. – 458 US 886), não sendo a NAACP responsabilizada.[24]

Em outra situação em que um boicote foi realizado por advogados com o escopo de assegurar maiores honorários pela representação de clientes juridicamente necessitados, a Suprema Corte em 1990 entendeu pela ilicitude da situação pelo fato do boicote visar unicamente interesse econômico, desamparada da intenção de expressar idéias políticas ou crenças (FTC *v.* Superior Courte Trial Lawyers Ass'n - 493 EUA 411).[25]

---

[24] Capturado do site lawbrain.com em 25 de novembro de 2013.

[25] Capturado do site lawbrain.com em 25 de novembro de 2013.

Em outro caso, a Suprema Corte em 1989 entendeu que a proibição de jovens entre 14 e 18 frequentarem salões de dança não afronta a liberdade de associação (City of Dallas *v.* Stanglin, 490 US 19).

A Suprema Corte norte-americana entendeu ser possível exame judicial de legislação restringindo o direito de associação como se deu no caso *In Aptheker v. Secretary of State,* 378 US 500 julgado em 1964, onde a corte derrubou uma lei federal que impedia membros de organizações taxadas como subversivas de requererem passaportes.[26]

Entre as décadas de 40 e 50, os Estados Unidos passou a processar vários indivíduos com base na Lei de Registro de Estrangeiro (Lei Smith), que tornava crime a conspiração para tentar derrubar o governo ou promover doutrinas que defendessem a sedição. Muitas vezes a lei foi utilizada para processar indivíduos que apenas estavam inscritos nas associações suspeitas de subversão sem qualquer participação ativa. Em vários precedentes sobre tais questões, a Suprema Corte entendeu que não se poderia punir indivíduos membros de associações se não comprovada a efetiva participação dos mesmos com ciência dos atos ilegais e a vontade de promoção de tais atos ilegais (Noto *v.* US, 367 US 290 - 1961 e Scales *v.* US, 367 US 203 – 1961).[27]

A Suprema Corte norte-americana defende que a liberdade de associação pode sofrer tratamento diferenciado em decorrência da natureza de cada associação. Em 1928, a Suprema Corte decidiu ser legítima a exigência de que a Ku Klux Klan apresentassem os dados de seus membros, uma vez que a liberdade de associação estava subordinada ao interesse estatal de controle das atividades ilegais da Ku Klux Klan (New York ex Rel. Bryant *v.* Zimmerman, 278 US 63). Em 1961, do mesmo modo, a Suprema Corte também julgou válida a exigência do Partido Comunista divulgar a listagem dos seus membros e qualificações diante de supostos perigos que poderiam ocorrer por seus membros (Communisty Party of United States *v.* Subversive Activities Control Board, 367 US 1). Por outro lado, em 1958, a mesma Suprema Corte entendeu que quando a associação não estivesse envolvida em atividades ilegais, era ilícita a exigência de apresentação dos seus membros e suas qualificações (NAACP *v.* Patterson, 357 US 449).[28]

---

26 BARRON, Jerome A. e DIENES, C. Thomas. *Constitucional Law in a nutshell.* Eagan: West, 2013, p. 431

27 Capturado do site lawbrain.com em 25 de novembro de 2013.

28 Capturado do site lawbrain.com em 25 de novembro de 2013.

Jerome A. Barron e C. Thomas Dienes salientam que a manutenção da privacidade dos seus membros é um aspecto vital do direito de associação, sendo o anonimato um meio imprescindível para evitar o efeito inibidor de ameaças e perseguições.[29]

A Suprema Corte também reconheceu a liberdade de associação íntima, que seria o direito humano fundamental de criar e manter relacionamentos íntimos (Griswold *v.* Connecticut, 381 US 479 - 1965).

Nos Estados Unidos também é garantido o direito de não se associar e tampouco de aceitar pessoas que podem interferir nas atividades de expressão do grupo segundo conta Steven L. Emanuel.[30] Em caso julgado em 1995, a Suprema Corte norte-americana entendeu que associações privadas que realizam o desfile do dia e St. Patrick em Boston podiam não incluir manifestantes ou mensagens contrárias ao que se deseja expressar com o desfile como ocorreu ao impedir gays e lésbicas que desejavam marchar sob sua própria bandeira. (Hurley *v.* Irish-Amercian Gay, Lesbian, and Bisexual Group of Boston, 515 US 555).[31]

---

[29] BARRON, Jerome A. e DIENES, C. Thomas. *Constitucional Law in a nutshell.* Eagan: West, 2013, p. 433.

[30] EMANUEL, Steven L. *Constitucional Law.* New York: Wolters Kluwer, 2013; p. 615.

[31] Op. Cit. P. 615.

# 4

# ESPÉCIES DE PESSOAS JURÍDICAS

O Código Civil de 1916 previa em seu art. 13 que as pessoas jurídicas poderiam ser de direito público (interno e externo) ou de direito privado. O art. 16 do mesmo *codex*, por sua vez, disciplinava que as pessoas jurídicas de direito privado eram: as sociedades civis, religiosas, pias, morais, científicas ou literárias, as associações de utilidade pública, as fundações, as sociedades mercantis e os partidos políticos.

O Código Civil de 2002 manteve no art. 40 a mesma redação do art. 13 do Código Civil de 1916, disciplinando que as pessoas jurídicas podem ser de direito público (interno e externo) ou de direito privado.

No que se refere à estipulação das espécies de pessoas jurídicas de direito privado, o Código Civil de 2002, em seu art. 44, de maneira mais simples e prática, resumiu-as em associações, sociedades, fundações, organizações religiosas e partidos políticos.

Importante salientar que o rol de pessoas jurídicas de direito privado do art. 44 do Código Civil é apenas enunciativo, podendo existir outras espécies de pessoas jurídicas de direito privado não constantes em tal dispositivo legal. O Enunciado n. 144 da 3ª Jornada de Direito Civil do Conselho da Justiça Federal referente ao art. 44 do Código Civil aponta no mesmo sentido ao mencionar que "a relação das pessoas jurídicas de direito privado, estabelecida no art. 44, incisos I a V, do Código Civil, não é exaustiva".

A importância de se saber a espécie de pessoa jurídica dá-se porque "de acordo com o modelo adotado, variará a posição de seus membros, seus direitos e obrigações, suas responsabilidades e vinculações".[32]

Assim, mostra-se extremamente importante saber a espécie de pessoa jurídica que se está tratando.

No que tange às associações, houve mudança na sua classificação no atual Código Civil, apesar da doutrina já fazer tal diferenciação mesmo sob a vigência do Código Civil brasileiro de 1916.

## 4.1 ASSOCIAÇÕES CIVIS E SOCIEDADES CIVIS

As associações no antigo Código Civil eram consideradas como sociedades civis, entretanto, na presente codificação, as associações são diversas das sociedades civis, sendo que estas se subdividem em simples e empresariais. A possibilidade pregada por Caio Mário de se classificar como sinônimas as expressões associações e sociedades no Código Civil de 1916[33] não se mostra possível com o advento do Código Civil de 2002, conforme aponta Miguel Reale ao dizer que com a vigência do Código Civil de 2002 "pôs-se termo a sinonímias que possam dar lugar a dúvidas, fazendo-se, por exemplo, distinção entre associação e sociedade, destinando-se aquela para indicar as sociedades de fins não econômicos, e esta para designar as de objetivos econômicos".[34]

A diferenciação entre as associações e as sociedades civis, além de ter sido optada pelo legislador conforme se percebe da leitura do art. 44 do Código Civil, ainda se dá pela concepção atual sobre a natureza de tais institutos.

Na concepção contemporânea, as sociedades civis (simples e empresárias) são diversas das associações pelo fato de que as primeiras possuem finalidade lucrativa e as segundas possuem um fim ideal não lucrativo (recreativo, desportivo, cultural, religioso etc.).

---

32 LOTUFO, Renan. *Código civil comentado*: parte geral (arts. 1º a 232). vol. 1. São Paulo: Saraiva, 2003; p. 128.

33 PEREIRA, Caio Mário da Silva. *Instituições de direito civil*. Rio de Janeiro: Forense, 2000; p. 215.

34 REALE, Miguel. *História do Novo Código Civil*. São Paulo: Editora Revista dos Tribunais, 2005; p. 40.

As associações também possuem a peculiaridade de ser um dos poucos tipos de pessoa jurídica de direito privado que podem ser reconhecidas como de utilidade pública, gozando de benesses administrativas e tributárias para o atendimento de seu fim. Não mais existe sociedade civil de utilidade pública, mas tão-somente associação civil de utilidade pública.

A própria redação do art. 44 do Código Civil coloca as associações e as sociedades como pessoas jurídicas distintas.

O § 2º do art. 44 do Código Civil regra que "as disposições concernentes às associações aplicam-se subsidiariamente às sociedades que são objeto do Livro II da Parte Especial deste Código", o que denota mais uma vez serem pessoas jurídicas diferentes.

Assim, entendemos que as associações, no regime do atual Código Civil, são entidades diversas das sociedades civis.

## 4.2 ASSOCIAÇÕES CIVIS E FUNDAÇÕES

As associações também não se confundem com as fundações. Enquanto nas associações prevalece o elemento pessoa (*universitas personarum*), nas fundações prevalece o elemento patrimônio (*universitas bonorum*).

Washington de Barros Monteiro ainda diferencia as associações das fundações pelo fato de que: nas primeiras, os fins podem ser alterados pelos associados, enquanto, nas segundas, os fins são perenes ou imutáveis, limitando-se os administradores a executá-los simplesmente; nas primeiras o patrimônio é constituído pelos consócios, já que o interesse é exclusivo deles, enquanto que, nas segundas, o patrimônio é fornecido pelo instituidor, que tanto pode ser um particular como o Estado; nas associações os associados deliberam livremente, dizendo-se por isso que seus órgãos são dirigentes ou dominantes, enquanto nas fundações as resoluções são delimitadas pelo instituidor, afirmando-se por isso que seus órgãos são servientes.[35]

Desse modo, também não se confundem as associações com as fundações.

---

[35] MONTEIRO, Washington de Barros. *Curso de Direito Civil*. São Paulo: Saraiva, 1997; p. 116.

## 4.3 ASSOCIAÇÕES CIVIS E REUNIÕES

Apesar de não serem pessoas jurídicas, as reuniões não se confundem com as associações.

As reuniões não se equiparam às associações porque naquelas não há a estabilidade e a permanência do vínculo entre os membros, enquanto nas últimas há.

## 4.4 ASSOCIAÇÕES CIVIS E ORGANIZAÇÕES RELIGIOSAS E PARTIDOS POLÍTICOS

As organizações religiosas e os partidos políticos, apesar de possuírem natureza e caracteres de associações, foram classificadas pelo legislador como pessoas jurídicas diversas. Como muito bem colocado por Humberto Theodoro Jr. em comentário sobre a adoção pelo legislador por hipótese contrária à técnica, a qual se aplica perfeitamente ao presente caso, "a solução pode não ter sido a mais técnica, mas é a da lei".[36] Conclui-se, portanto, que as organizações religiosas e partidos políticos não são associações.

## 4.5 ASSOCIAÇÕES CIVIS E PESSOAS JURÍDICAS EMPRESARIAIS

As associações civis também se diferem das pessoas jurídicas empresariais (EIRELLI, sociedades limitadas e sociedades anônimas) pelo fato das entidades associativas não terem por escopo lucrativo (divisão de dividendos entre seus membros), diferentemente das entidades empresariais.

---

[36] THEODORO JR., Humberto. *Curso de Direito Processual Civil.* Rio de Janeiro: Forense, 2005; p. 228.

# 5

# CONCEITO DE ASSOCIAÇÕES

Associação deriva do latim *associare* que significa reunir ou juntar.[37]

As associações surgiram da conscientização de que, em certos casos, o indivíduo isoladamente é impotente para realizar determinados objetivos, mas, caso se una a outras pessoas com o mesmo ideal, esses fins podem ser realizados.

Tanto em países desenvolvidos como em desenvolvimento, as associações têm papel vital, substituindo e auxiliando o Estado em muitos dos seus afazeres. Esta importância redobra em locais onde o Estado está pouco presente, uma vez que as associações exercem o seu papel. Ainda se configuram como extensão da dignidade da pessoa humana e o do direito de liberdade, pois não há liberdade ou dignidade em países onde não se admite e se garante a plenitude do direito fundamental de associação. Quanto mais desenvolvido o país, menor a intervenção e a limitação do direito fundamental de associação.

Hodiernamente, as associações podem ser conceituadas como pessoas jurídicas de direito privado, compostas pela união de pessoas (físicas ou jurídicas) de modo estável com um fim ideal convergente não lucrativo.

Cada um dos componentes da conceituação das associações é analisado pormenorizadamente no capítulo 9 da presente obra.

---

[37] SILVA, De Plácido. *Vocabulário Jurídico*. 11. ed. vol. I. Rio de Janeiro: Forense, 1991; p. 217.

# 6

# IMPORTÂNCIA DAS ASSOCIAÇÕES

A importância que vem tendo as associações em todo ordenamento jurídico ocidental dá-se porque são entidades supraindividuais com fim ideal convergente não lucrativo, se colocando como o ponto mediano entre o Estado e o indivíduo isolado.

Guido Zanobini escreve:

> as associações são lícitas e representam o desdobramento do direito fundamental de liberdade que o ordenamento reconhece aos cidadãos, permitindo a eles se reunirem para conseguir aqueles fins que singularmente não poderiam alcançar ou somente conseguiriam com grande dificuldade.[38]

O STF já teve oportunidade de exteriorizar que o direito de associação está intimamente ligado à proteção da dignidade da pessoa, livre iniciativa, autonomia da vontade e liberdade de expressão.

O direito à plena liberdade de associação (art. 5º, XVII, da CF) está intrinsecamente ligado aos preceitos constitucionais de proteção da dignidade da pessoa, de livre iniciativa, da autonomia da vontade e da liberdade de expressão. Uma associação que deva pedir licença para criticar situações de arbitrariedades terá sua atuação completamente esvaziada. (HC 106808 – Rel. Min. Gilmar Mendes – DJ 09/04/2013)

---

[38] ZANOBINI, Guido. *Corso di Diritto Amministrativo*. Milano: Dott. A. Giuffrè Editore, 1959; p. 105. No mesmo sentido: ALPA, Guido. *Istituzioni di Diritto Privato*. 2. ed. Torino: UTET, 1997; p. 480-481.

Ricardo Luis Lorenzetti complementa ao dizer outras virtudes das associações: "Elas permitem a defesa de interesses específicos e a negociação em condições igualitárias, e, ainda mais, a celebração de contratos coletivos, como os de trabalho ou de consumo."[39]

O Tribunal Constitucional da Bolívia, na sentença constitucional 0112/2004 julgada em 11 de outubro de 2004 cuja relatora foi a Dra. Elizabeth Iñiguez de Salinas, mostrou a relevância das associações:

> Resulta patente que as associações desempenham um papel fundamental nos diversos âmbitos da atividade social, contribuindo a um exercício ativo da cidadania e a consolidação de uma democracia avançada, representando os interesses dos cidadãos ante os poderes públicos e desenvolvendo uma função essencial e imprescindível, entre outras, nas políticas de desenvolvimento, meio ambiente, promoção dos direitos humanos, juventude, saúde pública, cultura, recreação, criação de emprego e outras de similar natureza[40].

Esses entes que assim como as associações e fundações se situam entre o indivíduo isoladamente e o Estado são chamados por Guido Alpa de *comunità intermédie*[41] (comunidade intermédia). São segundo Peter Häberle "um elemento irrenunciável da democracia pluralista ou da *Constituição do pluralismo*".[42]

Praticamente todas as Constituições mundiais prevêem a liberdade de associação/direito de associação em seu bojo.

O Estado dá tratamento especial às associações porque se trata de uma espécie de pessoa jurídica que engloba interesse coletivo, bem como por ser realizadora de muitos objetivos que seriam de obrigação, *a priori*, do próprio Estado.

No Brasil, a educação (art. 205 da CF), cultura (art. 215 da CF), desporto (art. 217 da CF), lazer (art. 217, § 3º, da CF), entre outros, são deveres do

---

39 LORENZETTI, Ricardo Luis. *Fundamentos do direito privado*. São Paulo: Editora Revista dos Tribunais, 1998; p. 177.

40 Capturado do site: <http://www.tribunalconstitucional.gov.bo/resolucion10512.>. Acesso em: 21 de setembro de 2009.

41 *Op. cit.*, p. 480.

42 HÄBERLE, Peter. *Libertad, igualdad, fraternidad: 1789 como historia, actualidad y futuro del Estado constitucional*. Madrid: Trotta, 1998; p. 79.

Estado e por isso estimulam-se as pessoas jurídicas de direito privado (associações) que substituem o dito Estado no cumprimento desses deveres.

A importância das associações no cenário brasileiro é exteriorizada pelo fato de possuir tratamento na Constituição Federal brasileira de 1988 (art. 5º, incisos XVII, XVIII, XIX, XX, XXI e XXVIII, "b"; art. 8º; art. 21, XXV; art. 37, VI; art. 174, § 2º, e art. 217, I), pois alguns países, como a França, por exemplo, não tratam dessas pessoas jurídicas em sua Constituição.

Ademais, em nosso país são poucos institutos jurídicos que têm regramento constitucional, o que denota a importância dada pelo constituinte brasileiro às associações.

O direito de associação somente não constou na Declaração dos Direitos Humanos de 1789 porque tal ato tinha cunho altamente individualista.

No caso das associações, as mesmas têm disciplina constitucional desde a Constituição brasileira de 1891.

Também se percebe a importância das associações pelo teor privilegiado das disposições da Carta Magna referente a tais pessoas jurídicas.

Ainda se percebe a relevância das entidades associativas pelo fato da Constituição brasileira de 1988 ser a carta constitucional (pelo que se tem notícia) que mais trata dessa espécie de pessoa jurídica.

Os incentivos constitucionais dados às associações são: a) liberdade de associação (vedada a paramilitar); b) desnecessidade de autorização para criação de associações; c) vedação de interferência estatal em seu funcionamento; d) excepcionalidade de sua dissolução compulsória ou suspensão de suas atividades; e) possibilidade de representação judicial e extrajudicial de seus associados, desde que autorizada; f) autonomia das associações desportivas, quanto à sua organização e funcionamento; g) apoio e estímulo ao associativismo.

Assim, a importância das associações pode ser vislumbrada: a) pela própria natureza de entidade, abrangedora de interesses supraindividuais convergentes para a realização de atividades, a princípio, de dever do Estado; b) por possuir disciplina expressa na Constituição Federal de 1988; c) pelas disposições da Constituição privilegiarem as associações; d) por ser a Constituição brasileira a que mais trata de tais pessoas jurídicas segundo se tem notícia; e) pela própria Carta Magna ordenar que a lei apoie e estimule o associativismo; e) pelo fato do direito de associação constar do topo da pirâmide normativa, sendo considerado um direito fundamental (arts. 5º, incisos XVII, XVIII, XIX,

XX, XXI e XXVIII "b"; art. 8º; art. 21, XXV; art. 37, VI; art. 174, §2º e art. 217, I da Constituição Federal); f). pelo fato de prever aplicação imediata do direito de associação e ser o mesmo considerado cláusula pétrea (art. 5º, §1º da CF 88 e art. 60, §4º da CF); g). pelo fato de ser – a Constituição brasileira – a que mais trata do direito de associação dentre todas as demais Constituições mundiais que se tem notícia; h). pelo conteúdo privilegiado das disposições constitucionais a respeito da liberdade de associação.

Os arts. 5º, incisos XVII, XVIII, XIX, XXI e XXVIII "b"; art. 8º; art. 21, XXV; art. 37, VI; art. 174, §2º e art. 217, I da Constituição Federal são claros em demonstrar que as associações devem ser estimuladas segundo se percebe in verbis: "art. 5º, XVII – é plena a liberdade de associação para fins lícitos, vedada a de caráter paramilitar; art. 5º, XVIII – a criação de associações e, na forma da lei, a de cooperativas independem de autorização, sendo vedada a interferência estatal em seu funcionamento; art. 5º, XIX – as associações só poderão ser compulsoriamente dissolvidas ou ter suas atividades suspensas por decisão judicial, exigindo-se, no primeiro caso, o trânsito em julgado; art. 5º, XXI – as entidades associativas, quando expressamente autorizadas, têm legitimidade para representar seus filiados judicial ou extrajudicialmente; art. 5º, XXVIII – são assegurados, nos termos da lei: (...) b) o direito de fiscalização do aproveitamento econômico das obras que criarem ou de que participarem aos criadores, aos intérpretes e às respectivas representações sindicais e associativas; art. 8º - É livre a associação profissional ou sindical...; art. 21, XXV – Compete à União estabelecer as áreas e as condições para o exercício da atividade de garimpagem, na forma associativa; art. 37, VI – é garantido ao servidor público o direito à livre associação sindical; art. 174, §2º – A lei apoiará o cooperativismo e outras formas de associativismo; art. 217, I – É dever do Estado fomentar práticas desportivas formais e não-formais, como direito de cada um, observados: I – a autonomia das entidades desportivas dirigentes e associações, quanto à sua organização e funcionamento".[43]

[43] TEIXEIRA, Wendel de Brito Lemos. *A desconsideração da personalidade jurídica nas associações civis em relações de consumo à luz do neoconstitucionalismo in 20 anos do Código de Defesa do Consumidor: conquistas, desafios e perspectivas.* Renan Lotufo e Fernando Rodrigues Martins (coords). São Paulo: Saraiva, 2011; p. 211.

Conclui-se que o regramento constitucional privilegiado das associações deve-se não ao fato de um favorecimento sem causa, mas de verdadeiro atendimento ao princípio da isonomia (art. 5º, caput da CF) consistente no tratamento diferenciado de pessoas jurídicas diferenciadas.

E como as associações são pessoas jurídicas sem fins lucrativos, composta de dirigentes que na grande maioria não recebem qualquer remuneração pelo trabalho, exercentes de atividades que seriam a priori obrigação do Estado, devem ter tratamento legal diferenciado compatível com sua natureza e importância.

No Brasil, mostra-se fácil verificar *in concreto* a importância das associações. Basta olhar ao redor por todas as cidades, principalmente as menores. Na maioria das cidades brasileiras, não há um hospital público, mas há uma Santa Casa ou Hospital Filantrópico, que é uma associação; não há um local de amparo a idosos, mas há asilos que são associações; não concede o Estado local para educação e tratamento de deficientes físicos, mas há APAEs e outras instituições que são associações; não fornece o Estado local de recreação para o povo, mas há clubes que são associações, dentre uma infinidade de exemplos mais.

Segundo o IBGE, em 2005 haviam mais de 300 mil associações e fundações no Brasil, o que mostra mais uma vez o relevo de tal entidade.[44]

Dessa forma, as associações devem ser estimuladas e terem tratamento privilegiado, a uma porque assim quis a Constituição e a duas pela própria natureza peculiar das atividades que desenvolve, normalmente em substituição do Estado.

---

[44] Capturado do site http://www.ibge.gov.br/home/estatistica/economia/fasfil/2005/fasfil.pdf em 29 de maio de 2013.

# 7

# DIREITO FUNDAMENTAL DE ASSOCIAÇÃO

A Constituição Federal de 1988 prevê em seu Título II (arts. 5º a 17), os direitos e garantias fundamentais. Os direitos fundamentais (que nada mais são do que verdadeiras garantias e vice-versa) possuem o traço da fundamentalidade. A fundamentalidade se dá: a) por expressa previsão no Título II da Constituição Federal (Dos direitos e garantias fundamentais) e/ou b) por ser considerada de extrema importância para o ordenamento jurídico pátrio e por decorrer do regime e dos princípios adotados pela Carta Magna, ou dos tratados internacionais dos quais o Brasil é parte.

Entende-se que "decorrência do regime ou dos princípios adotados pela Carta Magna" quer dizer "com base" nas disposições do Título I (arts. 1º ao 4º da Constituição Cidadã) e Título II (art. 5º a 17 da Carta Magna).

A marca da fundamentalidade pode se dar também quando o direito for decorrente de tratados de que o Brasil faça parte. E a expressão "tratados" prevista no art. 5º, §2º da Constituição Federal é ampla, abrangendo também pactos e convenções[45].

No caso das associações civis, o direito fundamental de associação dá-se tanto por estar previsto expressamente no Título II da Constituição Federal (Dos direitos e garantias fundamentais) quanto por ser de extrema importância para o ordenamento jurídico pátrio e decorrer do regime e dos princípios

---

45 TEIXEIRA, Wendel de Brito Lemos. O princípio da imparcialidade do julgador como garantia fundamental e seus efeitos no processo. *Revista de Processo*, São Paulo, vol. 186, 2010; p. 342.

adotados pela Carta Magna quanto e de tratados internacionais do qual o Brasil faz parte.

O direito fundamental de associação é também chamado de liberdade de associação. O direito ou liberdade de associação é uma exteriorização da própria dignidade da pessoa humana, haja vista que não há se falar em vida digna sem a garantia do direito de associação. Ela é básica no Estado Democrático e importante aos seres humanos como bem colocado por Paulo Gustavo Gonet Branco, Gilmar Mendes e Inocêncio Mártires Coelho:

> A liberdade de associação presta-se a satisfazer necessidades várias dos indivíduos, aparecendo, ao constitucionalismo atual, como básica para o Estado Democrático de Direito. Quando não podem obter os bens da vida que desejam, por si mesmo, os homens somam esforços, e a associação é a fórmula para tanto. Associando-se com outros, promove-se maior compreensão recíproca, amizade e cooperação, além de se expandirem as potencialidades de autoexpressão. A liberdade de associação propicia autoconhecimento, desenvolvimento da personalidade, constituindo-se em meio orientado para a busca da autorrealização. Indivíduos podem-se associar para alcançar metas econômicas, ou para se defenderem, para mútuo apoio, para fins religiosos, para promover interesses gerais ou da coletividade, para fins altruísticos, ou para se fazerem ouvir, conferindo maior ímpeto à democracia participativa. Por isso mesmo, o direito de associação está vinculado ao preceito de proteção da dignidade da pessoa, aos princípios de livre iniciativa, da autonomia da vontade e da garantia da liberdade de expressão.[46]

O STF também já deixou claro que o direito fundamental de associação está atrelado a dignidade da pessoa humana e a outros direitos fundamentais:

> (...) 6. O direito à plena liberdade de associação (art. 5º, XVII, da CF) está intrinsecamente ligado aos preceitos constitucionais de proteção da dignidade da pessoa, de livre iniciativa, da autonomia da vontade e da liberdade de expressão. 7. Uma associação que deva pedir licença para criticar situações de arbitrariedades terá sua atuação completamente esvaziada. (...) (STF – HC 106808 – Rel. Min. Gilmar Mendes – DJ 09/04/2013)

A caracterização do direito de associação como fundamental acarreta os seguintes efeitos: a) vinculação dos poderes públicos e particulares; b). aplicabilidade imediata (art. 5º, §1º da CF); c) a supremacia do direito fundamental

---

[46] MENDES, Gilmar Ferreira et al. *Curso de direito constitucional*. São Paulo: Saraiva, 2010, p. 494.

de associação em relação a outros direitos e valores não fundamentais; d) a impossibilidade de supressão ou retrocesso do núcleo essencial do direito de associação (ainda que por emenda constitucional) (art. 60, §4º da CF); e) a máxima eficácia do direito fundamental de asociação.

O direito fundamental de associação ou liberdade de associação exterioriza-se por meio de 4 (quatro) direitos, segundo José Afonso da Silva:

> o de criar associação, que não depende de autorização; o de aderir a qualquer associação, pois ninguém poderá ser obrigado a associar-se; o de desligar-se da associação, porque ninguém poderá ser compelido a permanecer associado; e o de dissolver espontaneamente a associação, já que não se pode compelir a associação a existir.[47]

Inclui-se ainda no direito fundamental de associação, o direito dos associados se auto-organizarem e desenvolverem suas atividades associativas.[48]

O inciso XVII do art. 5º da CF dispõe que "é plena a liberdade de associação para fins lícitos, vedada a de caráter paramilitar".

A proteção e o incentivo dado às associações é tal que o ordenamento jurídico prevê tripla punição à lesão da liberdade de associação: administrativa, civil e penal. O art. 3º, alínea "f", da Lei 4.898/65 dispõe que constitui crime de abuso de autoridade qualquer atentado à liberdade de associação, o que mais uma vez denota a importância das associações.

A própria utilização da expressão "é plena a liberdade de associação" deixa claro que a *mens legis* é a de não tolerar limitações ou óbices à liberdade de associação, salvo em exceções previstas em lei (ex.: associações ilícitas e paramilitares).

Não entendemos como o notável e culto Cretella Júnior taxa a expressão "é plena a liberdade" como redundante, por considerar que ou é plena a liberdade ou não há liberdade.[49]

Acreditamos que a taxação da liberdade de associação como "plena" pelo constituinte teve o intuito de enfatizar a importância da liberdade de associação, demonstrando a inaceitabilidade de limitações que não as constantes em lei.

---

[47] *Op. cit.*, p. 236.

[48] MENDES, Gilmar Ferreira et al. *Curso de direito constitucional*. São Paulo: Saraiva, 2010, p. 496.

[49] CRETELLA JR., José. *Comentários à Constituição Brasileira de 1988*. vol. I. Rio de Janeiro: Forense Universitária, 1997; p. 293.

Em suma, o direito fundamental de associação engloba vários direitos, de diferentes titularidades (ora dos indivíduos associados, ora da própria associação), de índole positiva ou negativa.[50]

Deve-se ter em mente que no trato jurídico das Associações, uma palavra deve reinar: liberdade! Isto porque como bem pontificado pelo Min. Celso de Mello, nem mesmo em Estado de Sítio (situação extrema) admite-se a suspensão do direito fundamental de associação:

> A primeira Constituição política do Brasil a dispor sobre a liberdade de associação foi, precisamente, a Constituição republicana de 1891, e, desde então, essa prerrogativa essencial tem sido contemplada nos sucessivos documentos constitucionais brasileiros, com a ressalva de que, somente a partir da Constituição de 1934, a liberdade de associação ganhou contornos próprios, dissociando-se do direito fundamental de reunião, consoante se depreende do art. 113, § 12, daquela Carta Política. Com efeito, a liberdade de associação não se confunde com o direito de reunião, possuindo, em relação a este, plena autonomia jurídica (...). Diria, até, que, sob a égide da vigente Carta Política, intensificou-se o grau de proteção jurídica em torno da liberdade de associação, na medida em que, ao contrário do que dispunha a Carta anterior, nem mesmo durante a vigência do estado de sítio se torna lícito suspender o exercício concreto dessa prerrogativa. (...) Revela-se importante assinalar, neste ponto, que a liberdade de associação tem uma dimensão positiva, pois assegura a qualquer pessoa (física ou jurídica) o direito de associar-se e de formar associações. Também possui uma dimensão negativa, pois garante a qualquer pessoa o direito de não se associar, nem de ser compelida a filiar-se ou a desfiliar-se de determinada entidade. Essa importante prerrogativa constitucional também possui função inibitória, projetando-se sobre o próprio Estado, na medida em que se veda, claramente, ao Poder Público, a possibilidade de interferir na intimidade das associações e, até mesmo, de dissolvê-las, compulsoriamente, a não ser mediante regular processo judicial. (ADI 3.045, voto do Rel. Min. Celso de Mello, julgamento em 10-8-2005, Plenário, *DJ* de 1º-6-2007.)

Apesar de todas as características da caracterização do direito de associação com o traço da fundamentalidade, ainda sim possui limitações.

---

[50] MENDES, Gilmar Ferreira et al. *Curso de direito constitucional.* São Paulo: Saraiva, 2010, p. 496.

## 7.1 LIMITES AO DIREITO FUNDAMENTAL DE ASSOCIAÇÃO

É notório que não existe direito ou liberdade absoluta. O direito de associação também não foge à regra, possuindo limites.

Os limites ao direito fundamental de associação, impostos pela norma positivada, são a princípio constitucionais, enquanto os desvencilhados de supedâneo legislativo não.

Os limites ao direito fundamental de associação dão-se por: a). limitações diretamente constitucionais; b). limitações indiretamente constitucionais[51]; c). com base em colisão com outros direitos fundamentais. Falaremos das limitações mais comuns.

Todas limitações devem ser proporcionais/razoáveis. Nos Estados Unidos, por exemplo, no case *NAACP v Alabama ex rel. Patterson*, 357 EUA 449 (1958), a Suprema Corte entendeu ser afrontoso ao direito fundamental de associação a ordem de um tribunal local para que a associação NAACP divulgasse os nomes e endereços de seus membros pela atividade de tal entidade ser lícita. Já em outra situação, *New York ex rel. Bruant v Zimmerman*, 278 EUA 63 (1928), entendeu que a Ku Klux Klan era obrigada a fornecer a lista de seus membros porque ao contrário do caso anterior, as atividades desta entidade eram ilegais

### 7.1.1 Associações ilícitas

A primeira vedação legal refere-se à inaceitabilidade de associações ilícitas e de caráter paramilitar conforme previsto no art. 5º, inciso XVII, da Carta Magna brasileira.

Apesar do estímulo dado às associações, não se chega ao ponto de se admitir essa modalidade de pessoa jurídica com fins ilícitos, pois, em caso contrário, desmoronaria o ordenamento jurídico pátrio.

A Constituição italiana prevê que os cidadãos têm direito de se associar livremente, independentemente de autorização, para fins que não sejam vetados aos indivíduos nas leis penais (art. 18).

A Lei Fundamental alemã também dispõe que as associações cujos objetivos ou atividades são contrárias às leis penais são proibidas (art. 9º, 1).

---

51 ALEXY, Robert. *Teoria dos direitos fundamentais*. Trad. Virgílio Afonso da Silva. São Paulo: Malheiros, 2008, p. 291.

A Constituição portuguesa também não diverge, mencionando que os cidadãos têm o direito de, livremente e sem dependência de qualquer autorização, constituir associações, desde que estas não se destinem a promover a violência e os respectivos fins não sejam contrários à lei penal (art. 46º, 1).

No Brasil, no entanto, a finalidade ilícita não se restringe tão-somente à seara penal, sendo vedada também à associação que tenha finalidade contrária ao Direito. Caso a intenção da Constituição brasileira fosse assim como a da Itália, da Alemanha e de Portugal, proibir as associações contrárias tão-somente à lei penal, o constituinte teria incluído no diploma brasileiro tal vedação expressamente.

Inexistindo a restrição de impossibilidade de associações contrárias tão-somente à lei penal na Constituição Federal, acarreta-se, por via de consequência, a necessidade de se considerar que o termo ilicitude dos fins se refere aos fins contrários ao ordenamento jurídico e não somente à seara penal.

Segundo escólios de Carlos Maximiliano:

> quando o texto menciona o gênero, presumem-se incluídas as espécies respectivas; se faz referência ao masculino, abrange o feminino; quando regula o todo, compreendem-se também as partes. Aplica-se a regra geral aos casos especiais, se a lei não determina evidentemente o contrário. *Ubi lex non distinguit nec nos distinguere debemus*: 'Onde a lei não distingue, não pode o interprete distinguir'.[52]

Importante salientar que descumprimento da legislação não se confunde com ilicitude dos fins, haja vista que nem todo ilícito relaciona-se ao fim perseguido pela associação. Dessa forma, não é qualquer ilícito trabalhista, ambiental, tributário etc. que tornará uma associação ilegal.

Mesmo a reiteração de ilegalidades não relacionadas aos fins da associação, por si só, não são capazes de torná-la ilícita. Uma associação de defesa dos animais que tem vários empregados e inúmeras condenações trabalhistas, por exemplo, não pode ser declarada ilícita, caso venha cumprindo a finalidade prevista em seu estatuto e seja essa finalidade legalmente permitida.

Assim, a licitude ou não de uma associação deve ser analisada com fulcro em seus fins. Somente haverá a ilicitude da associação acaso os atos sejam globalmente ilícitos como citado pela Câmara Civil da Corte de Cassação francesa:

---

[52] MAXIMILIANO, Carlos. *Hermenêutica e aplicação do direito.* Rio de Janeiro: Forense, 1993; p. 246-247.

> Repetição de atos ilícitos. Uma associação com atividade lícita pode cometer reiterados atos ilícitos. Os tribunais consideram que os grupos que agem fora dos limites legalmente traçados é que tem as atividades reputadas como globalmente ilícitas. (Câmara Civil da Corte de Cassação Francesa. 23-7-1918: S. 1921 p. 289 note Chavegrin; CA Angers 16-4-1958: d. 1958 p. 647)[53]

Também é importante salientar que as finalidades sociais devem ser analisadas *in concreto* e não somente na frieza da disposição estatutária.

Mediante o descrito, uma entidade com finalidade lícita prevista em seu estatuto pode ser declarada de finalidade ilícita e assim dissolvida, caso a prática demonstre a ocorrência deste último objetivo escuso como em decisão em que o TJSP considerou como associação de fins ilícitos a de torcedores que difundem a violência dentro e fora dos estádios (TJSP – 10ª Câm. – AgIn 5.998-4/4 – Rel. Des. Ruy Camilo – j. 12/03/1996)[54].

Como bem resume José Eduardo Sabo Paes, "a ilicitude da pessoa jurídica pode ser revelada pelo próprio objeto ou por atos materiais que a demonstrem, atos estranhos ao objeto declarado".[55]

Por outro lado, a ilicitude dos fins de uma associação deve ser cabalmente comprovada, pois a boa-fé se presume, além de ser imposição constitucional o prestígio às associações (art. 174, § 2º, da CF).

Deve o Poder Judiciário se atentar que a dissolução de uma associação é medida extrema e somente deve ser tomada se não houver outra alternativa.

Caso existam outras alternativas capazes de sanar o problema (como, por exemplo, a suspensão temporária), tais medidas deverão ser tomadas em detrimento da excepcional dissolução, conforme apontou o extinto Tribunal Federal de Recursos:

> LIBERDADE DE ASSOCIAÇÃO – Dissolução de sociedade civil por motivo de ordem pública – Cautela das autoridades para não violar a primeira – Desvirtuamento dos fins por maioria ocasional ao qual ainda a maioria efetiva não pode oferecer reação necessária – Suspensão provisória como meio de enquadrá-la nas normas legais. Na dissolução

---

53 LEFEBVRE, Francis et al. *Memento pratique – Associations, fondations, congrégations, fonds de dotation*. Levallois: Editions Francis Lefebvre, 2012; p. 32.

54 RT 734/307.

55 PAES, José Eduardo Sabo. *Fudanções, associações e entidades de interesse social: aspectos jurídicos, administrativos, contábeis, trabalhistas e tributários*. Rio de Janeiro: Forense, 2018; p. 124.

> de sociedade por motivo de ordem pública devem as autoridades agir com a maior cautela para não esmagar o direito de associação; embora atentas para que não se opere o desvirtuamento dos fins associativos, devem verificar se o desvio não é devido a motivo acidental e a maioria ocasional, a que a maioria real do corpo social ainda não pôde oferecer reação necessária e, em tais casos, promover apenas a suspensão do funcionamento e outros meios de enquadrá-la nas normas da lei (AC n. 3.0009-RS – J. em 1-9-53 – Acórdão Unânime da 1ª Turma – Rel.: Min. Afrânio Costa – DJU de 26/10/54, p. 3790).[56]

Também podem ser consideradas associações de fins ilícitos a máfia[57], entidades com fins racistas, as que tiverem fins não pacíficos, as que afrontarem a ordem constitucional[58], as que empregarem violência etc.

No direito comparado, a Constituição do Panamá prevê expressamente em seu art. 39 que não se outorgará reconhecimento às associações inspiradas nas ideias ou teorias baseadas em pretendida superioridade de uma raça ou grupo étnico, ou que justifiquem ou promovam a discriminação racial.

A Constituição Boliviana em seu art. 7º dispõe que podem ser consideradas como associações ilícitas as que não tiverem fins pacíficos.

Yves Marot também cita como associações ilícitas as com fins terroristas, racistas, anti-semitas e xenófobas por natureza[59] e Miguel Carbonell em seu belo artigo *"La libertad de asociación y de reunión em México"* também reputa como ilícitas as associações que utilizam-se da violência para fazer valer sua vontade[60]. Também são citadas como ilícitas por Damarey et al as associações que afrontarem a social democracia, a segurança nacional, a segurança pública, saúde, a moral, ordem, os direitos de outrens e cometerem crimes.[61]

A adesão à uma associação, assim como a retirada, é livre, salvo exceções legais. O não pagamento por um associado de suas contribuições manifesta a

---

56 RT 233/537.

57 CRETELLA JÚNIOR, J. *Elementos de direito constitucional.* São Paulo: RT, 1995; p. 214.

58 A lei fundamental alemã (*art. 9*) proíbe as associações contrárias à ordem constitucional e à ideia de compreensão entre os povos.

59 MAROT, Yves. *La loi du 1er juillet 1901. Sur lês associations: um príncipe de liberte ou um príncipe de démocratie? L'association: um contrat ou une persone juridique?*. Recueil Dalloz, 2001, p. 3106.

60 Capturado do site http://www.juridicas.unam.mx/publica/librev/rev/dconstla/cont/2006.2/pr/pr9.pdf em 31 de maio de 2013.

61 DAMAREY, Stéphaine et al. *Code des associations et fundations commenté.* Dalloz: Paris, 2012; p.41.

vontade de deixar de fazer parte da associação (Corte de Cassação da França – 3ª Câm. Cív. – 20 de dezembro de 2006 – Bull. Civ. III, nº 2555; D. 2007)[62]

As associações políticas que defendem forma de governo diversa da democrática também são ilícitas conforme palavras de Zanobini.[63] A lei francesa de 1901 também proíbe associações que tenham fins contrários à forma de governo (art. 3º).

Entendemos igualmente que as mesmas são ilícitas por afrontarem o Estado Democrático de Direito (art. 1º da Constituição Federal). Ainda é ilícito tal tipo de associação por afrontar o preâmbulo da mesma Carta Magna que institui um Estado Democrático. Segundo a excelente tese de doutorado de Alexandre Walmott Borges, o preâmbulo é norma jurídica autoaplicável, entendimento do qual corroboramos.[64]

### 7.1.2 Associações paramilitares

O art. 5º, XVII da Constituição Federal veda a existência de associações paramilitares.

Dentre as espécies de associações ilícitas, a mais repudiada é a de caráter paramilitar, tanto é que sua vedação foi expressamente prevista na Carta Magna brasileira.

A inaceitabilidade de associações de caráter paramilitar também consta na Constituição italiana (art. 18), Lei francesa de 1901 (art. 3º) e Constituição do Haiti (art. 30).

Associação de caráter paramilitar é definida como

> qualidade da organização ou corporação armada, adestrada e formada com as características de disciplina e hierarquia das forças armadas, mas a ela não pertencente; em geral a serviço de sistema político não democrático.[65]

Paulo Gustavo Gonet Branco, Gilmar Mendes e Inocêncio Mártires Coelho também conceituam a associação paramilitar:

---

[62] DAMAREY, Stéphaine et al. *Code des associations et fundations commenté*. Dalloz: Paris, 2012; p.21.

[63] *Op. cit.*, p. 105.

[64] BORGES, Alexandre Walmott. *Preâmbulo da Constituição e a ordem econômica*. Curitiba: Juruá, 2003.

[65] SIDOU, J.M. Othon. *Dicionário jurídico*: Academia Brasileira de Letras Jurídicas. Rio de Janeiro: Forense Universitária, 2003; p. 621.

> O caráter paramilitar que torna imprópria a associação, afinal, não tem que ver necessariamente com a finalidade do ente, mas com o modo como desenvolve suas atividades, em desafio ao monopólio da força bruta pelo Estado. O caráter paramilitar liga-se ao desempenho de atividades bélicas pela associação, tenham os seus membros armas ou não. É típico da associação paramilitar a adoção de estrutura interna similar às das forças militares regulares – apresentando hierarquia bem definida e adotando princípios da obediência.[66]

A repulsa contra as associações paramilitares deve-se ao fato de que esta espécie (ilícita) de associação afronta um dos pilares da Constituição Federal de 1988: a democracia.

Além disso, coloca em risco a segurança nacional em virtude de objetivos políticos.

A inaceitabilidade de associações paramilitares pelo Constituinte também ficou latente no art. 17, § 4º, da CF, que menciona ser vedada a utilização pelos partidos políticos de organização paramilitar.

Cretella Júnior cita como exemplo de associações paramilitares os balilas do regime fascista italiano, a falange espanhola e os grupos integralistas do Brasil.[67]

### 7.1.3 Associações secretas

Questão relevante é saber se o ordenamento jurídico brasileiro considera lícitas as associações secretas.

A associação secreta, segundo depreende-se da Lei de Contravenções Penais brasileira, é a união de mais de cinco pessoas que se reúnam periodicamente, sob compromisso de ocultar à autoridade a existência, objetivo, organização ou administração da associação.

A Constituição italiana dispõe que é vedada a existência de associações secretas (art. 18). O direito português também veda as associações secretas.[68]

Acreditamos, no entanto, que o ordenamento jurídico brasileiro não veda a existência de associações secretas, sendo as mesmas lícitas.

---

66 MENDES, Gilmar Ferreira et al. *Curso de direito constitucional.* São Paulo: Saraiva, 2010, p. 499.

67 CRETELLA JÚNIOR, José. *Comentários à Constituição Brasileira de 1988*, vo. I. Rio de Janeiro: Forense Universitária, 1997; p. 295.

68 CAETANO, Marcello. *Manual de Direito Administrativo.* 10. ed. Tomo II. Coimbra: Livraria Almedina, 1994; p. 1185.

Apesar de o art. 39 da Lei de Contravenções Penais brasileira proibir as associações secretas, o seu § 2º as permite desde que tenham fins lícitos.

José Duarte ao interpretar os dispositivos legais supracitados menciona:

> estabeleceu-se, porém, um ilogismo entre o texto e o § 2º. No texto se pune quem participa de associação de mais de cinco pessoas que se reúnam sob compromisso de ocultar à autoridade a sua existência, o seu objetivo, etc. Não é o fim, ou objetivo ilícito, que se reprime, mas o fato de o ocultar, ou a clandestinidade das reuniões. No entanto, no § 2º se admite que seja lícito o objetivo de associação, não se punindo os participantes. Logo: somente serão punidos os participes ou co-associados quando ilícito o objetivo, tolerando-se a clandestinidade nos demais casos.[69]

Bento de Faria também defende que não há contravenção quando, embora tenha se verificado o compromisso do segredo, for lícito o objeto da associação.[70]

O que torna a associação ilícita não é o fato de ser secreta ou não, e sim a legalidade ou não dos fins que a mesma persegue. A *mens legis* é vedar as associações criminosas (*societas sceleris* e *societas criminis*) e não as associações secretas com fins lícitos.

O único inconveniente é que as associações secretas, apesar de não serem consideradas ilícitas, não terão personalidade jurídica caso não cumpram os requisitos previstos na legislação civil para aquisição de personalidade jurídica.

Ademais, não há se falar em ilegalidade quando há ocultação de alguns ritos que nada mais é do que verdadeiro costume, não atingindo assim o objeto da associação. Ademais, como defendido por Jerome A. Barron e C. Thomas Dienes, a manutenção da privacidade dos seus membros é um aspecto vital do direito de associação.[71]

Entendemos, portanto, que a legislação brasileira admite a existência de associações secretas de fins lícitos.

---

69 DUARTE, José. *Comentários à Lei das Contravenções Penais*. vol. II. 2. ed. Rio de Janeiro: Forense, 1958; p. 160-161.

70 FARIA, Bento de. *Das contravenções penais*. Rio de Janeiro: Distribuidora Record Editora, 1958; p. 136.

71 BARRON, Jerome A. e DIENES, C. Thomas. *Constitucional Law in a nutshell*. Eagan: West, 2013, p. 433.

### 7.1.4 Associações imorais

Outra dúvida existente é sobre a licitude ou não das associações imorais.

O art. 115 da Lei de Registros Públicos regra que:

> não poderão ser registrados os atos constitutivos de pessoas jurídicas, quando o seu objeto ou circunstâncias relevantes indiquem destino ou atividades ilícitos ou contrários, nocivos ou perigosos ao bem público, à segurança do Estado e da coletividade, à ordem pública ou social, à moral e aos bons costumes.

Nota-se acima que o legislador elevou os fins imorais ao patamar de fins ilícitos. Trata-se da elevação das regras morais ao patamar de regras legais.

Dessa forma, as associações com fins imorais são consideradas ilícitas perante o ordenamento jurídico brasileiro.

A classificação dos fins de uma associação como ofensivos à moral, no entanto, deve ser manifesta, sob pena de se entender como lícita a associação.[72]

Assim, apesar do estímulo à criação das associações, as associações ilícitas e suas subespécies (paramilitares, imorais etc.) são vedadas.

### 7.1.5 Exigência de ingresso em entidade associativa para exercício de determinada profissão ou ofício

Outra limitação lícita à liberdade de associação refere-se à legalidade da exigência de ingresso em dada entidade associativa para exercício de determinada profissão ou ofício (médico, advogado, engenheiro, arquiteto etc.).

Paulino Jacques conta que, pelo fato de a 1ª Constituição Republicana ter reproduzido o preceito de liberdade do exercício de profissão sem qualquer restrição, no Rio Grande do Sul chegou-se ao absurdo de permitir o exercício da Medicina a quem não fosse médico e da advocacia a quem não fosse bacharel.[73]

Atualmente, a legalidade da exigência de ingresso em dada associação para exercício de determinada profissão é percebida da interpretação do art. 5º, XVII, da CF cumulado com o art. 5º, XIII, da mesma *lex legum*.

---

72 BASTOS, Celso Ribeiro; MARTINS, Ives Gandra. *Comentários à Constituição do Brasil:* promulgada em 5 de outubro de 1988. São Paulo: Saraiva, 1988-1989; p. 98.

73 JACQUES, Paulino. *Curso de Direito Constitucional*. 5. ed. Rio de Janeiro: Forense, 1967; p. 229,

O art. 5º, XIII, da CF dispõe que "é livre o exercício de qualquer trabalho, ofício ou profissão, atendidas as qualificações profissionais que a lei estabelecer".

Dessa forma, a previsão legal exigindo o ingresso em determinada associação para exercício de uma profissão é considerada como qualificação profissional, sendo, a princípio legal. Segundo Damarey, Guillois e Vendeuil a lei pode impor a adesão à determinada associação para prática de determinada atividade.[74]

Importante salientar que tal exigência somente se faz presente em profissões ou ofícios que tenham risco de trazer potencial lesivo à sociedade como a medicina, engenharia, Direito etc. Em profissões ou ofícios onde não se traz potencial lesivo para a sociedade como no caso de músicos (salvo professores de música e regentes de orquestra), jornalistas etc. é inconstitucional a exigência de inscrição nas respectivas associações ou conselhos como aponta a jurisprudência mais abalizada:

> "ADMINISTRATIVO. MANDADO DE SEGURANÇA. INSCRIÇÃO NA ORDEM DOS MÚSICOS DO BRASIL. DESOBRIGATORIEDADE.
>
> 1. No caso da profissão de músico, em que se trata de atividade que não se apresenta perigosa ou prejudicial à sociedade, diferentemente das profissões de médico, advogado ou engenheiro, que exigem controle rigoroso, tendo em vista que põem em risco bens jurídicos de extrema importância, como a liberdade, a vida, a saúde, a segurança e o patrimônio das pessoas, afigura-se desnecessária a inscrição em ordem ou conselho para o exercício da profissão.
>
> 2. Remessa oficial e apelação desprovidas."
>
> (TRF 3ª Região, AMS 200861000220760, Terceira Turma, Rel. Juiz Rubens Calixto, DJ de 07/07/2009, p. 129).
>
> COMPETÊNCIA. ORDEM DOS MÚSICOS. MÚSICO PROFISSIONAL DE CONJUNTO. INSCRIÇÃO. APRESENTAÇÃO. ANUIDADE. PAGAMENTO. DESNECESSIDADE.
>
> 1. Compete à Justiça Federal julgar causas que versam sobre registros de profissionais junto aos conselhos fiscalizadores de profissões legalmente regulamentadas.
>
> 2. Nos termos do art. 5º, XIII, da Constituição Federal/1988: é livre o exercício de qualquer trabalho, ofício ou profissão, atendidas as qualificações profissionais que a lei estabelecer.

---

[74] DAMAREY, Stéphaine et al. *Code des associations et fundations commenté*. Dalloz: Paris, 2012; p.18.

> 3. Desnecessária a inscrição na Ordem dos Músicos de músico integrante de banda, que se dedica à apresentação de shows. A atividade exercida não confere risco nem é prejudicial à sociedade. Apenas aos músicos que exercem atividades, em razão da diplomação em cursos, como os professores ou regentes é que deve ser observada a necessidade da inscrição na Ordem dos Músicos.
>
> 4. Apelação e remessa oficial a que se nega provimento." (grifou-se)
>
> (TRF da 1ª Região - AMS 2008.38.00.019265-4/MG, Rel. Desembargadora Federal Maria do Carmo Cardoso, Oitava Turma, e-DJF1 p.583 de 17/07/2009)[75]

Impende esclarecer que nada obsta conceder a lei determinadas prerrogativas a algumas associações desde que haja proporcionalidade/razoabilidade para tanto como decidiu o STF ao conceber ao ECAD o poder de gerir a arrecadação e distribuição de direitos autorais na ADI 2054 abaixo:

> I. Liberdade de associação. 1. Liberdade negativa de associação: sua existência, nos textos constitucionais anteriores, como corolário da liberdade positiva de associação e seu alcance e inteligência, na Constituição, quando se cuide de entidade destinada a viabilizar a gestão coletiva de arrecadação e distribuição de direitos autorais e conexos, cuja forma e organização se remeteram à lei. 2. Direitos autorais e conexos: sistema de gestão coletiva de arrecadação e distribuição por meio do ECAD (L 9610/98, art. 99), sem ofensa do art. 5º, XVII e XX, da Constituição, cuja aplicação, na esfera dos direitos autorais e conexos, hão de conciliar-se com o disposto no art. 5º, XXVIII, b, da própria Lei Fundamental. 3. Liberdade de associação: garantia constitucional de duvidosa extensão às pessoas jurídicas. II. Ação direta de inconstitucionalidade: não a inviabiliza que à lei anterior, pré-constitucional, se pudesse atribuir a mesma incompatibilidade com a Constituição, se a lei nova, parcialmente questionada, expressamente a revogou por dispositivo não impugnado. III. Ação direta de inconstitucionalidade: legitimação de partido político não afetada pela perda superveniente de sua representação parlamentar, quando já iniciado o julgamento. (STF – ADI 2054/DF – Rel. p/ acórdão Min. Sepúlveda Pertence – DJ 02/04/2003)

---

[75] No mesmo sentido: TRF da 1ª Região - AMS 2007.38.02.001105-0/MG, Rel. Juiz Convocado Cleberson José Rocha, Oitava Turma, e-DJF1 p.435 de 29/08/2008; TRF 2ª Região, AMS 200451014900388, Terceira Turma Especializada, Rel. Desembargadora Federal Tania Heine, DJ de 21/05/2009; TRF/4ª Região, AMS 2007.71.00.001936-6-RS, Rel. Des. Federal Marcelo de Nardi, DJe de 16/01/2008.

Se a prerrogativa concedida a determinada associação não possuir proporcionalidade/razoabilidade, a mesma será inconstitucional como bem aponta Paulo Gustavo Gonet Branco, Gilmar Mendes e Inocêncio Mártires Coelho:

> Em outros precedentes, o Supremo Tribunal julgou inconstitucionais leis que tornavam a associação a uma entidade privada um requisito, desarrazoado, para o exercício de uma atividade ou para o percebimento de um benefício de cunho assistencial.
>
> (...)
>
> Na ADI 3587-DF (*DJ* de 22-2-2008, Rel. Min. Gilmar Mendes), lei de unidade federada que estabelecia que os profissionais dedicados à atividade de transporte de bagagens nos terminais rodoviários locais seriam autorizados ao serviço depois de filiados ao sindicato da categoria foi tida como incompatível com a liberdade constitucionalmente assegurada de associação, além de sofrer de vício formal, por dizer com direito do trabalho, tema da competência legislativa privativa da União.
>
> Na ADI 3464/DF, julgada em 29-10-2008, Rel. Min. Menezes Direito, também se considerou atritante com a liberdade de associação norma de lei federal que condicionava o recebimento de auxílio de índole assistencial à integração do interessado a uam colônia de pescadores. A lei estabelecia como requisito de habilitação para receber o seguro-desemprego a apresentação de atestado da colônia de pescadores a que o pescador estivesse filiado. O Supremo Tribunal enxergou aí a violação dos princípios constitucionais da liberdade de associação (art. 5º, XX) e da liberdade sindical (art. 8º, V), ambos em sua dimensão negativa.[76]

Calha deixar claro que mesmo tendo algumas associações a prerrogativa para exercer determinadas atividades com exclusividade, nada impede a criação de outras associações como bem menciona José Sabo Paes:

> A existência de um sindicato não esgota a totalidade das possibilidades de representação privada de direitos e interesses de grupos sociais, mesmo que profissionais ou econômicos. A Constituição dispõe, em outro ponto, que 'as entidades associativas, quando expressamente autorizadas, têm legitimidade para representar seus filiados judicial ou extrajudicialmente" (art. 5º, XXI)), e é de lembrar que ela outorga a todos "plena liberdade de associação para fins lícitos", o que implica dispensa de prévia autorização do Estado para funcionamento (art. 5º, XVII e

[76] MENDES, Gilmar Ferreira et al. *Curso de direito constitucional*. São Paulo: Saraiva, 2010, p. 501.

> XVIII). Em outras palavras, podem coexistir, ao lado do sindicato, várias associações profissionais, com direito a representar seus próprios associados, só não lhes sendo lícito estender tal faculdade ao conjunto da categoria profissional.[77]

### 7.1.6 Associações com fins impossíveis, indeterminados ou indetermináveis

Por força do art. 104, II, do Código Civil, também são consideradas associações ilícitas as que tenham fins impossíveis, indeterminados ou indetermináveis.

Ainda são consideradas como limitação legal à liberdade de associação as disposições previstas na legislação civil.

### 7.1.7 Limitação por meio de legislação

Atualmente, questão muito debatida é se a legislação e principalmente, o Código Civil de 2002 é uma limitação constitucional ou não à liberdade de associação. Tal problema se dá pelo fato de a Constituição brasileira não prever expressamente que o direito de associações possa sofrer restrições previstas legalmente, como ocorre com a Constituição portuguesa, a qual menciona em seu art. 270º poder a lei estabelecer restrições ao exercício dos direitos de associação.

Chegou-se até mesmo a ajuizar uma ação declaratória de inconstitucionalidade (ADI 3045) requerendo a declaração da inconstitucionalidade do art. 59, *caput*, do CC (antes da modificação pela Lei 11.127/05) por afronta ao art. 217, I, da CF (autonomia das associações desportivas).

A dita ADI restou prejudicada pela alteração do *caput* do art. 59 do CC pela Lei 11.127/05, mas, antes disso, houve o voto do Ministro Relator Celso de Mello mencionando que a disciplina das associações pelo Código Civil não afronta a autonomia das associações desportivas nos seguintes termos:

> A meu juízo, as entidades desportivas estão sujeitas, no que se refere à regência normativa das associações em geral, ao ordenamento jurídico disciplinado em sede legislativa pelo poder público. A cláusula constitucional da autonomia, portanto, não pode ser invocada. (Excerto do voto do Min. Rel. Celso de Mello – ADI 3045/DF).

---

[77] PAES, José Sabo. *Fundações, associações e entidades de interesse social: aspectos jurídicos, administrativos, contábeis, trabalhistas e tributários.* São Paulo: Forense, 2010; p. 93-94.

Apesar da inexistência de previsão igual à da Constituição Portuguesa supracitada, ainda assim admite-se a constitucionalidade das restrições e/ou regulamentações previstas na lei, inclusive da Lei Civil desde que não aniquilem o núcleo essencial do direito fundamental de associação e guarde a devida proporcionalidade/razoabilidade constitucional.

Como dito, as disposições civis acerca das associações tem por intuito tutelar os associados e terceiros perante as associações e vice-versa. Tais normas têm por escopo tutelar os direitos fundamentais dos associados, terceiros e da própria associação. Assim, a autonomia da associação deve ser compatibilizada com os direitos fundamentais dos associados, terceiros e seus próprios, o que ocorre com a regulamentação de tais pessoas jurídicas por meio do Código Civil.

Pelo exposto, acreditamos que a maioria das disposições do Código Civil são limitações lícitas à liberdade de associação por terem se dado por lei *strictu sensu* e por tutelarem o associado perante a associação.

Apesar de nem todos os artigos do Código Civil pertinentes às associações serem constitucionais (como por exemplo, não o é o art. 61, o qual será abordado no Capítulo 20), entendemos que a disciplina das associações pelo Código Civil é constitucional.

Importante fazer um aparte para salientar que não coadunamos com as críticas de que o Código Civil de 2002 nasceu ultrapassado. Pelo contrário, o estudo aprofundado da tramitação do código mostra que, mesmo durante a longa tramitação legislativa, o projeto era constantemente alvo de discussões e de emendas com caráter de aperfeiçoamento e atualização.

O esforço intelectual para feitura e aprovação do Código Civil de 2002, o tempo de discussão e tramitação do projeto e a contribuição do mesmo para o ordenamento jurídico elevam-no ao patamar de verdadeiro monumento jurídico.

Como todo monumento jurídico e obra de fôlego, possui alguns dispositivos que ainda merecem serem alterados, mas que nem por isso minimiza o brilhantismo da obra.

Retornando ao tema, enquanto a Constituição basicamente disciplina a associação frente ao Estado, a legislação civil trata do associado perante a associação.

Segundo Guido Alpa, um dos temas mais relevantes em sede de associações é a tutela do associado frente à pessoa jurídica.[78]

---

[78] *Op. cit.*, p. 496.

A legislação civil coloca os requisitos mínimos do estatuto e do ato constitutivo para que os associados não sejam vítimas do abuso de poder da associação.

Guido Alpa menciona que a existência de lei organizando o estatuto e ato constitutivo das associações, além de tutelar o indivíduo frente a eventuais abusos da associação, também tutela terceiros que se põe em contato com esta.[79]

Tais limitações não significam a exclusão da liberdade de associação e todos seus desdobramentos, pois tudo que não for taxativamente regrado pela Constituição e legislação civil poderá ser regrado pelos estatutos e normas internas e decidido pelos administradores e/ou assembleia geral da entidade.

No que tange às associações desportivas, a autonomia prevista no art. 217, I, da Constituição Federal refere-se à liberdade de organização e funcionamento nos limites da lei e não ilimitadamente.

Não existe autonomia absoluta.

Apesar de a princípio ser permitida a restrição do direito fundamental de associação por meio de legislação, não se admite que tal restrição chegue ao extremo de atingir o núcleo essencial de tal direito. Segundo dá conta Gilmar Mendes, âmbito ou núcleo de proteção dos direitos fundamentais "abrange os diferentes pressupostos fáticos e jurídicos contemplados na norma jurídica (v.g., reunir-se sob determinadas condições) e a conseqüência comum, a proteção fundamental"[80].

Recentemente, o STF entendeu que nem as reservas legais constitucionais podem atingir o núcleo essencial dos direitos fundamentais. Ao se analisar a necessidade ou não de diploma de curso superior para o exercício da profissão de jornalista, o STF entendeu que, caso se optasse por tal necessidade, estar-se-ia autorizando o legislador a atingir o núcleo essencial, o que não poderia ocorrer:

> JORNALISMO. EXIGÊNCIA DE DIPLOMA DE CURSO SUPERIOR, REGISTRADO PELO MINISTÉRIO DA EDUCAÇÃO, PARA O EXERCÍCIO DA PROFISSÃO DE JORNALISTA. LIBERDADES DE PROFISSÃO, DE EXPRESSÃO E DE INFORMAÇÃO. CONSTITUIÇÃO DE 1988 (ART. 5º, IX E XIII, E ART. 220, CAPUT E § 1º). NÃO RECEPÇÃO DO ART. 4º, INCISO V, DO DECRETO-LEI

---

79 *Op. cit.*, p. 480.

80 MENDES, Gilmar Ferreira et al. *Curso de direito constitucional.* São Paulo: Saraiva, 2010, p. 373.

> Nº 972, DE 1969. 1. RECURSOS EXTRAORDINÁRIOS. ART. 102, III, "A", DA CONSTITUIÇÃO. REQUISITOS PROCESSUAIS INTRÍNSECOS E EXTRÍNSECOS DE ADMISSIBILIDADE. (...) 4. ÂMBITO DE PROTEÇÃO DA LIBERDADE DE EXERCÍCIO PROFISSIONAL (ART. 5º, INCISO XIII, DA CONSTITUIÇÃO). IDENTIFICAÇÃO DAS RESTRIÇÕES E CONFORMAÇÕES LEGAIS CONSTITUCIONALMENTE PERMITIDAS. RESERVA LEGAL QUALIFICADA. PROPORCIONALIDADE. A Constituição de 1988, ao assegurar a liberdade profissional (art. 5º, XIII), segue um modelo de reserva legal qualificada presente nas Constituições anteriores, as quais prescreviam à lei a definição das "condições de capacidade" como condicionantes para o exercício profissional. No âmbito do modelo de reserva legal qualificada presente na formulação do art. 5º, XIII, da Constituição de 1988, paira uma imanente questão constitucional quanto à razoabilidade e proporcionalidade das leis restritivas, especificamente, das leis que disciplinam as qualificações profissionais como condicionantes do livre exercício das profissões. Jurisprudência do Supremo Tribunal Federal: Representação n.º 930, Redator p/ o acórdão Ministro Rodrigues Alckmin, DJ, 2-9-1977. A reserva legal estabelecida pelo art. 5º, XIII, não confere ao legislador o poder de restringir o exercício da liberdade profissional a ponto de atingir o seu próprio núcleo essencial. 5. (...) RECURSOS EXTRAORDINÁRIOS CONHECIDOS E PROVIDOS. (RE 511961/SP – Rel. Min. Gilmar Mendes – DJ 17/06/2009).

Diz-se que há uma limitação da limitação ao direito fundamental de associação: o núcleo essencial. Legislação, ato administrativo ou jurídico que restrinja ou faça desaparecer o núcleo essencial do direito fundamental de associação será flagrantemente inconstitucional.

A proibição de restrição ou supressão no núcleo essencial do direito fundamental de associação é uma limitação diretamente constitucional baseada na conjugação do art. 60,§4º da Constituição Federal com os arts. 5º, incisos XVII, XVIII, XIX, XX, XXI, XXVIII "b", art. 8º; art. 21, XXV, art. 37, VI, art. 174, §2º e art. 217, I da Constituição Federal. Paulo Gustavo Gonet Branco, Gilmar Mendes e Inocêncio Mártires Coelho não divergem:

> Reconhece-se, de toda sorte, ao legislador uma liberdade ampla de conformação nesse particular, respeitados certos limites, como o de não se impor a permanência eterna do associado na pessoa jurídica de direito privado e o de não se reduzir, para além do necessário, a margem de auto-organização da própria entidade.[81]

---

[81] MENDES, Gilmar Ferreira et al. *Curso de direito constitucional*. São Paulo: Saraiva, 2010, p. 499.

Também exige que a limitação por meio da legislação não ultrapasse os requisitos da proporcionalidade/razoabilidade, sob pena de também se quedar inconstitucional.

Além das limitações diretamente constitucionais que não atinjam o núcleo essencial do direito fundamental de associação também pode haver limitação do direito fundamental de associação por meio de limitações indiretamente constitucionais[82] com base constitucional e colisão com outros direitos fundamentais.

Todas as formas de limitações supracitadas têm base direta ou indireta na Constituição Federal, pois, se assim não fosse, impossível seria uma norma hierarquicamente inferior, sem base constitucional, limitar uma com tal base.

Assim, todos os espaços vazios (questões não tratadas pela legislação) podem ser disciplinados pelos estatutos e normas internas, cabendo as decisões referentes a tais assuntos exclusivamente aos administradores e/ou assembleia geral, sendo vedada a intervenção do Estado nas questões *interna corporis*, conforme demonstraremos posteriormente. E as questões tratadas pela legislação que restrinjam ou excluam o núcleo essencial do direito fundamental de associação ou sejam desproporcionais/desarrazoáveis serão inconstitucionais.

---

[82] ALEXY, Robert. *Teoria dos direitos fundamentais*. Trad. Virgílio Afonso da Silva. São Paulo: Malheiros, 2008, p. 291.

# 8

# ASSOCIAÇÕES DE GAVETA OU PSEUDO-ASSOCIAÇÕES

Não é de hoje, que se vê com certa freqüência a utilização do direito de associação e sua blindagem constitucional como escudo para promover ilicitudes. Vêem-se associações ambientais que tentam perseguir ou tirar proveito econômico de empreendedores, movimentos sociais invadindo propriedade e utilizando de violência, torcidas organizadas que sempre criam danos e praticam violência, associações que são criadas para perseguir uma ou determinadas pessoas, grupos racistas, paramilitares, pseudo associações ou associações de gaveta, associações civis que são verdadeiras empresas em todos os sentidos, dentre outros.

Todas estas são variações do chamado abuso do direito de associação.

Enganam-se aqueles que com base no art. 5º, XVIII da Constituição Federal que menciona que a previsão "é plena a liberdade de associação" se confunde com absolutismo. Não é. O direito de associação possui limites.

Em situações excepcionais, onde é flagrante se tratar de associação de gaveta ou pseudo-associação, há mecanismos para inibir judicialmente tal prática por meio: a). dissolução judicial da associação de gaveta; b). indeferimento de petição inicial em ação movida pela associação de gaveta; c). suspensão das atividades; d). medida inominada.

Ainda são consideradas como limitação legal à liberdade de associação as disposições previstas na legislação civil.

A primeira hipótese (dissolução judicial) pode ser pleiteado, pois ao se tratar de associação de gaveta, a mesma tem fins ilícitos, os quais devem ser observados na prática dos seus atos e não apenas nas disposições do seu ato constitutivo e estatuto.

Acaso o magistrado tenha comprovação nos autos da ilicitude da associação (seja por possuir fins demasiadamente genéricos, por possuir fins paramilitares, racistas, que empregam a violência, associações de gaveta ou pseudo-associações) pode indeferir a petição inicial de ação promovida por uma destas identidades por ilegitimidade ativa.

O STJ já teve oportunidade de apontar pelo acerto no indeferimento de petição inicial de associação ilícita ou com fins ilícitos como demasiadamente genéricos:

> PROCESSUAL CIVIL. RECURSO ESPECIAL. DECRETAÇÃO DE NULIDADE, SEM QUE TENHA HAVIDO PREJUÍZO. DESCABIMENTO. OMISSÃO, CONTRADIÇÃO OU OBSCURIDADE. INEXISTÊNCIA. AÇÃO COLETIVA. RECONHECIMENTO PELO MAGISTRADO, DE OFÍCIO, DE INIDONEIDADE DE ASSOCIAÇÃO, PARA AFASTAMENTO DA PRESUNÇÃO LEGAL DE LEGITIMIDADE. POSSIBILIDADE. É PODER-DEVER DO JUIZ, NA DIREÇÃO DO PROCESSO, PREVENIR OU REPRIMIR QUALQUER ATO CONTRÁRIO À DIGNIDADE DA JUSTIÇA. ADEMAIS, O OUTRO FUNDAMENTO AUTÔNOMO PARA NÃO RECONHECIMENTO DA LEGITIMAÇÃO, POR SER O ESTATUTO DA ASSOCIAÇÃO DESMESURADAMENTE GENÉRICO, POSSUINDO REFERÊNCIA GENÉRICA A MEIO AMBIENTE, CONSUMIDOR, PATRIMÔNIO HISTÓRICO, TAMBÉM PATENTEIA A AUSÊNCIA DE LEGITIMAÇÃO DA AUTORA PARA DEFESA DE INTERESSES COLETIVOS DE CONSUMIDORES.
>
> 1. As ações coletivas, em sintonia com o disposto no artigo 6º, VIII, do Código de Defesa do Consumidor, ao propiciar a facilitação da tutela dos direitos individuais homogêneos dos consumidores, viabilizam otimização da prestação jurisdicional, abrangendo toda uma coletividade atingida em seus direitos.
>
> 2. Dessarte, como sabido, a Carta Magna (art. 5°, XXI) trouxe apreciável normativo de prestígio e estímulo às ações coletivas ao estabelecer que as entidades associativas detêm legitimidade para representar judicial e extrajudicialmente seus filiados, sendo que, no tocante à legitimação, "[...] um limite de atuação fica desde logo patenteado: o objeto material da demanda deve ficar circunscrito aos direitos e interesses desses filiados. Um outro limite é imposto pelo interesse de agir da instituição legitimada: sua atuação deve guardar relação com seus fins institucionais" (ZAVASCKI, Teori Albino. Processo coletivo: tutela de direitos coletivos e tutela coletiva de direitos. São Paulo: RT, 2014, p. 162).

3. É digno de realce que, muito embora o anteprojeto da Lei n. 7.347/1985, com inspiração no direito norte-americano, previa a verificação da representatividade adequada das associações (adequacy of representation), propondo que sua legitimação seria verificada no caso concreto pelo juiz, todavia, essa proposta não prevaleceu, pois o legislador optou por indicar apenas quesitos objetivos (estar constituída há pelo menos 1 (um) ano e incluir, entre suas finalidades institucionais, a proteção ao meio ambiente, ao consumidor, à ordem econômica, à livre concorrência ou ao patrimônio artístico, estético, histórico, turístico e paisagístico). Com efeito, o legislador instituiu referidas ações visando tutelar interesses metaindividuais, partindo da premissa de que são, presumivelmente, propostas em prol de interesses sociais relevantes ou, ao menos, de interesse coletivo, por legitimado ativo que se apresenta, ope legis, como representante idôneo do interesse tutelado (MANCUSO, Rodolfo de Camargo. Ação civil pública: em defesa do meio ambiente, do patrimônio cultural e dos consumidores - Lei 7.347/1985 e legislação complementar. 12 ed. São Paulo: revista dos Tribunais, 2011, p. 430).

4. Por um lado, é bem de ver que, muito embora a presunção iuris et de iure seja inatacável - nenhuma prova em contrário é admitida -, no caso das presunções legais relativas ordinárias se admite prova em contrário. Por outro lado, o art. 125, III, do CPC [correspondente ao art. 139, III, do novo CPC] estabelece que é poder-dever do juiz, na direção do processo, prevenir ou reprimir qualquer ato contrário à dignidade da Justiça. Com efeito, contanto que não seja exercido de modo a ferir a necessária imparcialidade inerente à magistratura, e sem que decorra de análise eminentemente subjetiva do juiz, ou mesmo de óbice meramente procedimental, é plenamente possível que, excepcionalmente, de modo devidamente fundamentado, o magistrado exerça, mesmo que de ofício, o controle de idoneidade (adequação da representatividade) para aferir/afastar a legitimação ad causam de associação.

5. No caso, a Corte de origem inicialmente alinhavou que "não se quer é a montagem de associações de gaveta, que não floresçam da sociedade civil, apenas para poder litigar em todos os campos com o benefício do artigo 18 da Lei de Ação Civil Pública"; "associações, várias vezes, surgem como máscaras para a criação de fontes arrecadadoras, que, sem perigo da sucumbência, buscam indenizações com somatório milionário, mas sem autorização do interessado, que depois é cobrado de honorários". Dessarte, o Tribunal de origem não reconheceu a legitimidade ad causam da recorrente, apurando que "há dado revelador: supostamente, essa associação autora é composta por muitas pessoas famosas (fls. 21), mas todas com domicílio em um único local. Apenas isso já mostra indícios de algo que deve ser apurado. Ou tudo é falso, ou

> se conseguiu autorização verbal dos interessados, que entretanto nem sabem para que lado os interesses de tais entidades voam".
>
> 6. Ademais, o outro fundamento autônomo adotado pela Corte de origem para não reconhecer a legitimação ad causam da demandante, anotando que o estatuto da associação, ora recorrente, é desmesuradamente genérico, possuindo "referência genérica a tudo: meio ambiente, consumidor, patrimônio histórico, e é uma repetição do teor do art. 5º, inciso II, da Lei 7.347/85" tem respaldo em precedente do STJ, assentando que as associações civis necessitam ter finalidades institucionais compatíveis com a defesa do interesse transindividual que pretendam tutelar em juízo. Embora essa finalidade possa ser razoavelmente genérica, "não pode ser, entretanto, desarrazoada, sob pena de admitirmos a criação de uma associação civil para a defesa de qualquer interesse, o que desnaturaria a exigência de representatividade adequada do grupo lesado". (STJ - AgRg no REsp 901.936/RJ – Rel. Min. LUIZ FUX, PRIMEIRA TURMA, julgado em 16/10/2008, DJe 16/03/2009) 7. Recurso especial não provido. (STJ - REsp 1213614/RJ – Rel. Min. LUIS FELIPE SALOMÃO - DJ 01/10/2015, DJe 26/10/2015)

E além do aspecto formal, elementos da atuação propriamente dita, podem servir para a caracterização de uma associação como ilícita para fins inclusive de indeferimento de petição inicial de qualquer demanda por ela proposta.

Salienta-se, no entanto, que a comprovação deve ser cabal, pois a dúvida gera presunção de legitimidade da associação pelo prestígio ao direito fundamental de associação.

Posto isto, entende-se plenamente possível o indeferimento de petição inicial por ilegitimidade de parte quando a ação foi movida por associação ilícita.

Também possível a suspensão das atividades da associação conforme demonstrado no capítulo 24.

Ainda podem Para frear o abuso do direito de associação e as associações ilícitas, pode-se promover também uma série de medidas judiciais inominadas, sempre baseadas na proporcionalidade e razoabilidade.

Pode-se deferir por exemplo que associados de determinada associação não constituam em nova associação com os mesmos fins ilícitos como por exemplo proibir integrantes de movimentos sem terra cujo movimento foi suspenso ou dissolvido de se aglutinar em novo movimento ou ainda evitar que torcedores de torcida organizada dissolvida criem ou participem de outra torcida; pode-se impedir que associação exerça determinada atividade em especial, como proibir uma associação de vender um tipo de seguro que não seja permitido; pode-se permitir que seja a entidade obrigada a fornecer os dados dos seus membros em situações excepcionais.

Outras medidas judiciais inominadas poderão ser tomadas, sempre à luz do princípio constitucional da proporcionalidade/razoabilidade.

Ou seja, permite-se ao interessado manejar medidas judiciais inominadas visando extirpar o indesejável abuso de associação, fazendo prevalecer o direito de associação legítimo, como direito fundamental que é. Sem excessos e abusos.

# 9

# CARACTERÍSTICAS DAS ASSOCIAÇÕES

## 9.1 UNIÃO DE PESSOAS

A primeira característica das associações é o fato de serem fruto da união de várias pessoas com um mesmo ideal. As pessoas podem ser várias, mas o ideal é único.

Apesar de o grande Clóvis Beviláqua defender que a associação subsiste até quando tiver um membro[83], entendemos que a quantidade mínima de pessoas para se formar uma associação é de 2 (duas), haja vista que se fosse somente um associado não teria que se falar em união de pessoas. Francis Lefebvre também entende que a quantidade mínima de pessoas para se ter uma associação é de 2 (duas).[84] Tal entendimento dá-se com base no próprio objeto da associação, o qual, conforme aponta Atílio Aníbal Alterini, serve para interpretar situações particulares ante o silêncio do estatuto[85].

A quantidade máxima é indeterminada, salvo se o estatuto social constar disposição determinando um número exato ou máximo de membros.

---

83 BEVILÁQUA, Clóvis. *Código civil dos Estados Unidos do Brasil, comentado por Clovis Beviláqua*. Edição histórica. Rio de Janeiro: Ed. Rio; p. 234.

84 LEFEBVRE, Francis et al. *Memento pratique – Associations, fondations, congrégations, fonds de dotation*. Levallois: Editions Francis Lefebvre, 2012; p. 17.

85 ALTERINI, Atílio Aníbal. *Derecho Privado*. Buenos Aires: Abeledo-Perrot, 1989; p. 244.

Assim, as associações são formadas por mais de uma pessoa, ou seja, advêm de "negócios plurissubjetivos unidirecionais, ou seja, de vontades convergentes quanto a sua criação e suas finalidades", nas palavras de Renan Lotufo.[86]

### 9.1.1 Físicas

Todas as pessoas físicas de nacionalidade brasileira podem se associar conforme previsto no art. 5º, XVII, da CF.

Quanto ao direito de associação de estrangeiros, as constituições de Bonn (1949), da Itália (1947) não a admitem segundo escólios de Pinto Ferreira.[87] A Constituição do México (1917) também não.

Já a França, por meio do decreto-lei de 12 de abril de 1934 que agregou o Título VIII à lei de 1º de julho de 1901, permite a existência de associações de estrangeiros.

No Brasil, como na França, o direito de associação abarca os estrangeiros aqui residentes, conforme se percebe da dicção do *caput* do art. 5º da Carta Magna brasileira com seus incisos XVII a XXI.

### 9.1.2 Jurídicas

Questionamento interessante é saber se pode haver associação tendo pessoas jurídicas como associadas.

Apesar de alguns doutrinadores entenderem não ser possível a existência de associação composta por pessoas jurídicas, ousamos discordar.

Não é pelo simples fato de o Código Civil pátrio não prever expressamente a possibilidade de haver associações formadas por pessoas jurídicas, como ocorre no Código Civil peruano, por exemplo, que quer dizer que não possam existir associações formadas de pessoas jurídicas.

Como é de conhecimento geral, a atuação dos órgãos públicos e de seus representantes se pautam no princípio da legalidade, podendo tão-somente fazer o permitido pela lei, enquanto a liberdade dos particulares consiste em poder se fazer tudo legalmente permitido, bem como o que não for proibido.

A própria Constituição Federal brasileira regra em seu art. 5º, II, que ninguém é obrigado a fazer ou deixar de fazer algo senão em virtude da lei.

---

[86] LOTUFO, Renan. *Código civil comentado*: parte geral (arts. 1º a 232). vol. 1. São Paulo: Saraiva, 2003; p. 155.

[87] FERREIRA, Pinto. *Comentários à Constituição brasileira*. São Paulo: Saraiva, 1989; p. 95.

Como não existe vedação legal para que as associações sejam formadas por pessoas jurídicas, inarredável é entender por sua licitude.

Soma-se ainda que não cabe ao intérprete restringir onde o legislador não restringiu: *ubi lex non distinguit nec nos distinguire debemus.*

Carlos Maximiliano aponta no mesmo sentido:

> Quando o texto dispõe de modo amplo, sem limitações evidentes, é dever do intérprete aplica-lo a todos os casos particulares que se possam enquadrar na hipótese geral prevista explicitamente; não tente distinguir entre as circunstâncias da questão e as outras; cumpra a norma tal qual é, sem acrescentar condições novas; nem dispensar nenhuma das expressas.[88]

Também é importante salientar que, na aplicação da lei, o Juiz deve atender aos fins sociais a que ela se dirige e às exigências do bem comum (art. 5º da Lei de Introdução ao Código Civil). A intenção do sistema jurídico ao dispor na Constituição sobre a liberdade de associação e a vedação de intervenção no seu funcionamento (art. 5º, XVIII), bem como a excepcionalidade de sua dissolução (art. 5º, XIX) tem caráter de estímulo para essa espécie de pessoa jurídica.

Dessa forma, deve-se estimular as associações (sejam elas compostas de pessoas físicas ou jurídicas) e não desencorajar a sua criação e funcionamento.

Também não merece guarida o fato de que no art. 1º do Código Civil referente às "pessoas naturais" consta tão-somente a expressão "pessoa", o que demonstraria a equivalência das expressões.

Não merece guarida tal argumento pelo fato de em outros artigos do mesmo Código Civil, *ad exemplum* o art. 6º, a expressão existente é "pessoa natural" e não simplesmente "pessoa".

Alcino Pinto Falcão, em 1959, já defendia que as associações podiam ser formadas por pessoas jurídicas.[89]

Atualmente, tem-se notícia de inúmeras associações de pessoas jurídicas, sendo que muitas prestam relevantes préstimos para o desenvolvimento nacional.

---

88 MAXIMILIANO, Carlos. *Hermenêutica e aplicação do direito.* Rio de Janeiro: Forense, 1996; p. 247.

89 FALCÃO, Alcino Pinto. *Parte geral do Código Civil.* Rio de Janeiro: José Konfino Editor, 1959; p. 124.

Assim, entendemos ser plenamente legal a existência de associações formadas por pessoas jurídicas.

É importante salientar que pode inclusive existir associação formada por outras associações menores, a qual é denominada associação complexa[90] como se dá nos casos de federações e confederações, por exemplo.

Também pode haver associações de direito privado formadas por pessoas jurídicas de direito público, como as associações de municípios de determinada região.

## 9.2 FINALIDADE NÃO LUCRATIVA

### 9.2.1 Má-técnica de redação

A boa técnica legislativa aconselha que o legislador não promova conceituações, haja vista que esse labor pertence à doutrina, entretanto no *caput* do art. 53 do Código Civil a advertência foi ignorada.

A Parte Geral do Código Civil apesar de ter sido brilhantemente redigida e trazendo uma infinidade de contribuições para o ordenamento jurídico nacional, não foi feliz na redação do art. 53 do Código Civil.

O legislador ao redigir o *caput* do art. 53 do Código Civil deixou muito a desejar, haja vista ter utilizado o termo genérico "econômicos" ao invés do específico "lucrativos".

A dificuldade está no adjetivo "econômico" que é uma palavra polissêmica, ou seja, possuidora de vários significados.

Segundo o filólogo Aurélio Buarque de Holanda, o adjetivo "econômico" pode ter tanto o sentido de atividade produtiva quanto o de lucrativa.[91]

Dessa forma, as pessoas que entendem ser a atividade econômica sinônimo de atividade produtiva defendem ser descabida a redação do *caput* do art. 53 do Código Civil, por ser pacífico o fato de as associações poderem exercer atividade produtiva.

Cite-se como exemplo o relator do Código Civil, Ricardo Fiúza, defensor de que a "redação atual, ao referir-se a 'fins não econômicos', é imprópria,

---

[90] GALGANO, Francesco. *Diritto civile e commerciale*. vol. 1. Padova: CEDAM, 1993; p. 252.

[91] FERREIRA, Aurélio Buarque de Holanda. *Novo Aurélio Século XXI*: o dicionário da língua portuguesa. 3. ed. rev. e ampl. Rio de Janeiro: Nova Fronteira, 1999; p. 716.

pois toda e qualquer associação pode exercer ou participar de atividades econômicas".[92]

Também entendemos que o legislador não acertou ao mencionar a expressão genérica "fins não econômicos" para expressar sua espécie "fins não lucrativos".

Trata-se de desatendimento à Lei 95/98 que dispõe sobre a elaboração das leis, mais especificamente ao art. 11:

> As disposições normativas serão redigidas com clareza, precisão e ordem lógica, observadas para esse propósito, as seguintes normas: (...) II – para a obtenção de precisão: a). articular a linguagem, técnica ou comum, de modo a ensejar perfeita compreensão do objetivo da lei e a permitir que seu texto evidencie com clareza e o conteúdo e o alcance que o legislador pretende dar á norma. (...); c). evitar o emprego de expressão ou palavra que confira duplo sentido ao texto.

Por esse motivo, para fins de espancar qualquer dúvida, interessante que fosse aprovado o Projeto de Lei 7.610/02 que prevê a substituição da expressão "para fins não econômicos" pela expressão "para fins não lucrativos".

### 9.2.2 Significado da expressão "finalidade não lucrativa"

*Ad argumentandum tantum*, mesmo se não fosse aprovada a alteração da parte final do *caput* do art. 53 do CC, ainda com base na interpretação teleológica e sistemática onde um dispositivo legal é analisado como parte de um todo, buscando a finalidade da lei, seria inarredável o entendimento que para a associação é vedada a finalidade lucrativa (tão-somente esta).

A finalidade lucrativa deve ser analisada com fulcro no associado e não na própria associação.

Caio Mário da Silva Pereira, antes da vigência do Código Civil de 2002, já pregava que a finalidade lucrativa devia ser vista em função dos associados e não da própria associação nos seguintes termos:

> Mesmo com tal orientação perdurará ainda a dúvida, se aprofundar a indagação, a saber se a finalidade lucrativa definidora deve ser encarada em razão da própria sociedade ou de seus membros componentes, de vez que as individualidades de uns e outra se não confundem, bem como os respectivos patrimônios. Parece-nos que deve ser proposta a solução do problema em atenção aos interesses dos associados, e, então,

---

[92] FIÚZA, Ricardo. *O novo Código Civil e as propostas de aperfeiçoamento*. Colaboração: Mario Luiz Delgado Regis. São Paulo: Saraiva, 2004; p. 48.

> dir-se-á: associação de fins não lucrativos é aquela que se propõe realizar atividades não destinadas a proporcionar interesse econômico aos associados.[93]

O notável Renan Lotufo não discrepa:

> Há que se entender que os fins não econômicos impostos pelo artigo referem-se aos que possam resultar em favor dos associados, posto que a associação, em si, não fica inibida de efetuar negócios e auferir resultados econômicos para a consecução dos seus fins.[94]

A vedação de finalidade lucrativa, portanto, refere-se à impossibilidade de as associações promoverem divisão de resultados pecuniários para seus associados.

Quando não há divisão desses resultados positivos para seus associados e tão-somente estímulo às práticas ideais, como esportivas, recreativas, culturais etc., estar-se-á diante de uma verdadeira associação.

### 9.2.3 Possibilidade de a associação exercer atividade lucrativa como meio à consecução de seus fins

Quanto à associação, a mesma, desde que não distribua resultados pecuniários para seus associados, não está impedida de exercer atividade lucrativa/econômica, porque essa atividade será meio, e não fim.

Paulo Gustavo Gonet Branco, Gilmar Mendes e Inocêncio Mártires Coelho não divergem: "observe-se, ainda, que todo objeto social, desde que lícito, pode inspirar a constituição de uma associação. Os fins podem ser comerciais ou não".[95]

Dessa forma, um Clube que não distribui lucro para seus associados poderá vender camisas, alugar espaços, fornecer *buffet*, promover bailes e *shows*, ser patrocinado, cobrar mensalidades dos sócios, taxas por utilização de sauna e de escolinhas de esportes etc. para poder cumprir seu objeto social.

A lucratividade da associação ainda é inafastável segundo Fábio Ulhoa Coelho:

---

93 PEREIRA, Caio Mário da Silva. *Instituições de direito civil*. Rio de Janeiro: Forense, 2000; p. 215.

94 LOTUFO, Renan. *Código civil comentado*: parte geral (arts. 1º a 232). Vol. 1. São Paulo: Saraiva, 2003; p. 156.

95 MENDES, Gilmar Ferreira et al. *Curso de direito constitucional*. São Paulo: Saraiva, 2010, p. 497.

> é evidente que, no capitalismo, nenhuma atividade econômica se mantém sem lucratividade e, por isso, o valor total das mensalidades deve superar o das despesas também nesses estabelecimentos. Neste caso, o lucro é meio e não fim da atividade econômica.[96]

Caio Mário também aponta no mesmo sentido ao mencionar que o superávit na apuração de balanços periódicos não demonstra que a associação possui fim lucrativo.[97]

Se uma pessoa jurídica (independente de qual espécie seja) não tiver seu ativo superando seu passivo, com certeza não subsistirá.

Maria Helena Diniz também menciona o seguinte:

> ...não perde a categoria de associação mesmo que realize negócios para manter ou aumentar o seu patrimônio, sem, contudo, proporcionar ganhos aos associados, p. ex, associação esportiva que vende aos seus membros uniformes, alimentos, balas, raquetes etc., embora isto traga, como conseqüência, lucro para a entidade.[98]

Arnaldo Rizzardo não destoa:

> Na associação, não há o fim lucrativo, o que não impede que exista o patrimônio e que sejam realizados atos tendentes a angariar rendimentos, ou até atos de comércio, com a diferença, entrementes, de não serem divididos os lucros entre os associados.[99]

A associação, caso queira, pode inclusive participar do quadro social de empresas, desde que o lucro obtido com estas seja dirigido àquela, conforme muito bem aponta Carlos Celso Orcesi da Costa:

> Aquilo que juridicamente se pode recomendar, com clareza, é que a associação assuma uma técnica de organização mais condizente com as necessidades práticas, seja embrionariamente criando braços ou ramos relativamente autônomos, seja participando integral ou parcialmente de novas empresas – porventura lucrativas, situação em que essa new company atuará de modo transparente –, repassando o lucro obtido para a associação controladora. Pensamos inexistir qualquer restrição de

---

[96] COELHO, Fábio Ulhoa. *Manual de direito comercial.* 13. ed. rev. e atual. de acordo com o novo Código Civil (Lei n. 10.406, de 10/1/2002). São Paulo: Saraiva, 2002; p. 13.

[97] *Op. cit.*, p. 215.

[98] DINIZ, Maria Helena. *Curso de direito civil brasileiro.* São Paulo: Saraiva, 1999; p. 146-147.

[99] RIZZARDO, Arnaldo. *Parte Geral do Código Civil.* Rio de Janeiro: Forense, 2003; p. 303.

> ordem legal, desde que o estatuto o preveja. É que em tais situações não haverá prejuízo ao Estado, porque a newco recolherá os devidos tributos, aproximando-se da função social da imunidade tributária às associações de 'assistência social' (CF, art. 150, VI, a), sempre sob a condição de os eventuais resultados dessa empresa, repetindo, serem destinados à manutenção do objeto social da associação, sem finalidade lucrativa.[100]

Francesco Galgano também aponta que associações podem participar de sociedades lucrativas.[101]

José Eduardo Sabo Paes ensina que "a lei brasileira não veda o exercício de atividades comerciais ou industriais pelas fundações ou associações. Ela condiciona, apenas, que as atividades não tenham fins lucrativos e que sejam realizadas no estrito cumprimento das finalidades estatutárias da entidade... Na atualidade, evidencia-se a necessidade de que as fundações e as associações devam intervir no mercado, para obtenção de recursos que possibilitem o cumprimento efetivo dos seus fins".[102]

Por todo o exposto, nota-se ser plenamente legal (e altamente recomendável) que as associações exerçam atividades econômicas ou lucrativas (atividade-meio), sendo vedado, no entanto, a distribuição de lucro para seus associados. A Professora espanhola Susana Pérez Escalona da Universidad de La Rioja em seu artigo *"La asociación y el derecho de sociedades: notas para um debate"* pontifica: "Mas, naturalmente, inexistência de ânimo de lucro não significa que as associações não podem realizar atividades econômicas".[103] A Câmara Comercial da Corte de Cassação apontou no mesmo sentido: "Uma associação pode realizar atos de comércio para assegurar a realização de seus objetivos, desde que os benefícios financeiros não sejam distribuídos entre os associados" (13 de maio de 1970: Bull. Civ. IV, nº 158; D. 1970).

A própria lei 9790/99 que regulamenta as OSCIPs dispõe em seu art. 1º, §1º que a expressão "sem fins lucrativos" se caracteriza pelo ato da pessoa jurídica que

---

100 COSTA, Carlos Celso Orcesi da. *Código civil na visão do advogado.* São Paulo: Editora Revista dos Tribunais, 2003; p. 57.

101 GALGANO, Francesco. *Diritto civile e commerciale.* 2. ed. Vol. 1º. Padova: CEDAM, 1993; p. 203.

102 PAES, José Eduardo Sabo. *Fudanções, associações e entidades de interesse social: aspectos jurídicos, administrativos, contábeis, trabalhistas e tributários.* Rio de Janeiro: Forense, 2018; p. 387.

103 Capturado do site http://www.unirioja.es/dptos/dd/redur/numero2/perez.pdf em 31 de maio de 2013.

> não distribui, entre os seus sócios ou associados, conselheiros, diretores, empregados ou doadores, eventuais excedentes operacionais, brutos ou líquidos, dividendos, bonificações, participações ou parcelas do seu patrimônio, auferidos mediante o exercício de suas atividades, e que os aplica integralmente na consecução do respectivo objeto social.

Como bem lembrado por José Eduardo Sabo Paes em seu excelente livro, são exemplos de associações com finalidade econômicas, associações de socorro mútuo[104] e caixas assistenciais, as quais existem para atuar com solidariedade e com apoio material ou financeiro em determinados momentos de dificuldades de seus associados como no caso de funeral, doença, previdência etc. A ajuda material ainda que financeira em determinado momento da vida de um associado por algum evento ou infortúnio não configura distribuição de lucros e dividendos, sendo lícita.

Recentemente, a VI Jornada de Direito Civil aprovou o Enunciado 534 do Código Civil que foi por nós originariamente proposto com o mesmo teor: "As associações podem desenvolver atividade econômica, desde que não haja finalidade lucrativa".

## 9.3 INEXISTÊNCIA DE DIREITOS E OBRIGAÇÕES RECÍPROCAS

O art. 53, em seu parágrafo único, menciona que "não há, entre os associados, direitos e obrigações recíprocos".

Maria Helena Diniz ensina:

> cada um dos associados constituirá uma individualidade e a associação, uma outra (CC, art. 50, 2ª parte), tendo cada um seus direitos, deveres e bens apesar de não haver, entre os associados, direitos e deveres recíprocos (CC, art. 53, parágrafo único).[105]

Renan Lotufo ao comentar o parágrafo único do art. 53 aduz:

> as associações não são contratos sinalagmáticos entre os associados, isto é, com obrigações respectivas. Na teoria do negócio jurídico o contrato é classificado como plurissubjetivo unidirecional, porque são vários os que declaram suas vontades, mas todas no mesmo sentido, vontade comum, pelo que muitos o denominam acordo. Não se põe o do ut des.[106]

---

[104] PAES, José Sabo. *Fundações, associações e entidades de interesse social: aspectos jurídicos, administrativos, contábeis, trabalhistas e tributários.* São Paulo: Forense, 2010; p. 65.

[105] DINIZ, Maria Helena. *Curso de direito civil brasileiro.* São Paulo: Saraiva, 1999; p. 146-147.

[106] *Op. cit.*, p. 157-158.

## 9.4 ESTABILIDADE DA RELAÇÃO ENTRE OS ASSOCIADOS

A estabilidade da relação entre associados é outro requisito da associação.

Apesar de muitos autores não mencionarem como requisito da associação a estabilidade da relação entre associados, a mesma é imprescindível para configuração de tais pessoas jurídicas.

Caso não houvesse o requisito da estabilidade entre associados, a associação se resumiria em mera reunião, pois, conforme apontam Colin e Capitant, a associação se diferencia da reunião pelo fato de que a primeira é permanente e a segunda momentânea.[107 e 108]

A relação entre os associados somente serve para fins de configurar o requisito de estabilidade para estabelecer-se uma associação, haja vista que entre os associados não há direitos e obrigações recíprocas.

---

[107] COLIN, Ambrosio; CAPITANT, H. *Curso elemental de derecho civil.* Traduccion de Demofilo de Buen. Madrid: Instituto Editorial Réus, 1961; p. 495.

[108] No mesmo sentido: MENDES, Gilmar Ferreira et al. *Curso de direito constitucional.* São Paulo: Saraiva, 2010, p. 494.

# 10

# CLASSIFICAÇÃO DAS ASSOCIAÇÕES

Segundo demonstra Guido Zanobini, "as associações lícitas são suscetíveis de classificação com base no fim que persegue".[109]

Assim, se a associação persegue fim cultural, se tratará de uma associação cultural. Se persegue fim desportivo, será uma associação desportiva. E assim por diante.

Mostra-se claro que a classificação das associações é *numerus apertus*, existindo uma infinidade de tais pessoas jurídicas e podendo surgir novas com escopos não imagináveis em tempos passados. O limite das associações é a imaginação humana. Podem haver associações exercentes de finalidades de grande interesse público como associações altamente fúteis e com fins egoísticos, tendo cada uma delas sua importância, guardada suas devidas proporcionalidades.

Como exemplo de associações podemos citar: pias, beneficentes ou filantrópicas, creches, Apaes, de alcoólatras, hospitais beneficentes, torcidas organizadas, associação de socorro mútuo, hospícios, asilos, orfanatos, clubes, profissionais (advogados, magistrados, ministério público, médicos, policiais, odontólogos etc.), fraternidade, maçonaria, academias científicas, literárias, musicais ou artísticas, de defesa do consumidor, produtores rurais, de bairro, sindicatos, comercial e industrial, de teatro, empresas de um determinado setor, suinocultores, pecuaristas, organizações não governamentais (ONGs) etc.

---

[109] *Op. cit.*, p. 105.

# 11

# AQUISIÇÃO DA PERSONALIDADE JURÍDICA E REPRESENTAÇÃO DOS ASSOCIADOS

## 11.1 AQUISIÇÃO DE PERSONALIDADE JURÍDICA

A associação não se confunde com seus associados. Desde que tenha personalidade jurídica, ela age em nome próprio, tem patrimônio e direitos exclusivos que não se confundem com seus membros.

Segundo ensinamentos do saudoso Caio Mário da Silva Pereira[110], existem três critérios para aquisição da personalidade jurídica para as pessoas jurídicas de direito privado. São eles: livre formação, reconhecimento e disposições normativas.

O critério da livre formação prevê que a simples realização do ato constitutivo é suficiente para dar personalidade jurídica a uma entidade, independentemente do obedecimento de preceitos normativos. O critério do reconhecimento é aquele em que a entidade somente obtém personalidade jurídica mediante autorização administrativa prévia. Já o critério das disposições normativas é o

---

[110] PEREIRA, Caio Mário da Silva. *Instituições de Direito Civil*. vol. I. 19. ed. Rio de Janeiro: 2000; p. 210.

que admite a aquisição da personalidade jurídica sem autorização administrativa prévia, desde que obedecidas as disposições legais exigidas.[111]

Tanto o revogado Código Civil de 1916 quanto o Código Civil de 2002 adotaram a teoria das disposições normativas, salvo raríssimas exceções. Em países em desenvolvimento como o Brasil, onde o Estado não cumpre seu papel, não é recomendável a adoção do critério do reconhecimento, haja vista que desestimularia a criação dessas pessoas jurídicas, que muitas das vezes substituem o mencionado Estado em seus deveres.

Conforme prevê o art. 5º, XVII, da Constituição Federal, a criação de associações independe de autorização. Diante disso, qualquer disposição normativa anterior à 1988 exigindo autorização para criação de certo tipo de associação não foi recepcionada pela atual Constituição brasileira. Da mesma forma, qualquer preceito normativo exigindo autorização para criação de associações após 1988 é inconstitucional.

Importante salientar que autorização de criação não equivale à autorização para exercício de certas atividades. As associações de advogados podem ser criadas livremente, entretanto somente a Ordem dos Advogados do Brasil está autorizada a realizar exame para exercício da profissão.

Para aquisição de personalidade jurídica e que sejam consideradas pessoas diversas de seus membros, as entidades de direito privado necessitam ter seu ato constitutivo registrado, conforme aponta João Franzen de Lima: "essa separação – *universitas distat a singulis* – é o princípio característico da pessoa jurídica e surge por efeito do registro".[112]

Para que uma associação tenha personalidade jurídica também é necessário que a mesma seja lícita e atenda à forma prevista na legislação pátria, conforme bem demonstrado por Marcello Caetano:

> a lei atribui a personalidade jurídica a todo o homem, desde o nascimento. Mas não procede da mesma forma com as associações e instituições resultantes da iniciativa dos particulares, às quais só quando prossigam certos interesses e obedeçam a determinados requisitos é concedida personalidade.[113]

---

[111] *Op. cit.*, p. 210.

[112] LIMA, João Franzen de. *Curso de direito civil brasileiro.* vol. 1. 2. ed. Rio de Janeiro: Forense, 1961; p. 195.

[113] CAETANO, Marcello. *Manual de Direito Administrativo.* Coimbra: Livraria Almedina, 1997; p. 197.

Assim, uma vez possuindo objeto lícito e observando a forma e as formalidades previstas na lei, a associação obterá personalidade jurídica e, por via de consequência, terá patrimônio, direitos e deveres independentes de seus membros.

Caso a associação não obedeça aos requisitos legais para sua criação e funcionamento, a mesma será taxada como associação de fato (ou irregular) e das quais se falará no item 10.3.

A aquisição de personalidade jurídica pelas associações permite que a mesma adquira inúmeros direitos, como, por exemplo, a inviolabilidade de sua sede, de correspondência e de outra forma de comunicação, de instituir sua sede em qualquer lugar do Estado, liberdade de promover reunião, liberdade de federar-se, de manifestar opinião de natureza política, sindical, cultural etc., proteção ao nome e marca, defesa em juízo de seus próprios direitos e de sua honra objetiva.

## 11.2 ATO CONSTITUTIVO DAS ASSOCIAÇÕES

Formalidade essencial para criação das pessoas jurídicas de direito privado são as existentes no art. 45 do Código Civil.

O art. 45 do Código Civil dispõe:

> Começa a existência legal das pessoas jurídicas de direito privado com a inscrição do ato constitutivo no respectivo registro, precedida, quando necessário, de autorização ou aprovação do Poder Executivo, averbando-se no registro todas as alterações por que passar o ato constitutivo.

A parte final do art. 45 do CC referente à autorização do Poder Executivo não se aplica às associações por força do art. 5º, XVII, da CF.

Da redação do dispositivo legal supra, nota-se que para se adquirir a personalidade jurídica necessita-se essencialmente de 2 (duas) fases: a do ato constitutivo e a da formalidade administrativa do registro.[114]

Com a inscrição do ato constitutivo no competente registro, dá-se a personificação jurídica da associação.

Maria Helena Diniz afirma o que segue:

> ...com a personificação da associação, para os efeitos jurídicos, ela passará a ter aptidão para ser sujeito de direitos e obrigações e capacidade

[114] PEREIRA, Caio Mário da Silva. *Instituições de Direito Civil*. vol. I. 19. ed. Rio de Janeiro: 2000; p. 212.

> patrimonial, constituindo seu patrimônio, que não terá relação com o dos associados, adquirindo vida própria e autônoma, não se confundindo com os seus membros, por ser uma nova unidade orgânica.[115]

Para a obtenção da personalidade jurídica da associação, o principal momento é a realização do ato constitutivo normalmente exteriorizado por uma ata de criação da entidade, pois este é o ato que manifesta a intenção de fazer surgir uma associação.

Como as associações não necessitam de autorização governamental prévia para sua criação (art. 5º, XVIII, da Constituição Federal), para obterem personalidade jurídica, exige-se, tão-somente a feitura de um ato constitutivo e a inscrição do mesmo no registro competente.

Ao contrário do que defendem alguns, não é obrigatório que o ato constitutivo já seja o estatuto da entidade. O ato constitutivo é ato criador da associação, enquanto o estatuto é a regulamentação do funcionamento e extinção da associação.

Tanto que o ato constitutivo não se confunde com o estatuto que o primeiro deve abranger uma menor quantidade de requisitos (art. 46 do Código Civil) que o segundo (art. 54 do Código Civil). Cite-se, como exemplo, os requisitos para admissão, demissão e exclusão dos associados. Enquanto o ato constitutivo não exige a presença de tais requisitos, o estatuto os prevê, sob pena de nulidade.

Assim, segundo o previsto no art. 46 do Código Civil, o ato constitutivo deve conter apenas a denominação, os fins, a sede, o tempo de duração e fundo social, quando houver (inciso I); o nome e a individualização dos fundadores ou instituidores, e dos diretores (inciso II); o modo por que se administra e representa, ativa e passivamente, judicial e extrajudicialmente (inciso III); se o ato constitutivo é reformável no tocante à administração, e de que modo (inciso IV); se os membros respondem, ou não, subsidiariamente, pelas obrigações sociais (inciso V); as condições de extinção da pessoa jurídica e o destino de seu patrimônio, nesse caso (inciso VI).

Outro motivo demonstrando que o ato constitutivo não é necessariamente o estatuto social é o fato de que a falta das exigências previstas no art. 46 do Código Civil referentes ao primeiro não leva à nulidade de tal ato e tão-somente a sua anulabilidade conforme disposto no parágrafo único do mesmo

---

[115] *Op. cit.*, p. 233.

dispositivo legal, enquanto que a ausência dos requisitos do segundo leva à nulidade segundo o mencionado no art. 54 do Código Civil.

Assim, entendemos que o ato constitutivo não é necessariamente o estatuto da associação, podendo ser, por exemplo, uma ata com os requisitos do art. 46 do Código Civil sem a complexidade e abrangência de um estatuto social. Nada impede, no entanto, que a associação registre seu estatuto como ato constitutivo, haja vista que os requisitos do mencionado ato estão englobados nos requisitos do estatuto. Pelo contrário, é altamente recomendável que a associação registre seu estatuto como ato constitutivo, pois, em existindo ato constitutivo e não existindo estatuto, as dúvidas serão resolvidas pela legislação civil e pelos princípios gerais de direito, sem a facilidade de uma normatização específica.

O ato constitutivo que vincula todos que estão ou que ingressem na associação somente pode ser um ato inter vivos. O ato constitutivo pode ser público ou particular, exigindo-se tão-somente que seja levado à registro no órgão competente, o que, por via de consequência, acarreta a necessidade de o mesmo ser escrito.

Não se exige que os fundadores da associação estejam presentes quando da constituição, podendo a mera assinatura no ato constitutivo ou representação por procuração, permitir a constituição válida da associação.

### 11.2.1 Registro do ato constitutivo

O segundo requisito para a aquisição da personalidade jurídica pelas associações é o registro de seu ato constitutivo.

Sem o registro do ato constitutivo no órgão competente, a associação não adquire personalidade jurídica, sendo mera associação de fato.

O registro do ato constitutivo, como o do estatuto e alterações, deve ser feito no Cartório de Títulos e Documentos.[116] Existem algumas espécies de associações que necessitam registrar seus atos não só no Cartório de Títulos e Documentos para adquirir personalidade jurídica, mas também em outras repartições para serem reconhecidas como determinado tipo de associação. Os sindicatos, por exemplo, devem registrar seus atos constitutivos no Ministério do Trabalho, sob pena de não serem reconhecidos como sindicatos, mas tão-somente meras associações sem natureza sindical:

---

[116] LOTUFO, Renan. *Op. cit.*, p. 134.

> SINDICATO – REGISTRO – ESTABILIDADE SINDICAL. A existência das pessoas jurídicas de direito privado, como são os sindicatos, tem início com a sua inscrição no registro peculiar, o que lhes atribui personalidade jurídica. Contudo, só após o registro de seus atos constitutivos no Cadastro Nacional das Entidades Sindicais é que as mesmas passam a ter vida sindical. Por isso, sendo esta competência para registro dos Sindicatos exclusiva do Ministério do Trabalho, não se há falar em reintegração de dirigentes sindicais, por força de estabilidade conferida pelo inciso VIII, do art. 8º da Constituição Federal, quando as dispensas dos obreiros ocorreram sem que o Sindicato para o qual foram eleitos para cargo de direção tivesse se submetido ao citado registro (TRT da 3ª Região – RO 19436/96 – 5ª T. – Rel. Juiz Márcio Ribeiro do Valle – DJ 07/06/97).

O STF editou a Súmula 677 dispondo que "Até que a lei venha a dispor a respeito, incube ao Ministério do Trabalho proceder ao registro das entidades sindicais e zelar pela observância do princípio da unidade".

## 11.3 ASSOCIAÇÕES DE FATO

À margem das associações civis com personalidade jurídica, existem as associações de fato ou irregulares. Associações de fato ou irregulares são aquelas que possuem todos os requisitos de uma associação civil, menos a personalidade jurídica.

As associações de fato, apesar de não serem dotadas de personalidade jurídica, também se mostram como exteriorização do direito fundamental de associação como bem aponta Paulo Gustavo Gonet Branco, Gilmar Mendes e Inocêncio Mártires Coelho:

> A garantia constitucional, de outra parte, não se limita aos grupamentos dotados de personalidade jurídica; vale dizer, àqueles que cumpriram os requisitos legais para serem reconhecidos como titulares de direitos e obrigações civis. A personalidade jurídica não é elemento indispensável para que se reconheça num grupamento de pessoas uma associação protegida constitucionalmente. O termo *associação* no texto constitucional tem sentido amplo, nele se incluindo as modalidades diversas das pessoas jurídicas conhecidas do direito civil, bem como outros grupamentos desvestidos de personalidade jurídica.[117]

---

[117] MENDES, Gilmar Ferreira et al. *Curso de direito constitucional*. São Paulo: Saraiva, 2010, p. 498.

Note-se também que os preceitos constitucionais não exigem que as associações sejam dotadas de personalidade jurídica. Como se não fosse o suficiente, o Estado prevê proteção à estas entidades como se percebe do ordenamento jurídico. Tanto é uma realidade no Brasil que vários movimentos sociais ou torcidas organizadas sem personalidade jurídica atuam no país ativamente.

Inobstante isto, na associação de fato (ou irregular), seus patrimônios e deveres confundem-se com a de seus associados.

A representação das associações de fato se dará pela pessoa a quem couber a administração das mesmas (art. 12, VII, do CPC), não podendo a entidade alegar sua ausência de personalidade jurídica em proveito próprio (art. 12, §2º do CPC) e seus direitos serão os mesmos que da associação com personalidade jurídica, desde que compatível com sua natureza de ente despersonalizado e se dê com base na proporcionalidade e razoabilidade.

Pode-se dissolver uma associação de fato, inclusive compulsoriamente pela via judicial.

## 11.4 REPRESENTAÇÃO DOS ASSOCIADOS

A representação das associações civis se dará por quem os respectivos estatutos designarem (art. 75, VIII, do CPC). No caso de haver registro de ato constitutivo e inexistir estatuto, a representação se dará pela pessoa prevista no dito ato constitutivo art. 75, VIII, do CPC.

O art. 5º, XXI, da CF regra que "as entidades associativas, quando expressamente autorizadas, têm legitimidade para representar seus filiados, judicial ou extrajudicialmente".

Tal artigo prevê que uma associação para substituir processualmente seus membros necessita de autorização para tanto. A autorização pode ser tanto a previsão expressa e explícita no estatuto da entidade quanto a autorização deliberada em assembléia convocada para este fim.

A deliberação assemblear autorizando a associação a substituir processualmente seus membros somente será válida se não houver disposição estatutária em sentido contrário.

Não há necessidade de procuração específica dos associados para a validade da substituição processual, pois tal requisito somente existe para o caso de ingresso de mandado de segurança coletivo, apesar de haver precedentes do STF em sentido diverso.

Como bem relembra Paulo Gustavo Gonet Branco, Gilmar Mendes e Inocêncio Mártires Coelho, "a lei, de toda sorte, pode conferir a determinado tipo de associação legitimidade para atuar na qualidade de substituto processual".[118]

Já o art. 5º, LXX, alínea "b", da Constituição Federal prevê que a associação legalmente constituída poderá impetrar mandado de segurança coletivo em defesa dos interesses de seus membros ou associados, desde que esteja em funcionamento a pelo menos 1 (um) ano.

Mister se faz esclarecer que as associações legalmente constituídas e em funcionamento a mais de 1 (um) ano podem interpor mandado de segurança coletivo em benefício de seus associados, sem necessidade de procuração outorgada pelos últimos por se tratar de hipótese de substituição processual.

O STJ já se posicionou no mesmo sentido:

> Recurso em mandado de segurança. Administrativo e mandado de segurança. Associação. Substituto Processual. Desnecessidade de autorização expressa. Falta de legitimidade. Preliminar afastada. Nos termos de pacífico entendimento jurisprudencial, é desnecessária a autorização expressa dos associados para que a Associação representativa da respectiva classe, na qualidade de substituto processual, impetre ação mandamental na defesa dos direitos e interesses comuns. Recurso parcialmente provido, com a anulação da decisão, e retorno do feito à Corte a quo para novo pronunciamento, no tocante ao mérito da questão. (STJ – RESP 15.325-RJ – 5ª T. – Rel. Min. Jose Arnaldo da Fonseca – DJ 08/04/2003).

O STF também tem o mesmo entendimento, mencionando que nem relação nominal dos associados se faz necessária:

> Agravo regimental no recurso extraordinário. Constitucional. Mandado de segurança coletivo. Associação. Legitimidade ativa. Autorização expressa dos associados. Relação nominal. Desnecessidade. Precedentes. 1. É pacífica a jurisprudência desta Corte de que as associações, quando impetram mandado de segurança coletivo em favor de seus filiados, atuam como substitutos processuais, não dependendo, para legitimar sua atuação em Juízo, de autorização expressa de seus associados, nem de que a relação nominal desses acompanhe a inicial do mandamus, consoante firmado no julgamento do MS nº 23.769/BA, Tribunal Pleno, Relatora a Ministra Ellen Gracie. 2. Agravo regimental não provido. (STF – RE 501953 AgR – Rel. Min. Dias Toffoli – DJ 20/03/2012)

---

[118] MENDES, Gilmar Ferreira et al. *Curso de direito constitucional.* São Paulo: Saraiva, 2010, p. 505.

A pertinência temática entre as finalidades da associação e o objeto do mandado de segurança não é requisito obrigatório do mandado de segurança coletivo, mas exige-se apenas que a pretensão envolva os associados daquela associação ou membros da categoria representados pela entidade:

> CONSTITUCIONAL. PROCESSUAL CIVIL. MANDADO DE SEGURANÇA COLETIVO. SUBSTITUIÇÃO PROCESSUAL. AUTORIZAÇÃO EXPRESSA. OBJETO A SER PROTEGIDO PELA SEGURANÇA COLETIVA. C.F., art. 5º, LXX, "b". I. - A legitimação das organizações sindicais, entidades de classe ou associações, para a segurança coletiva, é extraordinária, ocorrendo, em tal caso, substituição processual. C.F., art. 5º, LXX. II. - Não se exige, tratando-se de segurança coletiva, a autorização expressa aludida no inciso XXI do art. 5º da Constituição, que contempla hipótese de representação. III. - O objeto do mandado de segurança coletivo será um direito dos associados, independentemente de guardar vínculo com os fins próprios da entidade impetrante do writ, exigindo-se, entretanto, que o direito esteja compreendido na titularidade dos associados e que exista ele em razão das atividades exercidas pelos associados, mas não se exigindo que o direito seja peculiar, próprio, da classe. IV. - R.E. conhecido e provido. (STF – RE 193382 – Rel. Min. Carlos Velloso – DJ 28/06/1996)

Já para as ações de controle concentrado de constitucionalidade, a pertinência temática é requisito imprescindível para caracterizar a legitimidade da associação:

> AGRAVO REGIMENTAL EM ARGUIÇÃO DE DESCUMPRIMENTO DE PRECEITO FUNDAMENTAL. ENTIDADE DE CLASSE. ASSOCIAÇÃO NACIONAL DAS EMPRESAS DE TRANSPORTES URBANOS - NTU. PERTINÊNCIA TEMÁTICA. AUSÊNCIA. ILEGITIMIDADE ATIVA AD CAUSAM. AGRAVO REGIMENTAL NÃO PROVIDO. 1. A jurisprudência do STF exige, para a caracterização da legitimidade ativa das entidades de classe e das confederações sindicais para as ações de controle concentrado, a existência de correlação entre o objeto do pedido de declaração de inconstitucionalidade e os objetivos institucionais da associação. 2. No caso, não há pertinência temática entre as normas impugnadas, que cuidaram de inaugurar e disciplinar o veto popular como instrumento de participação popular no processo legislativo no âmbito do Município de Aracaju, e os objetivos institucionais perseguidos pela autora (NTU), que estão voltados para a proteção dos interesses de empresas de transportes urbanos. O liame mediato, indireto, não satisfaz o requisito da pertinência temática. Precedentes: ADI 5.023-AgR, Rel. Min. ROSA WEBER, Pleno, DJe 6/11/2014; ADI 4.722, Rel. Min. DIAS TOFFOLI, Pleno, DJe de 14/2/2017. 3. Agravo regimental a que se nega provimento.

> (STF – ADPF 385 AgR – Rel. Min. ALEXANDRE DE MORAES – DJ 16/10/2017).

Nos termos dos sempre lembrados Paulo Gustavo Gonet Branco, Gilmar Mendes e Inocêncio Mártires Coelho, a legitimidade para representar seus associados apenas se dá na esfera cível e não na criminal, já que se tratam de bens jurídicos personalíssimos.[119]

O STF já entendeu que para manejar ADI, a entidade associativa deve além da pertinência temática também demonstrar a abrangência nacional, atuando em pelo menos 9 estados da federação:

> LEGITIMIDADE PARA A CAUSA. Ativa. Ação direta de inconstitucionalidade – ADI. Ação proposta pela Associação Nacional dos Magistrados Estaduais – ANAMAGES. Impugnação de norma concernente a toda a magistratura. Legitimação não caracterizada. Entidade classista de âmbito nacional, mas de representação parcial da categoria profissional. Não representatividade em, pelo menos, 9 (nove) estados da federação, nem de todos os membros do Poder Judiciário nacional. Inteligência do art. 103, IX, cc. art. 102, § 2º, da CF. Inicial indeferida. Agravo regimental improvido. Precedentes. Carece de legitimação para propor ação direta de inconstitucionalidade, a entidade de classe que, embora de âmbito estatutário nacional, não tenha representação em, pelo menos, nove estados da federação, nem represente toda a categorial profissional, cujos interesses pretenda tutelar. (STF – ADI 3617 AgR – Rel. Min. CEZAR PELUSO – DJ 25/05/2011)

Em ações coletivas, os beneficiários do título executivo de ação proposta por associação se limitam àqueles que residentes na área compreendida na jurisdição do órgão julgador, detinham, antes do ajuizamenot, a condição de filiados e constaram da lista apresentada com a peça inicial como apontado o STF em repercussão geral:

> EXECUÇÃO – AÇÃO COLETIVA – RITO ORDINÁRIO – ASSOCIAÇÃO – BENEFICIÁRIOS. Beneficiários do título executivo, no caso de ação proposta por associação, são aqueles que, residentes na área compreendida na jurisdição do órgão julgador, detinham, antes do ajuizamento, a condição de filiados e constaram da lista apresentada com a peça inicial. (STF - RE 612043 – Rel. Min. MARCO AURÉLIO – DJ 10/05/2017).

---

[119] MENDES, Gilmar Ferreira et al. *Curso de direito constitucional*. São Paulo: Saraiva, 2010, p. 507.

# 12

# DESCONSIDERAÇÃO DA PERSONALIDADE JURÍDICA NAS ASSOCIAÇÕES

## 12.1 RESPONSABILIDADE Civil DOS ASSOCIADOS POR ATO DA ASSOCIAÇÃO E DESCONSIDERAÇÃO DA PERSONALIDADE JURÍDICA

Insta salientar que não cabe responsabilizar os associados pelas obrigações da associação e tampouco aplica-se a desconsideração da personalidade jurídica para tanto, pois a associação tem existência distinta dos associados e não previsão legal dispondo sobre responsabilidade dos membros por dívidas da associação. Apesar do Código Civil de 2002 não ter repetido a importante redação do art. 20 do Código Civil de 1916 aplicável as associações civis, a qual previa que "as pessoas jurídicas têm existência distinta da dos seus membros", ainda se considera da mesma forma (existência distinta da associação e seus membros) como aponta a jurisprudência:

> AGRAVO DE PETIÇÃO. ASSOCIAÇÃO. RESPONSABILIZAÇÃO DOS ASSOCIADOS. IMPOSSIBILIDADE. Associados que pagam mensalidade e mesmo os que dirigem uma Associação sem fins lucrativos, na maioria das vezes sem remuneração e sem buscar lucro, não respondem pelas dívidas da entidade, não sobrando oportunidade para aplicação, em tais casos, da Teoria da Despersonificação da Pessoa Jurídica. (TRT da 3ª Região – AP 5968/02 – Rel. Juiz João Eunápio Borges Júnior – DJ 09/11/2002)

CIVIL E PROCESSUAL CIVIL. RECURSO ESPECIAL. ASSOCIAÇÃO CIVIL. PERSONALIDADE JURÍDICA. DESCONSIDERAÇÃO. RESPONSABILIDADE SUBSIDIÁRIA. ART. 1.023 DO CC/02. NÃO APLICÁVEL.

1. Recurso especial interposto em 15/08/2012 e atribuído a este gabinete em 25/08/2016.

2. Associações civis são caracterizadas pela união de pessoas que se organizam para a execução de atividades sem fins lucrativos. Sociedades simples são formas de execução de atividade empresária, com finalidade lucrativa.

3. Art. 1.023 do CC/02 aplicável somente às sociedades simples.

4. Recurso especial a que se nega provimento.

(STJ - REsp 1398438/SC – Rel. Ministra NANCY ANDRIGHI - DJ 11/04/2017)

## 12.2 RESPONSABILIDADE CIVIL DOS ADMINISTRADORES E DESCONSIDERAÇÃO DA PERSONALIDADE JURÍDICA

No que se refere a responsabilidade civil dos dirigentes de associações civis e a possibilidade de desconsideração da personalidade jurídica para atingimento do patrimônio destes dirigentes, como demonstramos em outra oportunidade[120], tem-se conhecimento de dois entendimentos clássicos: a). teoria da aplicação ampla da desconsideração da personalidade jurídica para atingir patrimônio dos administradores (aplica-se a desconsideração da personalidade jurídica às associações civis com base no art. 28 do CDC ou 50 c/c 1023 do CC nos mesmos moldes das demais pessoas jurídicas); b). teoria da inaplicabilidade da desconsideração da personalidade jurídica para atingir patrimônio dos dirigentes.

A primeira das correntes jurídicas, não faz diferenciação entre associações e outras pessoas jurídicas para fins de desconsideração da personalidade para atingimento de patrimônio dos dirigentes[121]

[120] TEIXEIRA, Wendel de Brito Lemos. *A desconsideração da personalidade jurídica nas associações civis em relações de consumo à luz do neoconstitucionalismo in 20 anos do Código de Defesa do Consumidor: conquistas, desafios e perspectivas*. Renan Lotufo e Fernando Rodrigues Martins (coords). São Paulo: Saraiva, 2011; p. 211-215.

[121] Neste sentido: PAES, Eduardo Sabo. *Fundações, associações e entidades de interesse social: aspectos jurídicos, administrativos, contábeis, trabalhistas e tributários*. São Paulo: Forense, 2010; p. 458-459; TRT da 2ª Região – AP 20070865420 – Rel. Des. Marcelo Freire

A segunda corrente defende que a desconsideração da personalidade jurídica para alcançar bens de dirigentes não se aplica às associações civis pela natureza jurídica peculiar desta última (não possuí fins lucrativos) segundo aponta a jurisprudência:

> ASSOCIAÇÃO SEM FINS LUCRATIVOS. DESCONSIDERAÇÃO DA PERSONALIDADE JURÍDICA. Não se aplica a teoria da desconsideração da personalidade jurídica quando evidenciado que a executada é uma associação sem fins lucrativos, cujo objetivo é vinculado à colaboração na assistência e formação de alunos de escola municipal, e promoção da integração entre o poder público, a comunidade, a escola e a família, por meio da conjugação de esforços comuns para a solução de problemas inerentes à vida escolar, entre outras finalidades. Aquela teoria vem sendo aplicada no âmbito do Direito do Trabalho, tendo em vista o princípio segundo o qual o empregado não corre os riscos do empreendimento econômico, uma vez que ele não participa dos lucros; dessa forma, se não há bens da sociedade capazes de suportar a execução, o patrimônio dos sócios deve responder pelos débitos. Ocorre que, sendo a executada uma sociedade civil (ou associação) sem fins lucrativos e sem distribuição de dividendos ou quaisquer vantagens, com toda a sua renda destinada ao cumprimento das finalidades relatadas, não se pode afirmar que seus "associados" beneficiaram-se do trabalho prestado pelo exeqüente, tampouco que se locupletaram à custa alheia. Mantém-se, pois, a v. decisão de primeiro grau que indeferiu o pedido relativo à desconsideração da personalidade jurídica" TRT da 3ª Região – AP 00576-2001-055-03-00-8 – Rel. Alice Monteiro de Barros – DJ 04/02/2004.[122]

Acreditamos que ambas as teorias não são devem ser aplicadas, diante da insuficiência de cada uma delas.

Primeira das teorias citadas, a teoria da aplicação ampla da desconsideração da personalidade jurídica para atingir patrimônio dos administradores, não prospera pelo seguinte:

> O entendimento acima peca por não submeter a disposição do art. 28 do CDC aos fins constitucionais (estímulo à criação e ao funcionamento sem intervenção estatal das associações – arts. 5º, incisos XVII, XVIII, XIX, art. 8º; art. 37, VI; art. 174, §2º e art. 217, I da Constituição Federal), sendo portanto inválida. (...) A leitura isolada da norma consumerista sem a

Gonçalves – DJ 19/10/2007; TJSP – AI 7281690-3 – Rel. Des. Álvaro Torres Júnior – DJ 02/11/2008.

[122] No mesmo sentido: TRT da 3ª Região – AP 5968/02 – Rel. Juiz Conv. João Eunápio Borges Jr. – DJ 09/11/2002; TRT da 3ª Região – AP 5903/2002 – Rel. Taísa Maria Macena de Lima – DJ 23/1; TRT da 20ª Região – AP 1555/2002 – Rel. Des. João Bosco Santana de Moraes – DJ 09/03/2005.

> imprescindível guia da Constituição é improsperável. Outrossim, como já mencionado, tal modo de entender ainda contraria o princípio da isonomia (art. 5º caput da CF) ao promover tratamento igualitário de pessoas jurídicas com natureza totalmente diversa. Ademais, desestimularia a criação e sobrevivência das entidades associativas, principalmente porque a maioria esmagadora dos dirigentes não percebe qualquer remuneração e abdicam de seus fazeres para poder administrar tais entidades. (...)
>
> Caso assim não fosse e se aplicasse o art. 28 do CDC indiscriminadamente para atingir o patrimônio de dirigentes das associações, estar-se-ia decretando o fim de tais entidades, pois ninguém em sã consciência se sujeitaria a abdicar de seu tempo e afazeres pessoas em benefício de outrem sem receber qualquer paga para tanto e ainda correr o risco de ver seu patrimônio pessoal arrecadado para arcar com débitos da entidade que dirigiu ou participou.
>
> Além disso, estar-se-ia contrariando o arts. 5º, incisos XVII, XVIII, XIX, art. 8º; art. 37, VI; art. 174, §2º e art. 217, I da Constituição Federal que ordena tratamento privilegiado e estímulo às associações, fazendo ruir entidades sérias e importantes para a sociedade como Clubes, Santas Casas, Asilos, Associação de Amparo a Crianças e Adolescentes, Associações de Doentes, Associações profissionais, haja vista que ninguém se proporia a dirigi-las.
>
> A aplicação ampla da teoria da desconsideração da personalidade jurídica às associações civis em relações de consumo também seria altamente prejudicial ao direito consumerista, pois muitas vezes estas entidades associativsa têm por finalidade social justamente a proteção do consumidor.
>
> Estas importantes tarefas das associações civis que substituem o Estado muitas vezes não seriam mais executadas, trazendo enorme prejuízo para a sociedade".

Já a segunda teoria, da inaplicabilidade da desconsideração da personalidade jurídica para atingir patrimônio dos dirigentes, também se mostra insuficiente pelas razões que seguem:

> Apesar de acreditarmos que este ponto de vista já é um avanço na aplicação do neoconstitucionalismo no que toca os preceitos relativos às associações, entendemos que o tratamento diferenciado não pode chegar ao extremo de blindar totalmente os dirigentes que agirem em contrariedade aos estatutos e/ou a lei e obtiveram proveito pessoal.[123]

[123] TEIXEIRA, Wendel de Brito Lemos. *A desconsideração da personalidade jurídica nas associações civis em relações de consumo à luz do neoconstitucionalismo in 20 anos do Código de Defesa do Consumidor: conquistas, desafios e perspectivas.* Renan Lotufo e Fernando Rodrigues Martins (coords). São Paulo: Saraiva, 2011; p. 211/215.

Diante disto, defendemos o cabimento de uma terceira teoria de natureza mista, capaz de exigir requisitos mais rígidos para desconsideração da personalidade jurídica para atingir patrimônio de dirigentes (compatível com a natureza jurídica *sui generis* das associações civis) sem chegar ao limite de blindá-los totalmente, como se estivessem à margem do ordenamento jurídico.

Nesta terceira corrente a que chamamos de teoria restrita condicionada, admite-se a responsabilização dos dirigentes pelos atos da associação e consequentemente a desconsideração da personalidade jurídica em caso de dolo ou má-fé e que o dirigente se beneficiou direta ou indiretamente.

Os dirigentes de associações, segundo nosso entender, somente podem ser responsabilizados com seu patrimônio pessoal quando agirem com dolo ou má-fé e tiverem benefício próprio (direta ou indiretamente).

Um exemplo das raras hipóteses em que se poderia atingir o patrimônio pessoal dos diretores de um clube seria no caso de haver comprovado que dado diretor descumpriu o estatuto para apropriar de numerário do clube. Nesse caso, caberia o atingimento do patrimônio do diretor.

Tanto é mais coerente tal teoria que a Lei Pelé (lei 9615/95) ao dispor da responsabilidade dos dirigentes de entidades desportivas, previu o art. 27 *caput* com o mesmo espírito:

> Art. 27. As entidades de prática desportiva participantes de competições profissionais e as entidades de administração de desporto ou ligas em que se organizarem, independentemente da forma jurídica adotada, sujeitam os bens particulares de seus dirigentes ao disposto no art. 50 da Lei nº 10.406, de 10 de janeiro de 2002, além das sanções e responsabilidades previstas no *caput* do art. 1.017 da Lei nº 10.406, de 10 de janeiro de 2002, na hipótese de aplicarem créditos ou bens sociais da entidade desportiva em proveito próprio ou de terceiros

Na hipótese de o administrador não participar do ato danoso ou não ter aprovado tal ato, o mesmo não poderá ser responsabilizado.

Também é importante salientar que não é somente o diretor de associação que está sujeito a tal norma, mas qualquer dono e representante de pessoa jurídica (empresa, fundação etc.).

No caso concreto ora analisado, apesar de a associação poder ser responsabilizada por qualquer infortúnio ocorrido em seu interior, como, por exemplo, a morte de alguém em algum evento, dificilmente acontecerá o atingimento do patrimônio particular de um diretor, mesmo que o clube tenha descumprido seu estatuto ou a legislação em vigor.

# 13
# ESTATUTO SOCIAL DAS ASSOCIAÇÕES

Conforme mencionado anteriormente, o estatuto contém dados da criação e prevê a regulamentação do funcionamento e extinção da associação.

Dessa forma, pode-se conceituar o estatuto como a norma interna infralegal onde prevê dados da criação e que possui por escopo regulamentar o funcionamento e extinção da associação.

Não concordamos com o entendimento de que o estatuto social somente seja aplicável aos associados.

Há uma situação em que o mesmo pode ser aplicado a terceiros, desde que a natureza do preceito estatutário possibilite tal aplicação.

Trata-se de pessoa que mesmo não sendo associado esteja (mesmo por um curto espaço de tempo) equiparado ao membro da associação.

Cite-se como exemplo uma figura bastante comum nos clubes recreativos: o convidado do associado. Apesar de tal pessoa não ser associada, a mesma está vinculada ao estatuto do clube naquilo que for compatível, porque sua natureza é equiparada ao associado.

Ademais, como bem apontou José Frederico Marques ao citar Buenaventura Pellisé Prats "os estatutos 'são leis obrigatórias para os próprios membros da Associação, e até para estranhos, enquanto não anuladas suas cláusulas'. (Buenaventura Pellisé Prats, verbete 'Asociacion', in 'Enciclopedia Juridica', 1951, tomo III/8".[124]

---

[124] RT 445/20.

Destarte, a regra estatutária de tratar com urbanidade os funcionários de uma associação ou de não indenizar furto de veículos no estacionamento da mesma a ele também é aplicável por também ser compatível com sua natureza de terceiro. Por outro lado, não pode o mesmo ser excluído da associação porque tal punição é incompatível com sua natureza de terceiro (que não é associado).

Por todo o exposto, mostra-se claro que o estatuto social é aplicável não somente aos associados, mas também às pessoas a eles equiparados, desde que o preceito aplicado seja compatível com a condição dessas pessoas.

O estatuto, apesar de ser a lei fundamental da associação, também pode ser regulamentado por regimento interno (um ou mais) e normas administrativas, as quais serão supletivas e hierarquicamente inferiores aos ditos estatutos.

Dessa forma, na hipótese de colisão entre o estatuto e o regimento interno ou norma administrativa, prevalece o estatuto por sua posição hierárquica superior.

O Regimento Interno e as atas, ao contrário do estatuto e do ato constitutivo, não precisam ser registrados para terem validade, por inexistir obrigação legal para tanto.

Se as decisões assembleares contrariarem o Código Civil, Estatuto e regimento interno da associação, as decisões serão nulas a princípio:

> AGRAVO DE INSTRUMENTO. TUTELA DE URGÊNCIA. ASSOCIAÇÃO CIVIL. DELIBERAÇÃO EM ASSEMBLEIA GERAL. DESTITUIÇÃO DE PRESIDENTE ADMINISTRATIVO. NULIDADE. NORMAS PREVISTAS NO CÓDIGO CIVIL. INOBSERVÂNCIA. VIOLAÇÃO ESTATUTÁRIA. - O art. 59 do Código Civil de 2002 estabelece que para os fins de destituição de administradores de associações, a assembleia geral deverá ser convocada com o referido intuito de forma específica, além de ser necessária a previsão no estatuto de quorum para a sua instalação. - São nulas as deliberações ocorridas em assembleia geral se verificada patente violação às previsões contidas no Código Civil e às regras previstas no próprio estatuto da associação. (TJMG - AI-Cv 1.0686.15.014677-3/001 – Rel. Des. Pedro Bernardes - DJ 28/04/2016)

No entanto, recomenda-se o regimento para dar publicidade aos mesmos.

## 13.1 INCONSTITUCIONALIDADE DO ART. 2.031 DO CÓDIGO CIVIL

Em artigo de nossa autoria sobre a legalidade da permanência da sociedade de cônjuges casados sob o regime da comunhão universal após o advento do novo Código Civil, deixamos claro nosso entendimento da inconstitucionalidade do art. 2.031 do CC[125], pelo que utilizamos o mesmo argumento na presente hipótese por sua compatibilidade lógica.

O art. 2.031 do CC regra que as associações já existentes quando do advento do novo código (entre outras pessoas jurídicas) teriam prazo certo para se adaptar às disposições do novo diploma civil.

As associações criadas sob a égide do Código Civil de 1916 não são obrigadas a se adaptarem aos dispositivos do novo diploma civil, sob pena de afronta ao princípio do direito adquirido, do ato jurídico perfeito e da segurança jurídica, conforme previsão do art. 5º, XXXVI, da Constituição Federal.

O brocardo "*lex non habet oculos retro*", ou seja, "a lei não olha para trás", é aplicável ao presente caso.

Como é notório, existe no direito a seguinte máxima: *tempus regit actum* (o ato é regido pelo tempo em que foi feito). Assim, percebe-se mais uma vez que as associações constituídas anteriormente à vigência do novo Código Civil devem ser regidas pela lei da época de sua constituição, ou seja, o Código Civil de 1916.

Por via de consequência lógica, entendemos que não é imprescindível nenhuma modificação no estatuto e ato constitutivo das associações criadas anteriormente ao novo Código Civil, haja vista que o art. 2.031 do CC é inconstitucional por afrontar o direito adquirido e o ato jurídico perfeito ao querer aplicar uma lei nova a negócios jurídicos que se deram antes de sua entrada em vigor.

As leis retroativas causam repugnância entre os operadores do Direito segundo ensinamentos de Hans Kelsen:

> As leis retroativas são consideradas censuráveis e indesejáveis porque fere nosso sentimento de justiça inflingir uma sanção, especialmente uma punição, a um indivíduo por causa de uma ação ou omissão as quais o indivíduo não poderia saber que se vincularia tal sanção.[126]

---

125 TEIXEIRA, Wendel de Brito Lemos Teixeira; ATTIE, Jose Américo Fonseca. A legalidade da permanência da sociedade de cônjuges casados sob o regime da comunhão universal após o advento do novo Código Civil. Revista Forense Eletrônica, n. 378.

126 KELSEN, Hans. *Teoria geral do direito e do estado.* São Paulo: Martins Fontes, 1998; p. 61.

Os estatutos sociais e atos constitutivos das associações são considerados atos jurídicos perfeitos e o direito das entidades associativas de se manterem regidas pela legislação da época em que foi constituída denomina-se direito adquirido.

O novo Código Civil não pode retroagir segundo se nota das palavras de Antônio Jeová dos Santos:

> Nada disso, porém, pode servir como pretexto de se emprestar efeito retroativo às regras do Código Civil de 2.002, porque a insegurança seria muito mais deletéria do que eventual imobilismo e estratificação do Direito. Os jurisdicionados necessitam estar seguros e terem certeza de que a lei posterior em nada modificará sua vida de relação e seus negócios, desde que tenham sido concretizados à época da lei revogada.[127]

Ademais, como o art. 2.031 do CC não traz sanção no caso de não adaptação, não há se falar em penalidade na hipótese de não adaptação.

Apesar da inconstitucionalidade do art. 2.031 do Código Civil e da inexistência de obrigatoriedade de se adaptar os estatutos sociais de uma associação existente antes do surgimento do novo *codex*, recomenda-se promover tal adaptação, a uma porque alguns órgãos e entidades exigem a apresentação do estatuto social adaptado, a duas porque a nova legislação se coaduna mais com a atual realidade, e a três porque existe forte corrente capitaneada por Mário Luiz Delgado[128] defendendo que não há direito adquirido frente a novo regime jurídico.

## 13.2 REQUISITOS

O art. 54 do Código Civil regra:

> Sob pena de nulidade, o estatuto social da associação conterá: I). a denominação, os fins e a sede da associação; II). os requisitos para a admissão, demissão e exclusão dos associados; III). Os direitos e deveres dos associados; IV). As fontes de recursos para sua manutenção; V). o modo de constituição e funcionamento dos órgãos deliberativos; VI). as condições para a alteração das disposições estatutárias e para a dissolução; VII). A forma de gestão administrativa e de aprovação das respectivas contas.

---

[127] SANTOS, Antônio Jeová. *Direito intertemporal e o novo Código Civil*: aplicações da Lei 10.406/2002. São Paulo: Editora Revista dos Tribunais, 2003; p. 51.

[128] DELGADO, Mário Luiz. *Problemas de direito intertemporal no Código Civil*: doutrina e jurisprudência. São Paulo: Saraiva, 2004; p. 79 e 81.

> Trata-se de requisitos obrigatórios para validade do estatuto. Além desses requisitos, pode o estatuto prever outras questões.

A ausência de tais requisitos não gera a irregularidade da associação, mas tão-somente a nulidade do estatuto (art. 54 do CC), fazendo com que a associação seja disciplinada pela legislação e princípios gerais de direito.

Ademais, a previsão de nulidade do estatuto do art. 54 do CC em caso de ausência de algum(ns) do(s) requisito(s) é totalmente irrazoável e desproporcional.

Óbvio que os requisitos previstos no citado dispositivo legal são importantes, mas não ao ponto de gerar a nulidade de todo o estatuto social.

Cite-se, por exemplo, uma associação com vários anos de existência em uma cidade que, quando da adaptação do seu estatuto social ao Código Civil de 2002, se olvida de prever a sede da associação.

Sob a redação fria do art. 54 do CC, todo o estatuto social seria nulo e, sendo nulo, não poderia haver a supressão de tal omissão.

Melhor seria se o legislador tivesse taxado a ausência dos requisitos estatutários como causa de anulabilidade, passível de ser regularizada. No caso hipotético supracitado, se a ausência do requisito fosse somente motivo de anulabilidade, a associação poderia promover alteração em seu estatuto para prever a sua sede.

Tanto é desarrazoável a estipulação de nulidade em caso de ausência de algum requisito estatutário que o art. 46 do CC, ao prever vários critérios para o registro de várias outras pessoas jurídicas, não taxa a ausência de algum(ns) dele(s) como causa de nulidade, o que acarreta, por via de consequência, considerar o ato constitutivo dessas pessoas jurídicas como anulável. Não há justificativa para taxar como nula a ausência dos requisitos estatutários e anuláveis a ausência dos requisitos do ato constitutivo.

Assim, interessante seria a feitura e aprovação de um projeto de lei substituindo a previsão de nulidade do *caput* do art. 54 do CC por anulabilidade.

Conforme aponta Silvio de Salvo Venosa, o estatuto social é norma obrigatória para os que são seus fundadores e os que no futuro venham a dela participar.[129] Pela importância do tema, passamos a analisar cada um dos requisitos obrigatórios do estatuto social.

---

129 VENOSA, Silvio Salvo. *Direito Civil.* São Paulo: Editora Atlas, 2004; p. 278.

### 13.2.1 Denominação

O primeiro requisito previsto é a denominação da associação, a qual é extremamente importante, pois a individualiza perante terceiros e possibilita o exercício dos direitos da personalidade (art. 52 do Código Civil). Pode por exemplo, ingressar com ação judicial para promover a proteção de sua denominação de confusão decorrente da utilização de denominação idêntica ou muito semelhante por outra pessoa jurídica (inclusive outra associação), para evitar parasitismo ou qualquer outra ilicitude em relação à sua denominação. A associação pode, por exemplo, ingressar com ação para proibir a publicação ou divulgação de textos depreciativos (inclusive na internet) acerca de sua respeitabilidade com fulcro no art. 20 do CC.

A denominação está para a associação assim como o nome está para a pessoa física.

Como bem colocado por Alfredo de Assis Gonçalves Neto, à denominação social das associações civis é aplicada os mesmos princípios que orientam a composição de nomes empresariais, no que couber.[130]

A jurisprudência deixa patente a possibilidade de se obrigar associação civil a alterar denominação social que confunda com órgão público:

> ADMINISTRATIVO. AÇÃO DECLARATÓRIA DE NULIDADE. REGISTRO E USO DE MARCA. INPI. ART. 124, INCISO I, DA LEI DE PROPRIEDADE INDUSTRIAL. 1. Nos termos do art. 124, I, da Lei nº 9.279/96 (Lei de Propriedade Industrial), é vedado o registro como marca de 'brasão, armas, medalha, bandeira, emblema, distintivo e monumento oficiais, públicos, nacionais, estrangeiros ou internacionais, bem como a respectiva designação, figura ou imitação'. 2. Na hipótese, o registro obtido pela ré infringe de forma manifesta o referido dispositivo legal, tendo em vista a notória semelhança entre a marca por ela utilizada e o emblema oficial do INSS. 3. Sentença mantida por seus próprios fundamentos. (TJSC - APELAÇÃO CÍVEL Nº 5002000-08.2012.404.7213/SC – Rel. Des. LUÍS ALBERTO D AZEVEDO AURVALLE – DJ 18/02/2014)

Não precisa e não pode constar a expressão "limitada ou ltda" nas associações, haja vista que a própria natureza de tal pessoa jurídica já distingue a

---

130 GONÇALVES NETO, Alfredo de Assis. *O estatuto da associação: conteúdo e limites in* FRAZÃO, Ana et al. *Associações: constituição, fundamentos e perspectivas.* Rio de Janeiro: Processo, 2017; p. 11.

mesma de seus associados, fazendo com que a responsabilidade seja limitada ao patrimônio da entidade.

Tampouco se pode nominar as associações como "s/c – sociedade civil", pois, após o novo *codex*, tratam-se de pessoas jurídicas diversas.

Depreende-se ainda do art. 50 do Código Civil que o legislador, ao dispor ser possível excepcionalmente atingir os bens particulares dos administradores ou sócios, quis dizer ser regra a separação da pessoa jurídica (e do patrimônio, direitos e obrigações) de seu membro.

O CPC em seus arts. 790 e 795 deixa claro que os bens dos sócios não respondem pelas obrigações da sociedade. Aplica-se analogicamente tais artigos às associações por sua compatibilidade.Assim, desde que se trate de associação legalmente instituída, a sua responsabilidade será limitada ao patrimônio da entidade.

Dessa forma, a denominação social de uma entidade (no caso uma associação de agricultores) não seria, por exemplo, "Associação de Agricultores de Patrocínio Ltda", e sim "Associação de Agricultores de Patrocínio", devendo, obviamente, constar em seu estatuto social e ato constitutivo que se trata de uma associação civil de direito privado ou pessoa jurídica de direito privado na forma de associação civil.

Como a denominação das associações é livremente escolhida, também pode ser livremente modificada por seus associados.

É a partir da inscrição do ato constitutivo no Cartório do Registro Civil de Pessoas Jurídica que se nasce a proteção à denominação das associações civis.[131]

Como o registro das associações são feitos no Cartório de Registro Civil de Pessoas Jurídicas e sua abrangência é apenas da Comarca, a proteção diante da anterioridade e da especificidade, pode ter proteção de acordo com sua atuação (municipal, regional, estadual ou local).[132]

---

[131] MONTEIRO FILHO, Raphael de Barros et al. *Comentários ao novo código civil: das pessoas (Arts. 1º a 78), volume I;* coord. Sálvio de Figueiredo Teixeira. Rio de Janeiro: Forense, 2010; p. 896.

[132] Neste sentido: STJ – Resp 555086 – Rel. Min. Jorge Scartezzini – DJ 14/12/2004.

### 13.2.2 Os fins

Os fins ou objeto associativo é a verdadeira razão de ser das associações. É o motivo pelo qual a associação foi criada. É da análise dos fins que se depreende se a associação é lícita ou ilícita.

Os fins podem ser das mais variadas espécies, como, por exemplo: recreativo, esportivo, cultural, científico etc. A evolução da sociedade e a maior complexidade das relações humanas fazem nascer associações com fins antes inimagináveis.

Quaisquer que sejam os fins da associação, o que importa é que os mesmos não sejam ilícitos, pois, nesse caso, acarreta a dissolução do ente associativo. Não se pode criar entidade associativa proibida em lei ou quando reservada a alguma entidade. Desta forma, não se pode criar outra Ordem dos Advogados do Brasil para se aplicar o Exame da Ordem. Pode-se, no entanto, criar outras entidades de advogados sem as prerrogativas da Ordem dos Advogados. Da mesma forma, não se pode criar uma associação com roupagem idêntica de partido político, mas pode-se criar associação para fiscalização política e atuação no que não configurar os partidos políticos.[133]

Também não se admite associações com fins impossíveis (art. 104, II, do CC). Conforme ensina Rizzardo, "a impossibilidade classifica-se em natural ou física e jurídica".[134] A impossibilidade natural ou física dá-se quando os fins da associação são faticamente impossíveis de serem alcançados, enquanto a impossibilidade jurídica se dá quando as associações possuírem finalidade contrária à lei.

Ainda não será admitida a associação com fins indeterminados ou indetermináveis (art. 104, II, do CC).

Os associados podem alterar os fins da associação desde que a mesma permaneça não tendo fins lucrativos. O Código Civil alemão (BGB) admite expressamente em seu art. 33 a alteração da finalidade da associação.

A associação que não cumpre seus fins sociais pode ser dissolvida judicialmente conforme mencionado no tópico 7.1.

---

133 No mesmo sentido: PAES, José Eduardo Sabo. *Fudanções, associações e entidades de interesse social: aspectos jurídicos, administrativos, contábeis, trabalhistas e tributários.* Rio de Janeiro: Forense, 2018; p.36.

134 RIZZARDO, Arnaldo. *Parte geral do Código Civil.* Rio de Janeiro: Forense, 2003; p. 504.

### 13.2.3 A sede

Para se obter a personalidade jurídica, a associação deve ter uma sede e fazê-la constar em seu estatuto.

A sede da pessoa jurídica serve para fixar o domicílio da mesma, conforme se depreende do art. 75, IV, do Código Civil.

Via de regra, a sede da pessoa jurídica é o lugar onde funcionam as respectivas diretorias e administrações, entretanto admite-se que o estatuto ou ato constitutivo eleja domicílio especial (art. 75, IV, do Código Civil).

A importância da sede da associação, segundo Guido Alpa, dá-se: a) para a formação do contrato de associação; b) no caso de execução do contrato onde se aplica a mesma lei da sede; c) para saber qual o juízo competente para dirimir controvérsias em contratos envolvendo a associação.[135]

Conforme menciona Francisco Amaral, "a associação como qualquer pessoa jurídica, pode ter sedes locais, diversos estabelecimentos em lugares diferentes, que desenvolvem atividades periféricas..."[136]. Caso a associação tenha diversos estabelecimentos em lugares diferentes, cada um deles será considerado domicílio para os atos nele praticados (art. 75 do Código Civil).

Para se obter a personalidade jurídica, a associação deve ter uma sede (mesmo que provisória) e constá-la em seu estatuto. Trata-se de segurança jurídica aos associados e aos terceiros que contratarem com a associação.

A sede pode ser em qualquer local onde haja endereço válido (imóvel comercial, imóvel rural, sala comercial, casa, apartamento etc.). Isto porque, principalmente, no início das associações, não é raro que as entidades associativas não tenham recursos ou condições de possuir sede própria, sendo necessária muitas vezes a utilização de residência ou imóvel comercial de algum membro para começar suas atividades. E como o ordenamento jurídico brasileiro não veda tal prática e impõe o estímulo às associações, não vemos ilegalidade em tal conduta. [137]

---

[135] *Op. cit.*, p. 491.

[136] AMARAL, Francisco. *Direito civil*: introdução. 5. ed. rev., atual. e aum. Rio de Janeiro: Renovar, 2003; p. 290.

[137] No mesmo sentido: GONÇALVES NETO, Alfredo de Assis. *O estatuto da associação: conteúdo e limites in* FRAZÃO, Ana et al. *Associações: constituição, fundamentos e perspectivas*. Rio de Janeiro: Processo, 2017; p. 14.

### 13.2.4 Tempo de duração

Como dito anteriormente, a dinâmica das relações humanas pode fazer nascer associações com as mais diversas finalidades. Dessa forma, pode haver necessidade da existência de uma associação durante um prazo determinado. Pode-se citar, por exemplo, a existência de uma associação com o escopo de prestar assistência jurídica, econômica e social às famílias afetadas pela construção de uma barragem. Assim, a existência da associação pode ser por prazo determinado.

A determinação do tempo de duração pode se dar tanto com a utilização de uma data específica (ex.: 21 de março de 2010) quanto por uma condição futura e certa, mas sem data específica (ex.: ao final da construção de casas de famílias desabrigadas por uma catástrofe).

O mais comum, entretanto, é que as associações tenham duração indeterminada.

Mesmo com prazo determinado, a assembléia geral dos membros pode prorrogar tal prazo ou torná-la por prazo indeterminado caso seja interesse dos mesmos, haja vista que a legislação brasileira estimula a existência e continuidade das entidades associativas.

### 13.2.5 Os critérios para admissão, demissão, exclusão e penalidades de associados

A exigência de que constem os critérios de admissão, demissão e exclusão dos associados teve por intuito defender estes perante os desmandos da administração.

#### 13.2.5.1. Admissão

Os critérios para admissão devem estar previstos no estatuto, podendo fazer remissão a normas hierarquicamente inferiores, sob pena de inflacionar o estatuto da entidade. Dessa forma, não seria crível que o estatuto descesse a minúcias para constar, por exemplo, quais documentos são necessários para se fazer o pedido de admissão perante a entidade, bastando que conste no estatuto a remissão à norma hierarquicamente inferior como regimento interno ou circular interna etc.

A associação pode ser expressa ou tácita. Ainda que o estatuto exija aprovação da Diretoria, se não houver tal aprovação, mas houver atos demonstrando a aceitação da pessoa como associada, o requisito restará preenchido. Isto porque não crível excluir um associado que, por exemplo, promova o pagamento de mensalidades durante um ano sob a alegação de que haveria necessidade de admissão expressa.

A associação não é obrigada a aceitar quem não deseje, salvo se o ingresso na mesma seja condição *sine qua non* para exercício de dada profissão ou se tratar de associação que exerça atividade em monopólio. Nas exceções mencionadas, a associação somente pode recusar o ingresso do associado que necessita de sua admissão para exercício de dada profissão ou em atividade que atue em monopólio, caso este não cumpra os requisitos legais para tanto.

Conforme ensina Francesco Galgano, a associação pode recusar o ingresso de algum pretendente. Tal entendimento dá-se pelo fato de que o pedido de admissão é uma proposta de contrato, tendo a associação autonomia contratual para desejar contratar (aceitar o proponente como associado) ou não.[138]

A associação pode exigir certas características específicas para o ingresso. Assim, uma associação de franceses residentes no Brasil pode exigir que seus membros sejam franceses residindo no país. A natureza do objeto social permite fazer tal seletividade. Lorenzetti também aponta no mesmo sentido:

> Todo grupo está composto por indivíduos que têm determinadas características comuns, como, por exemplo, os aposentados, os consumidores, ou porque compartilham um objetivo. Este último pode consistir em proibições abertas ao ingresso a um grupo, como a defesa do meio ambiente ou dos direitos humanos. Naturalmente, aqueles que não reúnem essas características não podem pertencer ao grupo, e isso é legítimo.[139-140]

Pode ainda recusar a admissão de "quem possui antecedentes criminais, foi expulso de outra instituição ou não apresenta as credenciais reclamadas pela natureza das atividades impostas pelo objeto associativo".[141]

---

138 *Op. cit.*, p. 229.

139 *Op. cit.*, p. 205.

140 No mesmo sentido: AZEVEDO, Álvaro Villaça. *Código civil comentado:* das pessoas e dos bens: artigos 1 a 103, volume I/ Álvaro Villaça Azevedo, Gustavo René Nicolau; Coordenador Álvaro Villaça de Azevedo. São Paulo: Atlas, 2007; p. 141 e 145.

141 MONTEIRO FILHO, Raphael de Barros et al. *Comentários ao novo código civil: das pessoas (Arts. 1º a 78), volume I;* coord. Sálvio de Figueiredo Teixeira. Rio de Janeiro: Forense, 2010; p. 917.

Assim, a associação pode recusar o ingresso de alguém sem justificar tal decisão.[142] Trata-se, como dito, de autonomia contratual da associação que é uma pessoa jurídica *intuitu personae*.

Da mesma forma que ninguém é obrigado a contratar e explicar os motivos para tanto, a associação não é obrigada a aceitar um associado que não deseje e tampouco tem o dever ou obrigação de motivar tal recusa[143], conforme bem apontado pelo TJSP:

> INDENIZAÇÃO - Danos morais - Rejeição de ingresso no corpo social de clube - Alegação de irreparáveis danos à imagem do autor e sua família - Inadmissibilidade - Hipótese em que os motivos da rejeição não foram revelados - Não comprovação da existência da suposta discriminação - Apelante, ademais, que se incumbiu de divulgar o fato à coletividade - Direito da sociedade civil em recusar associado - Decisão discricionária que não reclama fundamentação - Recurso não provido. (Relator: Benedicto Camargo - Apelação Cível n. 241.829-2 - São Paulo - 01/11/94).

Apesar de estar desobrigada a informar os motivos da não admissão de um associado, é vedada a discriminação (diferenciação ilícita).

O TJSP também entendeu ser ilegal possibilitar o ingresso de cônjuges e impedir o ingresso de conviventes em dada associação segundo o aresto seguinte:

> ASSOCIAÇÃO CIVIL - Clube social e recreativo - Estatuto social que faz distinção entre cônjuge e convivente do associado, para fins de inclusão como dependente ou beneficiário - Inadmissibilidade - Regra que não pode subsistir em face de norma constitucional que reconhece a união estável como entidade familiar.[144]

O STJ em importante precedente entendeu não ser possível a uma associação discriminar um menor sob a guarda do avô de outras crianças que são filhas de associados:

---

[142] No mesmo sentido: MONTEIRO FILHO, Raphael de Barros et al. *Comentários ao novo código civil: das pessoas (Arts. 1º a 78), volume I;* coord. Sálvio de Figueiredo Teixeira. Rio de Janeiro: Forense, 2010; p. 919.

[143] No mesmo sentido: MENDES, Gilmar Ferreira et al. *Curso de direito constitucional.* São Paulo: Saraiva, 2010, p. 503.

[144] RT 778/247.

> CLUBE SOCIAL, DEPENDENTE. MENOR SOB GUARDA.
> Garante-se aos associados dispor, nos estatutos do clube, da forma que mais conveniente lhes parecer quanto ao acesso ao quadro social. Não é possível, entretanto, estabelecer discriminação que a lei não admite. (STJ – REsp 93634 – Rel. Min. Eduardo Ribeiro – DJ 24/08/1999)

Da mesma forma, seria discriminatória a não admissão por uma associação de união entre pessoas do mesmo sexo vivendo em união estável, pois a ADI 4277 e ADPF 132 julgadas pelo STF reconhecerem tal espécie de união como entidade familiar.

Já nos EUA, a questão ainda instiga debates. A Suprema Corte Norte Americana entendeu ser inconstitucional uma associação que somente admitia homens dos 18 aos 35 anos de idade, por discriminar mulheres sem uma justa causa em *Robert v United States Jaycees,* 468 EUA 609 (1984). Já em outra situação, entendeu que uma associação de escoteiros poderia negar um homossexual a ser líder dos escoteiros por entender como justificada tal negativa (*Boy Scouts of América v Dale,* 530 EUA 640 2000).

O que se percebe é que a linha que separa a discriminação e a seletividade legal é bastante tênue, necessitando de análise no caso concreto para determinar a legalidade ou não das diferenciações existentes.

Assim, será muito tormentosa a comprovação de discriminação pelo fato de a associação não ser obrigada a justificar a não admissão de proponente e de ser deste último o ônus da prova da situação discriminatória.

A análise do pedido de admissão, na omissão do estatuto, é feita pela diretoria, por se tratar de uma decisão administrativa de menor importância e por ser impraticável em grandes associações o ato de levar à assembléia cada pedido de admissão de um pretenso novo associado.

O Tribunal de Palermo, em 9 de agosto de 1985, in Societá, 1985, p. 1301, decidiu, explicitando este mesmo entendimento:

> o ingresso de um novo membro é fenômeno normal na vida de uma associação, que tem por regra uma estrutura aberta. Por isso, no silêncio do estatuto, a aceitação da proposta de admissão é de competência do órgão administrativo, não da assembléia.[145]

O art. 56 do Código Civil reza que "a qualidade de associado é intransmissível, se o estatuto não dispuser o contrário". O parágrafo único desse artigo, por sua vez, menciona que,

---

145 GALGANO, Francesco. *Diritto civile e commerciale.* Vol. 1º. Padova: CEDAM, 1993; p. 208.

> se o associado for titular de quota ou fração ideal do patrimônio da associação, a transferência daquela não importará, de per si, na atribuição da qualidade de associado ao adquirente ou ao herdeiro, salvo disposição diversa do estatuto.

Do espírito dos dispositivos legais supra, resta claro que o indivíduo somente poderá transferir sua condição de associado se constar expressamente tal autorização no estatuto. Caso conste proibição expressa no estatuto de transferência da qualidade de associado ou quede-se o estatuto silente quanto a esta questão, o associado não poderá transferir a sua qualidade de associado.

A estipulação da intransmissibilidade da condição de associado como regra teve por intuito vedar o ingresso de pessoas alheias ao interesse da associação.[146]

### 13.2.5.2. Demissão

Quanto ao desligamento do associado, pode se dar de ) 2 (duas) formas: demissão e exclusão.

A demissão que, segundo acreditamos, tem raízes no pleito de demissão do direito cooperativo é o pedido do próprio associado para se desligar da associação. É a emanação do dispositivo constitucional prevendo que ninguém é obrigado a continuar filiado a uma entidade associativa contra sua vontade.

O filólogo jurídico De Plácido e Silva ensina:

> demissão é derivado de demissio, do verbo latino demittere (deixar cair, fazer, descer), em sentido geral, quer o vocábulo significar o ato pelo qual a pessoa deixa ou abandona alguma coisa, ou renuncia a qualquer benefício de bens ou de direitos. Neste particular, possui, então, a equivalência de desistência, de abandono, ou de resignação.[147]

A demissão possui, portanto, idéia de desistência, abandono ou de resignação.

O pedido de demissão pode ser expresso ou tácito.

O pedido de demissão é expresso quando o associado o exterioriza expressamente e é tácito quando da conduta do mesmo se depreende a intenção de não mais fazer parte da associação. Paulo Gustavo Gonet Branco, Gilmar Mendes e Inocêncio Mártires Coelho apontam no mesmo sentido:

---

[146] DINIZ, Maria Helena. *Op. cit.*, p. 245.

[147] SILVA, De Plácido e. *Vocabulário Jurídico*. 11. ed. Rio de Janeiro: Forense, 1991; p. 30.

> Assim, em outras associações, sem fins de representação de interesses de uma classe, a dissensão com a linha de orientação predominante da associação pode ser tipificada internamente como causa de afastamento do associado[148]

Cite-se como pedido de demissão tácito o do associado inadimplente por 2 (dois) meses quando o estatuto social regra que o mesmo será excluído da associação quando deixar de pagar 2 (duas) mensalidades. Do seu ato de não pagar, depreende-se a intenção de não mais fazer parte da associação, podendo ser excluído. A 3ª Câmara Cível da Corte de Cassação da França também entendeu da mesma forma:

A adesão á uma associação, assim como a retirada, é livre, salvo exceções. O não pagamento por um associado de suas contribuições manifesta a vontade de deixar de fazer parte da associação (Corte de Cassação da França – 3ª Câm. Cív. – 20 de dezembro de 2006 – Bull. Civ. III, nº 2555; D. 2007)[149]

A jurisprudência também demonstra a validade da demissão por atos incompatíveis com a intenção de não fazer parte da associação (demissão tácita), inexistindo obrigação legal de direito de defesa nessa situação:

> EXCLUSÃO AUTOMÁTICA DE SÓCIO EM RAZÃO DE INADIMPLÊNCIA EMBASADA EM REGRA ESTATUTÁRIA PERFEITAMENTE VÁLIDA. MORA QUE SE CONSTITUI INDEPENDENTEMENTE DE NOTIFICAÇÃO. RECURSO CONHECIDO E PROVIDO PARA JULGAR IMPROCEDENTE O PEDIDO DE REINSERÇÃO NOS QUADROS DE SÓCIO DO CLUBE E PARTICIPAÇÃO NA PARTILHA SOBRE A VENDA DO PATRIMÔNIO DA ASSOCIAÇÃO. DECISÃO POR MAIORIA. (TJRJ – ApCiv 49016/2008, 8ª CC, Rel. Des. Gabriel Zéfiro, j. em 04/11/08).

E mais:

> AÇÃO ANULATÓRIA. EXCLUSÃO DE SÓCIO PROPRIETÁRIO DE CLUBE. INADIMPLÊNCIA. POSSIBILIDADE. Ação anulatória ajuizada por ex-sócio proprietário de clube ao argumento de que sua exclusão desrespeitou o princípio da ampla defesa e do contraditório, na medida em que em nenhum momento foi o Autor notificado a compor sua dívida. Pretensão de reintegração nos quadros sociais do clube, com a conseqüente anulação do ato de exclusão, para o fim de permitir-se

---

148 MENDES, Gilmar Ferreira et al. *Curso de direito constitucional*. São Paulo: Saraiva, 2010, p. 503.

149 DAMAREY, Stéphaine et al. *Code des associations et fundations commenté*. Dalloz: Paris, 2012; p.21.

> a participação do Autor na partilha do numerário relativo à venda do patrimônio do clube. Sentença de improcedência. Apelação do Autor. Argumentos despidos de força suficiente e necessária à ação da bem lançada sentença. Descumprimento da norma inserida no art. 333, I, do CPC, eis que o Autor não trouxe aos autos prova de sua qualidade de sócio, nem tampouco qualquer comprovante de pagamento de mensalidade. Previsão estatutária no sentido de que o título é a própria garantia da dívida que atinja 80% de seu valor. Ausência de ilegalidade da norma. Devedor confesso que por anos a fio deixou de adimplir com as obrigações necessárias à manutenção da vida associativa, impossibilitando, desta forma, a sua reintegração no quadro social, sob pena de enriquecimento sem causa, ainda que se tivesse comprovado a sua qualidade de sócio, a qual, ressalte-se e repita-se, não restou demonstrada. Recurso ao qual se nega provimento. (TJRJ – ApCiv 46656/2008, 8ª CC, rel. Des. Orlando Secco, j. em 27/01/09).

No presente caso (pedido de demissão – expresso ou tácito), não há se falar em aplicabilidade do art. 57 do CC e direito de defesa, porque se trata de emanação de intenção do próprio associado.

Para fazer valer seu direito de demissão perante a associação na modalidade expressa, basta que a pessoa formule tal pedido. A associação não pode negar o pedido de demissão e nem condicionar tal saída ao cumprimento de obrigações pendentes, salvo as relativas à formalidade do próprio pedido de demissão como, por exemplo, o reconhecimento de firma desse pedido ou exigências previstas no Estatuto. Poderá a associação tão-somente cobrar pelos meios ordinários os débitos ou obrigações pendentes do associado retirante, sendo vedado condicionar o pagamento para ultimar a desvinculação com a entidade. Há repercussão geral reconhecida no RE 820823 RG/DF de relatoria do Min. Luiz Fux, analisando a legalidade ou não do condicionamento de pagamento de débitos para a retirada da associação, onde consta com parecer da Procuradoria Geral da República pela impossibilidade de fazer tal condicionamento.

A cláusula penal prevendo indenização no caso de desligamento de associação somente será lícita se houver uma justa causa para sua existência.

O pedido de demissão expresso por ser exteriorização da vontade do próprio associado deve ser feito por escrito pelo mesmo perante a associação. Enquanto não for firmado tal pedido formal de demissão, o associado permanece ligado à entidade, respondendo por todas as obrigações, pois não cabe à associação adivinhar o pensamento de seus membros.

Se não houver disposição estatutária em sentido contrário, o associado titular poderá pedir a demissão (desligamento) de qualquer de seus dependentes, uma vez que tal poder é inerente à condição de dependência existente entre titular e o sócio a ele vinculado. O TJMG já teve oportunidade de analisar questão idêntica e não destoou:

> AÇÃO COMINATÓRIA – COTA DE CLUBE – PEDIDO DE EXCLUSÃO DE DEPENDENTE – DIREITO DO SÓCIO. O sócio proprietário de cota tem direito de requerer a exclusão de dependente incluído a seu pedido, se inexistente afronta à legislação e as normas internas do Clube. (TJMG – Recurso 1044306030967-3 – Rel. Des. Alvimar de Ávila – DJ 07/07/2010)
>
> APELAÇÃO CÍVEL - AÇÃO DE INDENIZAÇÃO POR DANOS MORAIS - QUOTA DE CLUBE - PEDIDO DE EXCLUSÃO DE DEPENDENTE - DIREITO DO SÓCIO. Consoante reiterada jurisprudência desta Corte, o dever de indenizar encontra suas diretrizes no artigo 186 do Código Civi, que preconiza que todo aquele que, por ação ou omissão voluntária, negligência ou imprudência, violar direito ou causar prejuízo a outrem, fica obrigado a reparar o dano, evidenciando, essa norma, a adoção, pela lei, da teoria subjetiva relativamente à responsabilidade civil; O sócio proprietário de quota tem direito de requerer a exclusão de dependente, se inexistente afronta à legislação e as normas internas do clube. V.V.: APELAÇÃO CÍVEL - AÇÃO ORDINÁRIA - IMPROCEDÊNCIA - HONORÁRIOS ADVOCATÍCIOS - ARBITRAMENTO EQUITATIVO. Não havendo condenação, os honorários advocatícios de sucumbência devem ser arbitrados equitativamente (CPC, art. 20, § 4º). (TJMG - AC 1.0024.08.221081-6/001 –Relator Des. Domingos Coelho - DJ 25/02/2015)

Quando se tratar de associação de moradores que presta determinados serviços, o ato de pedir demissão da associação não retira a obrigatoriedade de arcar com os serviços que lhes forem benéficos, sob pena de enriquecimento sem causa. Mister se faz esclarecer que para definir se há ou não a obrigatoriedade de determinado morador pagar taxa associativa à associação de moradores para prestação de serviços vários, deve-se observar o que ocorreu primeiro: sua residência ou a associação.[150] Se o morador comprou sua propriedade antes da criação da associação e não concordou com a criação da mesma e tampouco se filiou, não poderá ser compelido a pagar tais taxas. De outro norte, se o

---

[150] Em sentido semelhante: FARIAS, Cristiano Chaves de e ROSENVALD, Nelson. *Direito civil: teoria geral*. Lumen Júris, 2011; p. 387.

imóvel adquirido do autor já se encontrava inserido na associação de moradores, a taxa associativa será devida. Lapidar, portanto o acórdão infra:

> APELAÇÃO. COBRANÇA DE CONTRIBUIÇÃO ASSOCIATIVA. PRESCRIÇÃO QUINQUENAL. ASSOCIAÇÃO DE MORADORES. ADESÃO AO ESTATUDO. COBRANÇA DEVIDA. A ação de cobrança de contribuição de associação de moradores, previstas em escritura pública de compra e venda de imóvel, é de 5 (cinco) anos. Não ocorre infringência à liberdade de associação quando o adquirente do imóvel adere a convenção da associação de moradores, que prevê rateio das despesas. Hipótese em que a adesão a convenção da associação de moradores foi registrada na escritura de compra e venda do imóvel. 1 - Processo: Apelação Cível. (TJMG – Recurso 1018809088332-6/001 – Rel. Des. Tiago Pinto – DJ 21/03/2013)

A título de informação, devemos trazer à lume que o STF tem pronunciamento apontando como indevida a cobrança de taxa associativa/mensalidade de não associados:

> ASSOCIAÇÃO DE MORADORES – MENSALIDADE – AUSÊNCIA DE ADESÃO. Por não se confundir a associação de moradores com o condomínio disciplinado pela Lei nº 4.591/64, descabe, a pretexto de evitar vantagem sem causa, impor mensalidade a morador ou a proprietário de imóvel que a ela não tenha aderido. Considerações sobre o princípio da legalidade e da autonomia da manifestação de vontade – artigo 5º, incisos II e XX, da Constituição Federal. (STF – RE 432106/RJ – Rel. Min. Marco Aurélio – DJ 20/09/2011)[151]

Alguns precedentes mais antigos do STJ entendem que é lícita a cobrança de despesas associativas em associação de moradores para evitar o enriquecimento sem causa:

> LOTEAMENTO. ASSOCIAÇÃO DE MORADORES. DESPESAS COMUNS. RECURSO ESPECIAL COM BASE NA ALÍNEA "C".
>
> – Não-cumprimento das exigências previstas nos arts. 541, parágrafo único, do CPC, e 255, § 2º, do RISTJ. Dissonância interpretativa indemonstrada.
>
> – Cabe ao proprietário de imóvel integrante de loteamento administrado por entidade que presta serviços no interesse da comunidade

[151] No mesmo sentido: STJ – AgRg no REsp 1296548 – Rel. Min. Paulo de Tarso Sanseverino – DJ 02/05/2013; STJ – EREsp 444931 0 – Rel. p/ acórdão Min. Humberto Gomes de Barros – DJ 01/02/2006; STJ – AgRg no REsp 1096413 – Rel. Min. Antônio Carlos Ferreira – DJ 06/12/2012.

> contribuir para as despesas comuns, sob pena de enriquecimento injusto. Precedentes do STJ.
>
> Recurso especial não conhecido. (STJ – REsp 139159 – Rel. Min. Barros Monteiro – DJ 04/09/2003)
>
> Já a exclusão é a forma de desligamento compulsório de associado, não se confundindo com a demissão que é exteriorização do interesse do associado de não mais fazer parte da associação.

Atualmente, a matéria está sendo discutido no STF em repercussão geral no RE 696911 de relatoria do Min. Dias Toffolli com parecer favorável da Procuradoria Geral da República apontando pela legalidade da cobrança da taxa associativa em loteamentos fechados de não associados.

Ainda houve o advento da lei 13465/2017 que alterou a lei 6766/79 que acrescentou o art. 36-A com o seguinte teor:

> "Art. 36-A. As atividades desenvolvidas pelas associações de proprietários de imóveis, titulares de direitos ou moradores em loteamentos ou empreendimentos assemelhados, desde que não tenham fins lucrativos, bem como pelas entidades civis organizadas em função da solidariedade de interesses coletivos desse público com o objetivo de administração, conservação, manutenção, disciplina de utilização e convivência, visando à valorização dos imóveis que compõem o empreendimento, tendo em vista a sua natureza jurídica, vinculam-se, por critérios de afinidade, similitude e conexão, à atividade de administração de imóveis.

Parágrafo único. A administração de imóveis na forma do caput deste artigo sujeita seus titulares à normatização e à disciplina constantes de seus atos constitutivos, cotizando-se na forma desses atos para suportar a consecução dos seus objetivos."

Na prática, a lei 13465/2017 veio positivar a obrigação de moradores não associados a arcarem com as despesas em loteamentos fechados ou condomínio de lotes.

Como tal alteração foi feita por lei ordinária e a matéria é constitucional, o RE 696911 com repercussão geral sobre o tema não perderá o objeto, a nosso ver.

**13.2.5.3. Exclusão**

O art. 54 do Código Civil regra:

Sob pena de nulidade, o estatuto social da associação conterá: I). (...); II). os requisitos para a admissão, demissão e exclusão dos associados;

Da simples leitura do art. 54 do CC, mostra-se facilmente a diferenciação entre demissão e exclusão.

A redação original do Código Civil dispunha em seu art. 57:

> A exclusão do associado só é admissível havendo justa causa, obedecido o disposto no estatuto; sendo este omisso, poderá também ocorrer se for reconhecida a existência de motivos graves, em deliberação fundamentada, pela maioria absoluta dos presentes à assembléia geral especialmente convocada para esse fim. Parágrafo único – Da decisão do órgão, que, de conformidade com o estatuto, decretar a exclusão, caberá sempre recurso à assembléia geral.

Praticamente, todos os doutrinadores apontavam que sempre caberia ao associado excluído recurso para a assembléia geral.

O STJ, quando da vigência da redação supra do art. 57, parágrafo único, do CC, apontou que sempre caberia recurso para a assembléia geral contra a decisão que excluiu associado cuja ementa é vazada nos seguintes termos:

> DIREITO CIVIL. RECURSO ESPECIAL. SOCIEDADE CIVIL. EXCLUSÃO DE SÓCIO. RECURSO. ASSEMBLÉIA GERAL. A teor do Art. 57, parágrafo único, do novo Código Civil, o sócio excluído por deliberação que não seja de assembléia geral expõe-se a recurso para este órgão. (STJ – RESP 758.621-RJ – Rel. Min. Humberto Gomes de Barros – 3ª T. – DJ 09/08/2005).

O relator do julgado supra em seu voto mencionou: "o legislador quis deixar – sempre e invariavelmente – a decisão final para a assembléia geral. Definida a exclusão por qualquer outro órgão previsto no estatuto que não seja a assembléia, a esta caberá examinar o recurso."

Posteriormente, no entanto, adveio alteração legislativa justamente no art. 57, parágrafo único. A Lei 11.127/2005 revogou o parágrafo único do dito dispositivo legal e alterou a redação do *caput*, fazendo com que não seja mais necessário recurso para a assembléia. A nova redação do art. 57 dispôs que "a exclusão do associado só é admissível havendo justa causa, assim reconhecida em procedimento em que assegure direito de defesa e de recurso, nos termos previstos no estatuto".

Destarte, a exclusão do associado pode ser feita sem a necessidade de recurso para a assembléia geral, mas tão-somente para a pessoa ou órgão competente que não a dita assembléia, desde que previsto no estatuto.

É necessário, no entanto, que seja assegurado o direito de defesa. Na verdade, mesmo antes da nova redação do parágrafo único do art. 57, ainda era necessário possibilitar o direito de defesa ao associado antes de excluí-lo por força do art. 5º, LV, da CF.

A doutrina e jurisprudência atual têm defendido que os direitos fundamentais se aplicam nas relações entre particulares e não tão-somente em relações com o Estado.

O STF, no RE 201819, julgado em 27/10/06, cuja relatoria foi do Min. Gilmar Mendes, não diverge:

> SOCIEDADE CIVIL SEM FINS LUCRATIVOS. UNIÃO BRASILEIRA DE COMPOSITORES. EXCLUSÃO DE SÓCIO SEM GARANTIA DA AMPLA DEFESA E DO CONTRADITÓRIO. EFICÁCIA DOS DIREITOS FUNDAMENTAIS NAS RELAÇÕES PRIVADAS. RECURSO DESPROVIDO. I. EFICÁCIA DOS DIREITOS FUNDAMENTAIS NAS RELAÇÕES PRIVADAS. As violações a direitos fundamentais não ocorrem somente no âmbito das relações entre o cidadão e o Estado, mas igualmente nas relações travadas entre pessoas físicas e jurídicas de direito privado. Assim, os direitos fundamentais assegurados pela Constituição vinculam diretamente não apenas os poderes públicos, estando direcionados também à proteção dos particulares em face dos poderes privados. II. OS PRINCÍPIOS CONSTITUCIONAIS COMO LIMITES À AUTONOMIA PRIVADA DAS ASSOCIAÇÕES. A ordem jurídico-constitucional brasileira não conferiu a qualquer associação civil a possibilidade de agir à revelia dos princípios inscritos nas leis e, em especial, dos postulados que têm por fundamento direto o próprio texto da Constituição da República, notadamente em tema de proteção às liberdades e garantias fundamentais. O espaço de autonomia privada garantido pela Constituição às associações não está imune à incidência dos princípios constitucionais que asseguram o respeito aos direitos fundamentais de seus associados. A autonomia privada, que encontra claras limitações de ordem jurídica, não pode ser exercida em detrimento ou com desrespeito aos direitos e garantias de terceiros, especialmente aqueles positivados em sede constitucional, pois a autonomia da vontade não confere aos particulares, no domínio de sua incidência e atuação, o poder de transgredir ou de ignorar as restrições postas e definidas pela própria Constituição, cuja eficácia e força normativa também se impõem, aos particulares, no âmbito de suas relações privadas, em tema de liberdades fundamentais. III. SOCIEDADE CIVIL SEM FINS LUCRATIVOS. ENTIDADE QUE INTEGRA ESPAÇO PÚBLICO, AINDA QUE NÃO ESTATAL. ATIVIDADE DE CARÁTER PÚBLICO. EXCLUSÃO DE SÓCIO SEM GARANTIA DO DEVIDO PROCESSO LEGAL. APLICAÇÃO DIRETA DOS DIREITOS FUNDAMENTAIS À AMPLA DEFESA E AO CONTRADITÓRIO. As associações privadas que exercem função predominante em determinado âmbito econômico

> e/ou social, mantendo seus associados em relações de dependência econômica e/ou social, integram o que se pode denominar de espaço público, ainda que não estatal. A União Brasileira de Compositores – UBC, sociedade civil sem fins lucrativos, integra a estrutura do ECAD e, portanto, assume posição privilegiada para determinar a extensão do gozo e fruição dos direitos autorais de seus associados. A exclusão de sócio do quadro social da UBC, sem qualquer garantia de ampla defesa, do contraditório, ou do devido processo constitucional, onera consideravelmente o recorrido, o qual fica impossibilitado de perceber os direitos autorais relativos à execução de suas obras. A vedação das garantias constitucionais do devido processo legal acaba por restringir a própria liberdade de exercício profissional do sócio. O caráter público da atividade exercida pela sociedade e a dependência do vínculo associativo para o exercício profissional de seus sócios legitimam, no caso concreto, a aplicação direta dos direitos fundamentais concernentes ao devido processo legal, ao contraditório e à ampla defesa (art. 5º, LIV e LV, CF/88). IV. RECURSO EXTRAORDINÁRIO DESPROVIDO.

Conclui-se que a exclusão de associado sem direito de defesa é ilegal e passível de declaração de nulidade, independentemente do tipo de associação, ainda mais quando no Brasil (ao contrário de outros países) o Código Civil prevê a obrigatoriedade do direito de defesa e recurso (art. 57).

Há corrente jurídica defendendo que a garantia de concessão ou não de direito de defesa depende do tipo de associação. Se a exclusão da associação gerar prejuízo ao associado, haverá necessidade de concessão de direito de defesa. De outro lado, se a exclusão do associado não trouxer prejuízo, como por exemplo, por existir outra associação do mesmo gênero, a autonomia da entidade será maior e independerá do direito de defesa. Este entendimento tem sido consagrado nos Estados Unidos como dá conta André Rufino citando Bilbao Ubilios:

> A jurisprudência norte-americana, citada por Bilbao Ubilios, está assentada na utilização do critério da posição de domínio da associação para fundamentar a intervenção judicial no âmbito desses organismos privados. Segundo o autor, a intervenção estatal na vida privada das associações em defesa de direitos dos associados está justificada quando se trata, por exemplo, de uma associação profissional, que está em condições de impedir àqueles que dela não fazem parte o exercício profissional em determinado âmbito. Nesse caso, os juízes têm considerado que a gravidade do prejuízo econômico ocasionado devido à posição de monopólio de fato que ocupa a associação pode justificar a revisão judicial de um ato de recusa de admissão ou de uma eventual expusão

> de sócio. Vide: *Roberts v. United States Jaycees, 468 US 609* (1984); *Board of Directors of Rotary International v. Rotary Club of Duarte*, 481 US 537 (1987); *New York State Club Association v. City of New York*, 487 (1988).[152]

O motivo de exclusão deve estar previsto no estatuto, mas acaso se trate de motivo grave capaz de tornar insustentável a relação associativa entre a entidade e tal membro, neste caso, mesmo ausente hipótese de exclusão, pode a mesma ser realizada.[153] O ideal é que conste no estatuto os motivos tradicionais e mais comuns de exclusão e também que poderá haver exclusão por qualquer outra falta grave assim reconhecida.

### 13.2.5.4. Penalidades (punições)

Além da exclusão, o estatuto e o regimento interno podem prever outras formas de punição dos associados, como, por exemplo, advertência e suspensão.

Acreditamos que o pedido de cooperação feito pela associação ao associado não se caracteriza como punição, não necessitando de obedecimento aos preceitos do art. 57 do CC.

Apesar de o Código Civil de 2002 prever o direito de defesa e recurso somente no caso de exclusão, tal direito também se dará toda vez que o associado estiver passível de alguma punição, qualquer seja ela.

Tanto na hipótese do associado ser excluído ou pedir demissão da entidade associativa, o mesmo não terá direito a qualquer ressarcimento.

Tal objetivo maior tem por escopo preservar o patrimônio da associação e fazer com que a mesma continue a realizar o seu objetivo social segundo demonstra Luís A. Carvalho Fernandes:

> Sem prejuízo da grande liberdade de estipulação estatutária relativamente ao regime da perda da qualidade de associação, o legislador entendeu dever intervir no sentido de acautelamento de certos interesses, através da salvaguarda do patrimônio da associação. (...) Assim, o associado, ao perder esta qualidade, não tem o direito de pedir a restituição das quotizações pagas. Por outro lado, perde o direito ao patrimônio social.

---

[152] VALE, André Rufino do. Drittwirkung de direitos fundamentais e associações privadas. Direito Público. Porto Alegre, ano 3, n.9, p.53-74, jul./set.2005; p. 65.

[153] No mesmo sentido: NERY JÚNIOR, Nelson et al. *Código civil comentado*. São Paulo: Editora Revista dos Tribunais, 2008; p. 254. MONTEIRO FILHO, Raphael de Barros et al. *Comentários ao novo código civil: das pessoas (Arts. 1º a 78), volume I;* coord. Sálvio de Figueiredo Teixeira. Rio de Janeiro: Forense, 2010; p. 925.

> Nem por isso, porém, deixa de estar obrigado ao pagamento de todas as quotas devidas ao patrimônio social e relativas ao período de tempo em que manteve a qualidade de membro da associação. Bem vistas as coisas este regime explica-se, também, pelo caráter não lucrativo das associações *stricto sensu*. Tem de se entender ser esta uma norma imperativa, determinada, sem dúvida, pelo interesse social, mas também pela necessidade de tutela de terceiros, que têm no patrimônio social a garantia de realização dos seus créditos, nos termos gerais de Direito.[154]

A jurisprudência não diverge:

> ASSOCIAÇÃO CIVIL – Eliminação de sócio – Pretendida restituição de joia. O sócio, que gozou de regalias e vantagens asseguradas aos associados, não pode pedir restituição de joia se é eliminado por motivo previsto nos estatutos da sociedade. (Corte de Apelação de São Paulo – Agravo 4572 – Rel.Th. de Toledo Piza – DJ 17/06/1936)[155-156]

Pelos mesmos motivos, enquanto continuar associado, o mesmo terá que pagar as contribuições previstas no estatuto (utilizando ou não da entidade), inclusive na hipótese de estar proibida sua entrada e/ou participação na instituição, como, por exemplo, na hipótese de suspensão, conforme apontado pela jurisprudência:

> ASSOCIAÇÃO CIVIL – Clube – Taxa de manutenção – Cobrança judicial – Admissibilidade – Previsão no Regulamento Interno – Fato do sócio não usufruir da associação que não o desobriga de contribuir – Atualização devida – Recurso provido. (TJSP – Relator: Ruiter Oliva – Apelação Cível n. 229.038-2 – São Paulo – 17/05/94).

Discordamos dessa forma das decisões em sentido contrário.[157]

Como dito, o fato de não frequentar o clube também não o desonera do pagamento das contribuições previstas estatutariamente segundo aponta a jurisprudência:

> SOCIEDADE CIVIL – Associação – Sócio proprietário de clube – Falta de frequência – Fato que não o exonera da obrigação de pagar a taxa de manutenção. A circunstância de o sócio proprietário não frequentar o

---

[154] FERNANDES, Luís A. Carvalho. *Teoria Geral do Direito Civil*. vol. 1. Lisboa: LEX, 1995; p. 517.

[155] RT 103/176.

[156] No mesmo sentido: SANTORO-PASSARELLI, Francesco. *Dotrrine Generali Del Diritto Civile*. 9. ed. Napoli: Casa Editrice Dott. Eugenio Jovene, 1997; p. 46.

[157] TJSP – Apelação Cível n. 242.781-2 – Mairiporã – Relator: PRADO PEREIRA – CCIV 18 – v.u. – 24/10/94.

> clube e suas instalações, não o exonera da obrigação de contribuir com a taxa de manutenção, criada e fixada pelo órgão competente da sociedade, para a conservação da sede social. (ex-TAMG - AC 5307 - Rel. Juiz Jorge Fontana - DJ 16/08/74).[158]

Como bem apontado no voto do relator no acórdão supra, caso se pensasse diferente,

> nos levaria a admitir que, se o proprietário de um prédio da Capital, resolvesse não o usar para residência ou em aluguel, deixando-o fechado, estaria isento do pagamento dos impostos e taxas pelos serviços que a Prefeitura coloca a sua disposição.[159]

Somente haverá direito de restituição ou de suspensão de pagamento em caso de desligamento ou suspensão se os estatutos preverem expressamente nesse sentido.

### 13.2.6 Os direitos e deveres dos associados

Pela importância do tema, o mesmo será tratado no Capítulo 13.3 e 20, em apartado dos demais requisitos estatutários.

### 13.2.7 As fontes de recursos para sua manutenção

As fontes de recursos para a manutenção da associação podem ser de várias formas: contribuição dos associados, doação, subvenção, resultado de venda de produtos ou serviços, devendo todos estarem previstos expressamente no estatuto social da entidade.

Deve constar do estatuto da associação todas as fontes de recursos, bem como que os mesmos são aplicados para o atingimento dos fins sociais, além de tal conduta ser importante para o pleito de algum benefício fiscal e/ou reconhecimento como de utilidade pública.

Como dito acima, é plenamente legal que a associação receba doações, desde que as mesmas sejam aplicadas para o cumprimento de seu objeto associativo.

O art. 583 do CC não menciona que a doação somente possa ser recebida por pessoa física, prescrevendo tão-somente o termo "pessoa", o que, por via de consequência, engloba as pessoas "físicas" e "jurídicas".

---

158 RT 474/206.

159 *Op. cit.*

Ademais, o art. 554 do CC estipula que "a doação a entidade futura caducará se, em 2 (dois) anos, esta não estiver constituída regularmente". Depreende-se daí que é permitida doação à associação com personalidade jurídica.

Como se não bastasse, em muitas associações, essas doações são vitais ou extremamente importantes para o desenvolvimento de suas atividades, sendo comum o recebimento de bens imóveis, móveis e pecúnia.

### 13.2.8 Modo de constituição e funcionamento dos órgãos deliberativos e administrativos

Os órgãos de uma associação podem ser assim subdivididos: órgão executivo ou administrativo, órgão deliberativo e órgão fiscalizatório.

O Código Civil no seu art. 54, V com a redação da lei 11127/05, passou a exigir apenas a existência de órgão deliberativo, mas pela importância dos demais órgãos, falaremos de todos.

Órgão executivo ou administrativo é "responsável pela administração e prática de atos e negócios internos e externos".[160] Normalmente, o órgão executivo de uma associação é a diretoria.

Órgão deliberativo é "responsável pela adoção de estratégias e decisões acerca dos atos e negócios jurídicos a serem praticados pelo órgão executivo, afora os que decorrerem de simples atos de gestão".[161] O órgão deliberativo por excelência de uma associação é a assembléia geral (ordinária e extraordinária).

Por último, pode existir o órgão fiscalizador, responsável pela supervisão dos atos da diretoria, ao qual normalmente denomina-se conselho fiscal.

Deve constar do estatuto a forma de preenchimento dos cargos dos órgãos da associação (se por eleição, por indicação ou qualquer outra forma); pormenorizar os requisitos para ocupação do cargo, o tempo de permanência, a existência ou não de remuneração dos dirigentes; as competências atinentes ao cargo; a quantidade de vagas; a forma de preenchimento no caso de vacância ou impedimento e outros aspectos relacionados.

Todos os atos de mera gestão que não estejam previstos no estatuto como competência do conselho fiscal e assembléia são de competência do órgão executivo.

---

[160] LISBOA, Roberto Senise. *Manual de Direito civil*. Vol. I, 3. ed. São Paulo: RT, 2003; p. 375.

[161] *Op. cit.*

Ademais, trata-se de medida salutar com o escopo de viabilizar o cumprimento das finalidades da associação, principalmente em entidades com grande número de membros, onde a realização de assembléia para decidir tudo o que ocorre em seu bojo inviabilizaria seu funcionamento.

Dessa forma, se não existir previsão em sentido contrário no estatuto, será competência da diretoria todos os atos atinentes à administração da associação, como, por exemplo, decisão sobre admissão ou não de novo associado, preenchimento de vaga na diretoria ocorrida por motivo de vacância ou impedimento, realização de negócios jurídicos com terceiros e decisões administrativas internas.

Já o que se refere ao órgão deliberativo, o expoente máximo é a assembléia, por expressar a vontade direta de todos os associados. Isso não quer dizer que todas as matérias tenham que ser levadas à assembléia. Somente são privativas da assembléia as matérias previstas no art. 59 do CC: "compete privativamente à assembléia geral: I – destituir os administradores; II – alterar o estatuto". Essas duas hipóteses foram consideradas pelo legislador como de capital importância, pelo que se exige a deliberação em assembléia.

Não pode a mesma pessoa ocupar cargos em uma associação que são incompatíveis entre si. Não pode por exemplo um Diretor ser também conselheiro fiscal, haja vista que o último cargo serve justamente, dentre outras funções, para fiscalizar as ações da Diretoria.

Não há óbice (desde que pautadas na razoabilidade) que se condicione a ocupação a determinados cargos administrativos ao preenchimento de certos requisitos. Assim, é lícito a exigência que para a concorrência de cargo de Presidência, o candidato tenha sido Diretor por dois mandatos, por exemplo.

A destituição de administradores ou alteração do estatuto realizada por outro órgão que não a assembléia geral é nula de pleno direito.

Todas as demais matérias serão tratadas da forma prevista nos estatutos. Na omissão do estatuto, admite-se que as demais deliberações sejam tomadas por *referendum*, haja vista que a lei não exige a decisão assemblear em matérias que não as previstas no art. 59 do Código Civil. Ademais, o *referendum* facilita a tomada de decisões em grandes associações.

Retornando à assembléia, segundo ensina Atílio Aníbal Alterini, a mesma tem que cumprir o seguinte:

> convocação e a ordem do dia. A convocação é o ato pelo qual se chama os associados para a reunião assemblear, segundo previsões contidas

> no estatuto; a ordem do dia, o temário de deliberações, circunscreve as questões que hajam de ser consideradas. A importância da ordem do dia é capital, pelas funções de informação dos assembleístas, possibilidade de assessoramento a que tem direito e, sobretudo, para evitar equívocos ou surpresas; por isto se é considerado inválida a decisão sobre assuntos de suma importância, trazida a deliberação sob a denominação ambígua de 'assuntos vários'.[162]

A convocação deve trazer a quantidade de informações necessárias para os associados saberem onde e quando ocorrerá, bem como qual a pauta.

Destarte, além da ordem do dia, deve conter a data, o local e horário em que irá ocorrer.

As assembléias são classificadas em ordinárias e extraordinárias. As assembléias ordinárias são as que devem ser convocadas com certa periodicidade em obedecimento aos estatutos. Já as assembléias extraordinárias são as que acontecem em data não previamente constante no estatuto.

As decisões tomadas pela assembléia vinculam ausentes e presentes e concordantes e discordantes conforme aponta o TJMG:

> AÇÃO ORDINÁRIA DE NULIDADE DE DISPOSIÇÕES ESTATUTÁRIAS – ASSOCIAÇÃO – ASSEMBLÉIA GERAL EXTRAORDINÁRIA – DELIBERAÇÃO ALTERANDO DISPOSITIVO DO ESTATUTO – VALIDADE – VIOLAÇÃO AO ARTIGO 55 DO NOVO CÓDIGO CIVIL – INOCORRÊNCIA. As deliberações tomadas em assembléia geral extraordinária, realizada dentro dos limites legais e estatutários, obrigam a todos os seus associados, ainda que ausentes ou discordantes. É lícita a outorga de vantagens a determinadas categorias, em detrimento das demais, se assim for o interesse da associação como um todo. Recurso não provido" (TJMG – AC 1.0024.05.737802-8/001 – Rel. Des. Roberto Borges de Oliveira – DJ 12/09/2006).

Recomenda-se que as decisões das assembléias sejam documentadas com fins de fazer prova da decisão tomada. A falta de transcrição da decisão assemblear não torna a mesma inexistente, podendo-se comprovar a existência da decisão tomada por meio de qualquer tipo de prova, como, por exemplo, por prova testemunhal.

A irregularidade na convocação gera a possibilidade de se anular a assembléia.

---

[162] ALTERINI, Atílio Aníbal. *Derecho Privado*. Buenos Aires: Abeledo-Perrot, 1989; p. 243.

As deliberações assembleares podem ser invalidadas pelo Judiciário se contrariarem a legislação e/ou estatutos e/ou regulamentos da associação.

No entanto, quem votou a favor da deliberação não tem legitimidade para pedir a anulação ou declaração de nulidade da deliberação, por ocorrer nesse caso preclusão lógica de seus atos.

O Supremo Tribunal de Justiça de Portugal decidiu no mesmo sentido:

> I – A disciplina do art. 177º do CC não é aplicável a todas as hipóteses de deliberações irregulares, o sistema conhecendo deliberações nulas no domínio das associações. II – Face ao disposto no art. 178º n. 1 do CC, deve-se entender-se que o direito de argüição da anulabilidade só é defeso a associado que tenha votado favoravelmente a deliberação. III – O ônus da alegação e prova da supracitada votação favorável incumbe à ré. (STJ/Portugal – Revista 3183/04 – Rel. Pereira da Silva – DJ 06/10/2005).

Via de regra, a ocorrência de votos inválidos não anulam a votação.

Somente será anulada a votação na hipótese de o(s) voto(s) inválido(s) ser(em) capaz(es) de alterar o resultado da votação em atendimento ao princípio *pas de nullité sans grief*.

Segundo dicção do art. 60 do Código Civil, 1/5 dos associados tem o direito de exigir à Diretoria a convocação de assembléia, obedecendo aos ditames estatutários. As exigências estatutárias não podem afrontar a proporcionalidade/razoabilidade, sob pena de aniquilar o próprio direito à convocação de assembléia e por conseqüência do próprio direito de associação de seus membros. Pode no entanto, prever requisitos razoáveis e proporcionais como a motivação das razões para realização de assembléia por 1/5 dos associados para evitar que a mesma seja utilizada apenas para fins pessoais ou alheios aos interesses associativos.

Quanto à possibilidade ou não de remuneração dos diretores, apontamos pela primeira alternativa.

Não há óbice legal algum para que os diretores recebam remuneração pelos serviços prestados à associação. Pelo contrário, algumas associações chegam a um tamanho tão grande com grande complexidade de suas relações, exigindo a presença de administradores em sua sede durante muito tempo, o que inviabiliza estes de exercerem seus ofícios, não sendo, por via de consequência, justo que não tenham uma contraprestação. José Sabo Paes entende da mesma forma:

> Isso, contudo, é um grande equívoco, tendo em vista que no direito brasileiro não há – e nunca houve – dispositivo legal que vede o pagamento de remuneração aos administradores dessas entidades, desde que observados determinados requisitos e, principalmente, a possibilidade de se pôr em prática essa medida.[163]

Mister se faz esclarecer que os administradores não estariam percebendo lucro como associados, e sim remuneração por seus serviços, o que não afronta a natureza das associações. Não teria problema, por exemplo, um dirigente de uma associação de direito civil receber por uma palestra proferida ou aula dada, por exemplo.

Ademais, a Lei 9.790/99, que criou a possibilidade de as associações (e outras pessoas jurídicas) serem reconhecidas como Organizações da Sociedade Civil de Interesse Público (Oscip), desde que atendidos os requisitos ali dispostos, possibilitou que tais entidades possam remunerar seus dirigentes segundo seu art. 4º, IV, da dita lei.

O inconveniente de a associação remunerar seus diretores dá-se pelo fato de que não obterá ou não manterá a Declaração de Utilidade Pública e/ou obterá algum benefício fiscal.

Quanto ao órgão fiscalizatório, o mesmo normalmente é formado por pessoas com mais experiência nos assuntos associativos, tendo por objetivo fiscalizar os atos e ações da diretoria, o que é extremamente recomendável em uma espécie de pessoa jurídica com a natureza da associação.

Existem várias associações menores, no entanto, que não possuem órgão fiscalizatório.

### 13.2.9 Forma de gestão administrativa, apresentação e aprovação de contas

O estatuto deverá dispor sobre a gestão administrativa (quem irá gerir administrativamente a entidade, de que forma e em quais condições). Também deverá prever a forma (data e modo) da apresentação das contas da entidade associativa para aprovação.

Anteriormente ao advento da Lei 11.127/05, a aprovação de contas era de competência da assembléia geral. Posteriormente à vigência da lei supracitada, passou-se a permitir ao estatuto dispor da forma que melhor convém a

---

[163] PAES, José Sabo. *Fundações, associações e entidades de interesse social: aspectos jurídicos, administrativos, contábeis, trabalhistas e tributários.* São Paulo: Forense, 2010; p. 502.

associação para aprovar as contas, não sendo mais exigível que se faça tão-somente por assembléia geral.

Não pode o associado ou algum grupo de associados desejar a prestação de contas de forma diversa da prevista no estatuto, por inexistir legitimidade ativa para tanto.

Cabe ao associado pleitear a prestação de contas na forma do estatuto e, caso não houver tal prestação, requerê-la judicialmente:

> APELAÇÃO CÍVEL. AÇÃO DE PRESTAÇÃO DE CONTAS. LEGITIMIDADE ATIVA DO ASSOCIADO. AUSÊNCIA DE PROVAS ACERCA DA PRESTAÇÃO DAS CONTAS. OBRIGAÇÃO DO CLUBE DE PRESTÁ-LAS. SENTENÇA DE 1º GRAU IMPROCEDENTE. DECISÃO REFORMADA. 1- Consoante art. 914 do CPC, a ação de prestação de contas visa dar conhecimento aos interessados acerca da administração dos bens efetuada por outrem. Assim, aquele que administra bens alheios tem o dever legal de prestar contas de sua gestão. 2- É legítimo o interesse do associado, ainda que isoladamente, de exigir a prestação de contas daquele que administra seus bens, desde que não seja comprovada que as referidas contas foram votadas e aprovadas pelos órgãos estatutariamente competentes. 3- Não tendo o clube recreativo apresentado comprovação acerca da aprovação das contas financeiras e contábeis, fica obrigado a prestá-las ao sócio. 4- Prevalecendo o dever de prestar contas, a legislação processual impõe que a obrigação deverá ser cumprida no prazo de quarenta e oito horas. (TJMG - AC 1.0145.13.018764-7/001 – Rel. Des. Luiz Artur Hilário – DJ 17/03/2015)

Também haverá carência de ação (ausência de interesse processual) se um associado ou grupo de associados requererem a prestação de contas quando as mesmas já tiverem sido aprovadas pelo órgão estatutariamente competente, conforme aponta o extinto TAMG:

> AÇÃO DE PRESTAÇÃO DE CONTAS – SÓCIO – CLUBE RECREATIVO – CARÊNCIA DE AÇÃO – EXTINÇÃO DO FEITO – CERCEAMENTO DE DEFESA NÃO CARACTERIZADO. É consabido que as condições da ação devem estar presentes durante todo o transcorrer do feito, desde o seu ajuizamento até seu julgamento. Dessa forma, reconhecida a carência da ação, cabe ao julgador, inclusive de ofício, extinguir o processo sem análise do mérito. Dessa forma, não há que se falar em cerceamento de defesa, uma vez que a matéria de mérito sequer chegou a ser apreciada. O sócio de um clube, isoladamente, não pode ir a juízo pretender que seus administradores prestem contas de sua gestão, caso estas já tenham sido aprovadas pelo

> órgão estatutariamente competente para tanto. (AC 2.0000.00.415555-1/000(1) – Rel. Juiz Batista Franco – DJ 11/02/2004).[164]

Somente é permitido ao associado individual ou a grupo de associados a exigência de prestação de contas quando o estatuto não dispor de órgão específico competente para aprovação das contas.

Na hipótese das contas já terem sido apresentadas e aprovadas pelo órgão competente, o associado não poderá pleitear nova prestação de contas, como dito anteriormente, salvo se conseguir promover a anulação da assembléia de aprovação de contas, conforme aponta o extinto TAMG:

> AÇÃO DE PRESTAÇÃO DE CONTAS – PROPOSITURA POR MEMBROS DO CONSELHO DE ASSOCIAÇÃO DE PRODUTORES RURAIS CONTRA EX-PRESIDENTE DA ENTIDADE – CONTAS JÁ OFERECIDAS E APROVADAS EM ASSEMBLÉIA GERAL – CARÊNCIA DA AÇÃO DECRETADA – ASSISTÊNCIA JUDICIÁRIA CONFERIDA AOS AUTORES – Se a entidade se rege pelo princípio da vontade majoritária de seus integrantes, um membro seu não detém legitimação e interesse processual para dela reclamar contas. Elas devem ser prestadas à assembléia geral e, se tal já se fez, restando aprovadas, não há campo para pedido de nova prestação. A renovação só seria cabível se arguida e comprovada a nulidade da assembléia. Para que a parte obtenha o benefício da assistência judiciária, basta a simples afirmação de sua pobreza, até prova em contrário. (AC 0312119-1 – 6ª C.Cív. – Relª Juíza Beatriz Pinheiro Caires – DJ. 03/08/2000).

### 13.2.10 As condições para a alteração das disposições estatutárias e para a dissolução da associação

A decisão legal (de acordo com a lei e o estatuto social) no *quorum* previsto vincula os dissidentes ou que não votaram, cabendo aos mesmos tão-somente retirar-se da sociedade caso não concordem com a decisão.

Caso a decisão seja contrária ao estatuto ou à lei, pode qualquer associado se socorrer à justiça em nome próprio na condição de associado e nunca em nome da associação, salvo se possuir poderes estatutário e legal para tanto.

O estatuto social, como todas as demais deliberações, pode ser reformado desde que tal alteração não seja contrária à lei, aos quóruns e requisitos exigidos para as deliberações e ao ato constitutivo.

---

164 No mesmo sentido: THEODORO JR., Humberto. *Curso de direito processual civil.* Rio de Janeiro: Forense, 2005; p. 91; TJSP – AC 259.141-2 – São Paulo – 9ª Câm. Civ. – Rel. Des. Aldo Magalhães – DJ 21/09/95; T.

Caso a alteração seja contrária à Constituição Federal, às leis ou estatutos, a mesma será nula de pleno direito, podendo ser anulada por qualquer membro da associação.

No entanto, quem votou a favor da deliberação não tem legitimidade para pedir a anulação ou declaração de nulidade da deliberação, por ocorrer nesse caso preclusão lógica de seus atos.

Importante salientar que por força do art. 59 do CC somente a assembléia geral pode promover a alteração estatutária, sendo nula de pleno direito qualquer norma jurídica prevendo modificação dos estatutos por outra forma.

O *télos* deu-se por entender que as alterações estatutárias (bem como a destituição de dirigentes) são as questões vitais da associação, devendo, portanto, ser tomadas pela assembléia.

As demais questões serão tomadas na forma dos estatutos.

No silêncio dos estatutos, as decisões mais importantes devem ser tomadas pela assembléia e as menos, pela Diretoria.

Apesar de não se poder promover alteração estatutária sem passar pelo crivo da assembléia, é lícito que as alterações estatutárias remetam a regulamentação de seu(s) dispositivo(s) a outro(s) órgão(s) ou pessoa(s) que não a assembléia.

## 13.3 OS DIREITOS E DEVERES DOS ASSOCIADOS

### 13.3.1 Impossibilidade de restrição ao exercício de direitos legitimamente conferidos

O art. 58 do CC regra que os associados não poderão ser impedidos de exercer direito ou função que lhes tenha sido legitimamente conferido, a não ser na forma e nos casos previstos na lei ou no estatuto.

Por razões óbvias, os direitos legitimamente conferidos não podem ser arbitrariamente restringidos salvo por previsão legal ou estatutária.

### 13.3.2 Necessidade de previsão dos deveres dos associados nos estatutos

Os deveres dos associados também devem constar dos estatutos, devendo os mesmos ser obedecidos, assim como as regras morais e bons costumes.

Também é dever do associado obedecer usos e costumes da associação, desde que não contrarie disposição estatutária e/ou legal, bem como não proceder com atos que atentem contra o interesse da associação.

O associado tem o dever de cumprir a lei e as disposições estatutárias, presumindo sua aceitação ao ingressar na entidade associativa, não podendo alegar desconhecimento.

Os estatutos podem dispor livremente sobre os direitos e deveres dos associados, desde que obedecida a legislação brasileira.

A necessidade de previsão dos deveres dos associados se faz para que não se deixe à margem de interpretações a existência ou não de deveres dos associados.

### 13.3.3 Intransmissibilidade da qualidade de associado

O associado somente terá direito de transmitir sua qualidade de associado se o Estatuto permitir.

Caso não haja tal previsão, a impossibilidade de transmissão é regra, diante do caráter *intuitu personae* das associações.

O estatuto também pode prever a transmissibilidade de título patrimonial associativo sem a transmissão do caráter de associado, bem como promover limites e restrições para a transmissão.

### 13.3.4 Direito ao contraditório e recurso quando da exclusão

Mesmo não havendo dever expresso no estatuto, o associado poderá ser excluído na hipótese de falta grave, quando assim for reconhecido nos termos do art. 57 do CC, *in verbis*: "A exclusão do associado só é admissível havendo justa causa, assim reconhecida em procedimento que assegure direito de defesa e de recurso, nos termos previstos no estatuto."

Os estatutos sociais não têm o poder de aniquilar o direito de defesa e de recurso dos associados, podendo, no entanto, prever a forma de se dar tais direitos (com maior abrangência ou menor), podendo inclusive prevê-los na modalidade oral.

O associado tem o direito de se manter associado se a falta cometida não for grave, ou seja, que não afronte os fins sociais e as regras mais caras da vida associativa.

# 14

# O DIREITO ADQUIRIDO DOS ASSOCIADOS

Questão bastante tormentosa é saber se há direito adquirido dos associados e se há possibilidade de o direito adquirido ser inaplicável.

Há decisões defendendo que não há direito adquirido frente às associações civis como os arestos abaixo:

> RELAÇÕES ENTRE O ASSOCIADO E O CLUBE. SENDO DE NATUREZA ESTATUTÁRIA, SE NÃO CONSOLIDADA A SITUAÇÃO JURÍDICA ANTERIOR, PODE O ÓRGÃO DELIBERATIVO DO CLUBE LIVREMENTE ALTERAR OS ESTATUTOS, FICANDO O ASSOCIADO SUJEITO E OBRIGADO AS SUAS NOVAS DISPOSIÇÕES. (STF – AI 25133 – Rel. Min. Ribeiro da Costa – DJ 25/077/1961)
>
> ASSOCIAÇÃO – AÇÃO DECLARATÓRIA DE NULIDADE C.C. INDENIZAÇÃO POR DANO MORAL – CONTRIBUIÇÃO ASSOCIATIVA – ATO DO CLUBE ASSOCIATIVO QUE EXTINGUIU ISENÇÃOEMRELAÇÃOÀSFILHASSOLTEIRASDOSÓCIOREMIDO - DIREITO ADQUIRIDO NÃO VERIFICADO – INEXISTÊNCIA DE NULIDADE DO ATO – INOCORRÊNCIA DO DANO MORAL ALEGADO - SENTENÇA DE IMPROCEDÊNCIA MANTIDA. A isenção concedida às filhas solteiras do sócio remido é regramento interno do clube, que pode ser modificado por deliberação da associação. Além do mais, trata-se de uma vantagem dada por mera liberalidade, sobre a qual não recai o manto do direito adquirido. Precedentes. Sentença mantida - Art. 252 do RITJSP/2009. RESULTADO: apelação desprovida. (TJSP – AC 1085800-19.2013.8.26.0100 – Rel. Des. Alexandre Coelho – DJ 11/11/2015)

> DIREITO CIVIL - AÇÃO ANULATÓRIA DE ALTERAÇÃO DE ESTATUTO SOCIAL - ASSOCIAÇÃO CIVIL - CLUBE RECREATIVO - DIREITO ADQUIRIDO À PERENIDADE DO ESTATUTO - AUSÊNCIA - REGULARIDADE DA CONVOCAÇÃO E DA ASSEMBLEIA - CONSTATAÇÃO - VALIDADE DA ALTERAÇÃO ESTATUTÁRIA. 1. A possibilidade de modificação do estatuto social visa evitar o engessamento da associação diante de um novo contexto fático, razão pela qual não há que se falar em direito adquirido à isenção das mensalidades para os associados proprietários de três ou mais cotas. 2. A lei não distingue se a decisão deve ser tomada por assembleia "ordinária" ou "extraordinária", exigindo apenas que haja convocação específica para o fim de alteração do estatuto, com o quórum por este definido. 3. Diante da evidente regularidade da convocação e da própria assembleia que promoveu a vergastada alteração no estatuto social do clube requerido, a improcedência dos pedidos inicias é medida que se impõe. (TJMG - AC 1.0331.12.002302-2/002 – Rel. Des. Otávio Portes - DJ 16/02/2017)

Segundo nosso entendimento, os associados têm direito adquirido. Dessa forma, qualquer alteração no Estatuto ou no Regimento Interno deve ser realizada observando tais direitos adquiridos a princípio.

O STJ tem precedente neste sentido:

> RECURSO ESPECIAL - AÇÃO DECLARATÓRIA DE INEXISTÊNCIA DE DÉBITO - TÍTULO DE SÓCIO REMIDO ADQUIRIDO EM 1975 - COBRANÇA DE CONTRIBUIÇÕES INSTITUÍDAS EM DELIBERAÇÕES ASSEMBLEARES DO CLUBE DATADAS DE 19/12/1994 E 14/12/1995 - TRIBUNAL A QUO QUE MANTEVE A SENTENÇA DE IMPROCEDÊNCIA SOB A ALEGAÇÃO DE ESTAREM OS SÓCIOS REMIDOS ISENTOS DO PAGAMENTO APENAS DAS CONTRIBUIÇÕES REGULARES DE ADMINISTRAÇÃO - INSURGÊNCIA DA AUTORA.
>
> Hipótese: Sócio remido do Iate Clube de Brasília cujo título fora adquirido em 1975 tem isenção do pagamento das contribuições regulares de administração, bem como de outras eventualmente instituídas após a aquisição do instrumento.
>
> 1. Violação ao artigo 535 do CPC não verificada. Corte local que efetivamente analisou os documentos novos trazidos pela autora após o julgamento da apelação, sanando o vício de omissão anteriormente verificado, notadamente acerca da recorrente ser casada em regime de comunhão universal de bens e da data de aquisição do título de sócio remido.
>
> 2. Por ser o status de sócio intuitu personae, a autora somente é considerada sócia a partir de 18/10/1991, quando teve a sua proposta de

admissão chancelada pela associação, após a liberação de alvará no bojo de processo de inventário, porém, é incontroverso dos autos que o título fora adquirido por seu falecido marido nos idos de 1975, quando casado sob o regime de comunhão universal de bens, figurando o cônjuge varão como titular em razão de questões administrativas/estatutárias e, ainda, em virtude de o Código Civil de 1916, vigente à época dos fatos, prever que a administração dos bens do casal lhe competia, nos termos do artigo 274.

3. Com o falecimento do marido, operou-se a mera transferência da titularidade, sendo mantidas as características originais do título de sócio remido, exatamente como quando instituído, haja vista que ficaram adjudicados todos os direitos, vantagens e obrigações pela cártula representada, ou seja, as prerrogativas outrora concedidas aos titulares de tais cotas, em razão do estatuto da associação expressamente admitir a sua transferência, mantêm os mesmos atributos originários.

4. A literalidade do estatuto da ré, somado ao elemento de aquisição do título remido em 1975, sob a égide da Ata de Reunião do Conselho Deliberativo do Iate Clube de Brasília de 20/04/1969, garantia ao portador do título remido adquirido e emitido antes da alteração do art. 51 do estatuto do clube, ocorrida apenas em 10/12/1988, total isenção de pagamento de taxas supervenientes, ainda que destinadas à melhoria de instalações e serviços novos oferecidos.

5. Apenas os novos títulos remidos emitidos após a alteração do estatuto social do clube, ocorrido em 10/12/1998, estão sujeitos a cobranças outras que não aquela decorrente de contribuição regular de administração, visto que os efeitos da modificação estatutária é ex nunc, sob pena de violar o direito adquirido dos antecessores sócios remidos que adquiriram o título com a característica de que não teriam de pagar por qualquer taxa/contribuição eventualmente instituída, salvo aquelas de caráter individual.

6. Recurso especial provido a fim de julgar procedente o pedido inicial, declarando indevida a cobrança de taxas e contribuições a que vem sendo a autora submetida, bem como mantendo o título de sócio remido com a "isenção das taxas e contribuições de qualquer natureza, atualmente cobradas e futuramente criadas", nos exatos moldes com que o título dessa categoria fora colocado no mercado e adquirido pela recorrente e seu falecido esposo.

(STJ - REsp 1184660/DF – Rel. Min. Luiz Felipe Salomão – Rel. p. acórdão Min. Marco Buzzi – DJ 17/11/2015).

Dentre a questão dos direitos adquiridos, a mais frequente é saber se pode obrigar o associado remido a pagar contribuição pela qual o mesmo estava desobrigado pelo estatuto social.

Antes de analisar tal questão, é necessário definir a figura do associado remido. Associado remido é aquele que promoveu grande aporte de capital (normalmente no início e no risco do insucesso da associação) para se eximir do pagamento de contribuições.

Em regra, nenhuma contribuição pode ser exigida do associado remido se o estatuto social a veda. Existem somente duas hipóteses nas quais se pode exigir contribuição do associado remido: a que se torna imprescindível para manter a sobrevivência da associação e a que for muito importante para a entidade associativa e se der pela maioria dos associados.

Na primeira hipótese, basta que tal cobrança seja aprovada em assembleia. Pelo fato dessa cobrança ser de uma contribuição esporádica e emergencial, com um objetivo específico, não será necessária a reforma estatutária para sua cobrança e não haverá violação ao direito adquirido.[165] Já na segunda, necessita-se da aprovação de reforma estatutária pela maioria em assembleia.

Em tais hipóteses, está em conflito dois princípios: o direito adquirido do associado remido e o da preservação ou viabilização da consecução dos fins da associação. Utiliza-se o critério para solução de colidência de princípios, o qual necessita que se compare os mesmos com vistas ao caso concreto, para se tirar como produto que a sobrevivência da associação ou viabilização da consecução dos fins sobrepõe-se ao direito adquirido do associado remido de não promover contribuição.

Caso a contribuição não seja imprescindível ou muito importante para a associação, não poderá se obrigar o associado remido a promover tal contribuição. Aí prevalece o direito adquirido.

Também não haverá afronta ao direito adquirido dos associados quando as alterações estatutárias se derem pela maioria dos associados e forem muito importantes para a associação[166], o que deverá ser cabalmente comprovado pela associação quando de eventual discussão judicial, sob pena de se considerar inválida tal alteração.

---

165 DINIZ, Maria Helena. *Op. cit.*, p. 245.

166 No mesmo sentido: TJRJ – 16ª Câm. Civ. – AP 2005.001.12480 – Rel. Desa. Conceição A. Mousnier – DJ 26/07/2005).

No mesmo sentido:

> COBRANÇA – ASSOCIAÇÃO – CLUBE – TAXA EXTRAORDINÁRIA DE AMPLIAÇÃO E MELHORIA – APROVAÇÃO EM ASSEMBLEIA GERAL – SÓCIO REMIDO – REGULARIDADE – DANO MORAL – INOCORRÊNCIA – SENTENÇA MANTIDA. Reputa-se acertada a cobrança de sócio remido de taxa de melhorias por obras de reformas e modernização das instalações do clube, diante de previsão estatutária e da sua natureza excepcional. Configurada a licitude do ato praticado pelo apelado, afasta-se a responsabilização, no tocante ao dano moral pleiteado. RESULTADO: apelação desprovida. (TJSP – Apelação 0002159-33.2012.8.26.0506 – Rel. Alexandre Coelho – DJ 09/12/2015).

# 15 A ELEIÇÃO NAS ASSOCIAÇÕES

A eleição dos administradores é condição *sine qua non* para a representatividade legítima da associação.

A eleição deve-se dar no tempo previsto no estatuto. Sendo omisso o estatuto, a eleição será anual.

Aconselha-se a estipulação das datas de eleição, pois 1 (um) ano é um prazo muito curto para se administrar uma associação, ficando a mesma quase que somente em transição de administradores pelo pequeno espaço de tempo que cada um poderá ficar à frente da entidade.

No entanto, pode-se estipular o tempo que desejar de mandato dos dirigentes.

A princípio, o Código Civil previu em seu art. 59, I, que cumpria privativamente à assembléia geral a eleição de seus administradores. Após críticas justificáveis de algumas associações que possuíam uma quantidade enorme de associados e às vezes espalhados por todo o país, tornando impraticável tal eleição, a Lei 11.127/2005 alterou tal dispositivo legal.

O art. 59 do Código Civil, com a redação dada pela Lei 11.127/2005, ao excluir a eleição dos administradores como privativa das assembleias gerais, possibilitou que os administradores fossem eleitos da forma prevista em seus estatutos, podendo se dar, por exemplo, por determinado órgão ou conselho.

Entendemos que tal modificação legislativa foi salutar, pois, no que tange às associações, deve-se possibilitar o máximo possível que as entidades associativas se adaptem à sua realidade da forma que melhor lhe aprouver, devendo subsistir tão-somente regramento sobre direitos e deveres essenciais.

Assim, a eleição dos administradores poderá ser feita na forma prevista em seu estatuto. Tanto poderá tal eleição se dar pela assembleia geral quanto por um determinado órgão ou conselho ou ainda por determinado associado. Segundo Francis Lefebvre a designação dos diretores pode se dar por: eleição, nomeação sujeita ou não à ratificação, nomeação por membro fundador, designação de pessoas por qualidades ou em razão das funções por elas exercidas fora da associação, dentre outras. [167]

## 15.1 VOTO DOS ASSOCIADOS

### 15.1.1 Restrição e exclusão do direito a voto

Quanto ao direito de voto, alguns pensam que o mesmo é inerente a qualquer associado.

Discordamos de tal posicionamento.

Como o art. 55 do Código Civil permite a existência de associados com vantagens especiais e é tradição histórica de muitas associações brasileiras, lícita é a estipulação de direito de voto para somente alguns associados.

A justificativa de estipulação de direito de voto somente para alguns associados é bastante razoável: muitos associados concordam em abrir as portas da associação que fundaram para outrens, desde que esses fundadores permaneçam com o direito de determinar os destinos da associação. O Tribunal de Napoli, em 23 de dezembro de 1982, in Giust. Civ., 1983, I, p. 619, decidiu que "é válida a cláusula do estatuto de um clube de tênis que reconhece a todos seus associados o direito de intervir na assembleia, mas reserva aos sócios fundadores o direito de voto".[168]

Destarte, entendemos ser lícita e legítima a estipulação no estatuto social de que o direito de voto seja restrito a somente alguma categoria de associados. Pelas mesmas razões, pode-se determinar que somente determinados associados possam participar das assembleias (inclusive de eleição).

Como é lícito que somente alguma(s) categoria(s) de associado(s) vote(m), também é lícito que somente alguma(s) categoria(s) de associado(s) ocupe(m) cargos de direção.

---

[167] LEFEBVRE, Francis et al. *Memento pratique – Associations, fondations, congrégations, fonds de dotation*. Levallois: Editions Francis Lefebvre, 2012; p. 90.

[168] GALGANO, Francesco. *Op. cit.*, p. 232.

Pela importância dos cargos de administração, onde se gere o destino da associação, entendemos ser plenamente legal a previsão de alguns requisitos para que os associados possam ocupar cargos de direção. Assim, pode-se prever que somente poderá se candidatar a presidente da associação aquele associado que já ocupou por duas vezes cargos de direção na associação e/ou que seja filiado à entidade há mais de 10 (dez) anos.

As restrições devem ser pautadas no princípio da razoabilidade, sob pena de serem consideradas nulas.

Os estatutos também podem dispor livremente sobre restrições ao direito de voto, obedecendo, como dito, o princípio da razoabilidade. Pode-se, por exemplo, proibir menores de 16 (dezesseis) anos a votarem; vedar a votação por representação; impedir o voto por procuração; impedir o associado inadimplente de votar etc.

### 15.1.2 Votação por representação

Muitas associações vedam a votação por representação. Nesse caso, nenhum tipo de representante poderá votar em nome do representado. Assim, inventariantes não poderão votar em nome do espólio, pais em nome dos filhos, cônjuge em nome de outro cônjuge etc.

Importante salientar que não se considera representação o fato de algum associado incapaz de escrever, mas capaz de exprimir sua vontade, fazer com que alguém lhe acompanhe ao local de votação (cabine ou mesa etc.) e assinale em qual candidato deseja votar.

Já as associações que proíbem o voto por procuração somente podem impedir a representação que utilize a dita procuração. Não poderá vedar a representação legal (decorrente da lei), como, por exemplo, a do inventariante em relação ao espólio, a dos pais em relação aos filhos menores etc.

### 15.1.3. Votação secreta ou aberta

A votação pode ser secreta ou aberta. Também poderá se dar por escrutínio ou por aclamação. O estatuto deverá disciplinar como será a votação. Na omissão do estatuto, a assembleia de eleição decidirá qual a forma de voto antes do início da votação.

## 15.2 ASSEMBLÉIA DE ELEIÇÃO

### 15.2.1 Presidência da assembléia de eleição

Os estatutos devem prever como será presidida a assembleia de eleição. Na falta de tal previsão, deve ser presidida pelo presidente da associação e assessorada pelo secretário da entidade.

Caso o presidente da associação ou o secretário esteja tentando a reeleição, os mesmos somente poderão instalar a assembleia de eleição, devendo após tal instalação passar os cargos de presidente e secretário da assembleia para algum outro associado que não seja candidato e seja escolhido pela maioria dos presentes à assembleia. O presidente da assembleia tem amplos poderes para dirigir a mesma, podendo decidir sobre qualquer problema ocorrido. O presidente da assembleia deve guardar o tratamento isonômico das partes, possibilitando a igualdade de oportunidades.

### 15.2.2 Do *quorum* para eleição

Rege nas assembleias de votação o princípio da maioria (art. 48 do CC), onde o(s) candidato(s) ou chapa(s) mais votada(s) se sagrará(ão) vencedor(es), salvo previsão estatutária em sentido contrário. O estatuto pode prever algum critério de desempate, como, por exemplo, a eleição do candidato que mais ocupou cargos na diretoria ou do candidato mais velho.

Ocorrendo o empate e inexistindo previsão estatutária para sanar a questão, o presidente da assembleia deve convocar novas eleições quantas vezes forem necessárias até que um dos candidatos tenha mais votos que o outro. Aconselha-se marcar eleição no prazo mais curto possível (como, por exemplo, uma semana após a eleição primeira).

### 15.2.3 Das conseqüências de votação por quem não estava apto a votar

Caso aconteça de alguma pessoa votar sem poder ter legitimidade para tanto e o voto não seja decisivo para a vitória, não haverá se falar em nulidade, haja vista que inexiste nulidade sem prejuízo. Somente poderá haver a anulação da assembleia de eleição ou vitória do outro candidato se o voto nulo puder gerar mudança na classificação dos eleitos. Pietro Perlingieri aponta no mesmo sentido.[169]

---

[169] PERLINGIERI, Pietro. *Manuale di diritto civili.* Napoli: Edizioni Scientifiche Italiane, 2003; p. 137.

## 15.3 REELEIÇÃO

Os estatutos podem proibir a reeleição ou limitar a quantidade de vezes que o candidato possa se reeleger.

A omissão do estatuto acerca da reeleição acarreta a possibilidade de reeleição indeterminadamente, haja vista que por força do art. 5º, II, da Constituição Federal ninguém é obrigado a deixar de fazer algo senão em virtude da lei.

## 15.4 DA SUPLÊNCIA DOS DIRIGENTES

O Estatuto deverá dispor se existirá ou não suplentes. Inexistindo suplentes, é recomendável que se estipule a forma de preenchimento de eventual vacância de cargo, como ocorre, por exemplo, com o falecimento de algum diretor ou membro do conselho fiscal.

Inexistindo previsão estatutária de uma associação que não possui suplentes sobre o preenchimento de vaga surgida durante o mandato, os membros do próprio órgão onde existe a vaga podem eleger um outro associado para ocupar o cargo. Tal medida se mostra possível por ser decisão de menor importância. Renan Lotufo não discrepa: "As demais deliberações, por não terem a mesma repercussão na sociedade, podem ser tomadas pela diretoria, ou outros órgãos, conforme dispuser o estatuto."[170]

## 15.5 DA NÃO APRESENTAÇÃO DE CANDIDATOS

É importante que os estatutos disciplinem a hipótese de não apresentação de nenhuma chapa para eleição. Dessa forma, inexistindo chapas para eleição, deverá ser obedecido o disposto no estatuto da entidade.

Caso não ocorra apresentação de nenhuma chapa dentro do prazo estabelecido no estatuto ou em edital (em caso de omissão do estatuto), a Diretoria convocará nova assembleia geral de eleições, reabrindo os prazos para inscrição de chapas.

Persistindo tal situação, o Conselho Fiscal (ou na falta deste, a Diretoria) deverá convocar assembleia para deliberar sobre a dissolução da associação.

Enquanto a diretoria e conselho fiscal eleitos não tomarem posse, permanecem os atuais diretores e conselheiros fiscais para que a entidade não fique acéfala.

---

[170] *Op. cit.*, p. 165.

# 16

# RELAÇÕES DE CONSUMO E ASSOCIAÇÕES

Muitas pessoas acreditam que sempre há relação de consumo entre a associação e seus membros, havendo inclusive decisão do STJ nesse sentido:

> Indenização. Vítima de acidente ocorrido durante treinamento de judô, ministrado por preposto da recorrida, que a deixou tetraplégica. Acidente ocorrido em virtude de negligência do professor. Comprovados a conduta, os danos e o nexo de causalidade, presente o dever de indenizar da recorrida que responde pelos atos do seu preposto. Código de Defesa do Consumidor, art. 14, § 3º. Aplicação. Recurso especial conhecido e parcialmente provido (STJ – RESP 473085/RJ – Rel. Min. Antonio de Pádua Ribeiro – DJ 14/06/04).

Outras pessoas também entendem que a caracterização de relação de consumo entre associação e associados depende da finalidade social exercida pela associação segundo precedente do STJ:

> Ao operar como os demais agentes de concessão de empréstimo do SFH, a associação age na posição de fornecedora de serviços aos seus associados então, caracterizados como consumidores. (STJ – REsp 436815 – Rel. Min. Nancy Andrighi – DJ 17/09/2002)
>
> DIREITO CIVIL. AÇÃO DE REPARAÇÃO DE DANOS MATERIAIS E MORAIS AJUIZADA POR SINDICALIZADA EM FACE DE SINDICATO E DE ADVOGADA. ALEGADA MÁ PRESTAÇÃO DE SERVIÇOS ADVOCATÍCIOS. CÓDIGO DE DEFESA DO CONSUMIDOR. INAPLICABILIDADE NO CASO CONCRETO. PRESCRIÇÃO GERAL. ART. 205 DO CÓDIGO CIVIL DE 2002.

> 1. Os sindicatos possuem natureza associativa (enunciado n. 142 da III Jornada de Direito Civil promovida pelo CJF), e tal como ocorre com as associações, o que é determinante para saber se há relação de consumo entre o sindicato e o sindicalizado é a espécie do serviço prestado. Cuidando-se de assistência jurídica ofertada pelo órgão, não se aplica a essa relação as normas do Código de Defesa do Consumidor. (...) (STJ – REsp 115071/MG – Rel. Min. Luis Felipe Salomão – DJ 06/12/2011)[171]

Segundo entendemos, nenhuma das duas teses vingam. Não é possível via de regra configurar como de consumo a relação entre a associação e associados, acarretando a impossibilidade de aplicação da Lei 8.078/90, haja vista que sua relação com os associados é estatutária. Não haveria como se falar em relação de consumo, por inexiste a figura de consumidor e fornecedor, mas apenas de associado e associação. Para se haver uma relação de consumo, imprescindível que haja a figura de um consumidor e fornecedor

Dada a sua natureza peculiar, as associações possuem seu próprio regramento: Estatuto Social e Regimento Interno, sendo este último facultativo.

Vislumbra-se facilmente que a natureza da relação da associação com seus associados é estatutária e não de consumo, uma vez que os próprios associados, por meio das assembléias ou por representação, dirigem o destino da associação.

A doutrina, na pena forte de José Geraldo de Brito Filomeno (um dos autores do anteprojeto da Lei 8.078/90) corrobora:

> Finalmente, um outro aspecto que deve ser levado em consideração diz respeito a certas universalidades de direito ou mesmo de fato, como, por exemplo, associações desportivas ou condomínios. Ou seja, indaga-se se elas poderiam ou não ser consideradas como fornecedores de serviços, como os relativos aos associados ou então serviços em geral de manutenção das áreas comuns). A questão ora reacendeu em decorrência da recente modificação do § 1º do art. 52 do Código de Defesa do Consumidor, segundo a qual as multas de mora passam a ser da ordem de 2%. Resta evidente que aqueles entes, despersonalizados ou não, não podem ser considerados como fornecedores. E isto porque, quer no que diz respeito às entidades associativas, quer no que concerne aos condomínios em edificações, seu fim ou objetivo social é deliberado pelos próprios interessados, em última análise, sejam representados ou não por intermédio de conselhos deliberativos, ou

---

171 No mesmo sentido: STJ – REsp 469911 – Rel. Min. Aldir Passarinho Filho – DJ 12/02/2008; STJ – REsp 697087 – Rel. Min. Castro Filho – DJ 05/09/2006.

> então mediante participação direta em assembléias gerais que, como se sabe, são os órgãos deliberativos soberanos nas chamadas 'sociedades contingentes'. Decorre daí, por conseguinte, que quem delibera sobre seus destinos são os próprios interessados, não se podendo dizer que eventuais serviços prestados pelos seus empregados, funcionários ou diretores, síndico e demais dirigentes comunitários, sejam enquadráveis no rótulo 'fornecedores', conforme a nomenclatura do Código de Defesa do Consumidor.[172]

O Desembargador do TJMG Edgard Penna Amorim, em voto magistral, expõe:

> Está patente a inadequação do aparato legal invocado para a situação descrita. Por mais amplos que sejam os conceitos de fornecedor e consumidor, bem como os produtos e serviços, da Lei n. 8.078/90, não é possível afeiçoá-los à realidade e à figura do clube social-esportivo em face dos associados que a ele se filiam com a finalidade de promover os objetivos próprios da entidade coletiva.[173]

Ademais, não há se falar em relação de consumo conforme escrevemos em outra oportunidade[174] porque a associação normalmente não oferece serviços ou produtos ao mercado de consumo indiscriminadamente (a pessoas não associadas). Normalmente, as associações atendem apenas seus associados ou pessoas que tenham algum vínculo jurídico com eles.

Adiciona-se que além da falta de amparo jurídico para aplicação do Código de Defesa do Consumidor nas relações entre associados e associações, soa desarrazoável desejar que as relações de associados das APAES, Asilos, Santa Casas, Associações Profissionais com estas entidades (que são associações civis) sejam relações de consumo.

O fato de locar espaços, prestar algum serviço ou vender algum produto não descaracteriza sua natureza de associação, pois tais medidas são tomadas justamente para ajudar na manutenção da entidade e evitar que os associados arquem com contribuição maior para sua mantença e que seja possível cumprir seus objetivos sociais!!! Maria Helena Diniz também menciona o seguinte:

---

[172] FILOMENO, José Geraldo Brito. *Código de defesa do consumidor comentado pelos autores do anteprojeto*. 6. ed. Rio de Janeiro: Forense, 1999; p. 41-42.

[173] TAMG – AC 373.170-6 – Rel. Juiz Edgar Penna Amorim – DJ 01/04/2003.

[174] TEIXEIRA, Wendel de Brito Lemos. *A desconsideração da personalidade jurídica nas associações civis em relações de consumo à luz do neoconstitucionalismo in 20 anos do Código de Defesa do Consumidor: conquistas, desafios e perspectivas*. Renan Lotufo e Fernando Rodrigues Martins (coords). São Paulo: Saraiva, 2011; p. 198.

> não perde a categoria de associação mesmo que realize negócios para manter ou aumentar o seu patrimônio, sem, contudo, proporcionar ganhos aos associados, p. ex, associação esportiva que vende aos seus membros uniformes, alimentos, balas, raquetes etc., embora isto traga, como conseqüência, lucro para a entidade.[175]

Arnaldo Rizzardo não destoa:

> Na associação, não há o fim lucrativo, o que não impede que exista o patrimônio e que sejam realizados atos tendentes a angariar rendimentos, ou até atos de comércio, com a diferença, entrementes, de não serem divididos os lucros entre os associados.[176]

A limitação imposta às associações é de que não repartam lucro ou dividendos para seus associados!!!

Por conseguinte, nota-se que as associações não são a princípio fornecedoras, não podendo sua relação com os associados ser classificada como de consumo.

Humberto Theodoro Júnior, com o brilhantismo que é inerente corrobora este entendimento:

> Não de pode entrever relação de consumo entre o sócio e a associação civil recreativa. A responsabilidade civil em torno de dano moral configurado diante de conduta ilegítima da entidade associativa rege-se pelo direito civil e não pela legislação consumerista.

A conduta abusiva, na espécie, causadora de constrangimento sério justifica a condenação do clube recreativo a reparar o dano moral imposto ao associado. Mas ´a relação entre a associação e seu associado é estatutária, e não de consumo, não incidindo as regras do código consumerista', o que entretanto, não obsta a condenação do réu, tendo em vista o dever de indenizar que se apóia no art. 927 do atual Código Civil".[177]

O extinto TAMG era unânime em entender que a relação dos associados com a associação não é de consumo, conforme se percebe *in verbis*:

> INDENIZAÇÃO – DANOS MATERIAIS – AQUISIÇÃO DE COTAS DE CLUBE SOCIOESPORTIVO – OBRAS DE EXPANSÃO NÃO

---

[175] DINIZ, Maria Helena. *Curso de direito civil* brasileiro. São Paulo: Saraiva, 1999; p. 146-147.

[176] RIZZARDO, Arnaldo. *Parte Geral do Código* Civil. Rio de Janeiro: Forense, 2003; p. 303.

[177] THEODORO JÚNIOR, Humberto. *Direitos do consumidor: a busca de um ponto de equilíbrio entre as garantias do Código de Defesa do Consumidor e do Direito Processual Civil.* Rio de Janeiro: Forense, 2013; p. 29.

REALIZADAS – RESSARCIMENTO DAS QUANTIAS PAGAS PELO SÓCIO – INCIDÊNCIA DO CÓDIGO DE DEFESA DO CONSUMIDOR – DESCABIMENTO – APLICAÇÃO DO ESTATUTO SOCIAL E DA LEI CIVIL ORDINÁRIA. – O sócio-cotista de clube socioesportivo não mantém relação de consumo com este, não podendo invocar o Código de Defesa do Consumidor para reaver quantias investidas em plano de expansão, que não se concretizou, nem alegar, em razão disso, danos decorrentes de defeitos no produto ou serviço ou informações insuficientes ou inadequadas sobre sua utilização e riscos. – O cumprimento das obrigações de associações esportivas para com seus filiados e vice-versa há de ser apurado e cobrado na forma dos estatutos sociais daquelas e da legislação civil pertinente, esta em caráter suplementar. – Recurso não provido. (TAMG – Ap. 0373170 – 2ª Câm. Cível – Rel. Edgard Penna Amorim – DJ 01/04/2003).

E mais:

INDENIZAÇÃO – DANOS MORAIS E MATERIAIS – AUSÊNCIA DE FUNDAMENTAÇÃO – DECISÃO FUNDAMENTADA EM PREMISSA FALSA – NULIDADES AFASTADAS – RELAÇÃO DE CONSUMO NÃO CONFIGURADA – AUSÊNCIA DE PROVA DOS REQUISITOS NECESSÁRIOS À CONCESSÃO DA INDENIZAÇÃO – ÔNUS DA PROVA. (...) O sócio proprietário de clube sócio-esportivo não mantém relação de consumo com este, não podendo invocar em seu benefício o Código de Defesa do Consumidor, alegando, em razão disso, danos decorrentes de defeitos na prestação de serviço, portanto, o cumprimento das obrigações de associação esportiva para com seus filiados e vice-versa há de ser apurado e cobrado na forma de seu estatuto social e da legislação civil pertinente, esta em caráter suplementar. (...) (TJMG – AC 2.0000.00.435242-5/000 – Rel. Des. Domingos Coelho – DJ 05/05/2004)

APELAÇÃO CÍVEL. AÇÃO DE INDENIZAÇÃO – DANOS MORAIS. VÍCIO DE REPRESENTAÇÃO. ILEGITIMIDADE ATIVA. REJEIÇÃO. ACIDENTE. CLUBE. QUEIMADURAS. CHUVEIRO. CÓDIGO DE DEFESA DO CONSUMIDOR (CDC). INAPLICABILIDADE. RESPONSABILIDADE CIVIL. DANO. CULPA. DOLO. NEXO DE CAUSALIDADE. AUSENCIA. Em se tratando da capacidade processual dos incapazes, serão eles representados ou assistidos por seus pais, tutores ou curadores, na forma da lei civil. E Não há qualquer menção acerca da necessidade ou obrigação de o incapaz ser representado pelos pais conjuntamente. A relação jurídica existente entre os clubes recreativos e seus sócios não se caracterizam como de consumo e, por conseguinte, não estão sujeitas às disposições do Código de Defesa do Consumidor. Como sabido, o legislador pátrio adotou, em relação

> à responsabilidade civil, a teoria subjetiva da culpa, onde o ofendido deve provar a ação ou omissão dolosa ou culposa do agente causador do dano, o nexo de causalidade e o dano efetivamente experimentado de modo que, ausente qualquer um deles, emerge, como conseqüência lógica e jurídica, a improcedência da pretensão inicial. (TJMG – AC 1.0074.08.047876-6/001 – Rel. Des. Batista de Abreu – DJ 03/03/2011)

O TJMG em proceso envolvendo a atuação do Procon Municipal entendeu que não há legitimidade e competência para sua intervenção frente a associações civis e seus associados por inexistir relação de consumo:

> ADMINISTRATIVO. CIVIL. DIREITO DO CONSUMIDOR. AÇÃO CIVIL PÚBLICA. ASSOCIAÇÃO RECREATIVA. COBRANÇA DE MENSALIDADE ADICIONAL PARA UTILIZAÇÃO DE NOVA ACADEMIA DE GINÁSTICA. RELAÇÃO ESTATUTÁRIA. INEXISTÊNCIA DE RELAÇÃO DE CONSUMO. NÃO EXPOSIÇÃO ÀS COMPETÊNCIAS DO PROCON. COBRANÇA DE CONTRIBUIÇÃO PARA UTILIZAÇÃO DE ACADEMIA. PREVISÃO DE COBRANÇA DE CONTRIBUIÇÕES COMPLEMENTARES NO ESTATUTO SOCIAL. POSSIBILIDADE. SEGURANÇA CONCEDIDA.
> - A relação jurídica estabelecida entre a associação civil e seus sócios é estatutária e a cobrança de contribuições adicionais dos associados para a utilização de academia de ginástica não traduz relação de consumo, e, por isso, é incabível o exercício da atividade fiscalizatória do PROCON Municipal. (TJMG - AC/Reex Necessário 1.0702.14.054895-0/003, Rel. Des. Alberto Vilas Boas - DJ em 20/09/2016)

O STJ também possui o mesmo entendimento:

> Clube de investimentos da CSN. Ações obtidas em decorrência do processo de privatização. Art. 1.009 do Código Civil e Código de Defesa do Consumidor. 1. Não há entre o cotista e o clube de investimento relação de débito e crédito que autorize a aplicação do art. 1.009 do Código Civil. 2. Participando o cotista do clube de investimento, no caso, da própria administração, como membro de sua assembleia geral, podendo ser eleito até para o conselho deliberativo, não há falar em relação de consumo para efeito da liberação integral de suas ações, o que ocorrerá na forma do que estabelece o estatuto. 3. Recurso especial não conhecido. (RESP 290054 – 3ª T. – Min. Carlos Alberto Menezes Direito – DJ 26/06/2001) [178]

---

[178] No mesmo sentido: STJ – REsp 290054 – Rel. Min. Carlos Alberto Menezes Direito – DJ 26/06/2000; TJSP – AC 2895784/0-00 – Rel. Des. Sérgio Gomes – DJ 08/08/2006; TAMG – AC 0373170 – Rel. Juiz Edgar Penna Amorim – DJ 01/04/2003; TJMG – AC 2.0000.00.435242-5/000 – Rel. Des. Domingos Coelho – DJ 05/05/2004; TJDF – AC

No caso da associação, fornecer produto ou serviço no mercado de consumo indiscriminadamente (e não apenas a seus associados), aí sim, haverá a sua caracterização como fornecedora em relação aos não associados, aplicando-se as disposições do Código de Defesa do Consumidor. Destarte, uma associação civil (Hospital Filantrópico, por exemplo) que não se limita a atender seus associados, atendendo não associados ou qualquer pessoa, estará prestando serviços no mercado de consumo indiscriminadamente, fazendo incidir sobre sua relação os preceitos da legislação consumerista, salvo quanto aos seus associados. Também haverá relação de consumo, no caso de venda de ingresos por Clube de futebol, pois o mesmo é fornecido no mercado de consumo indiscriminadamente, a qualquer um do povo.

Portanto, deve-se verificar no caso concreto se as associações civis que estão sujeitas aos preceitos legais consumeristas das que não estão. Deve-se trazer a tona o dito popular que a diferença entre o remédio e o veneno é a dose, pelo que aplicação do CDC onde não se presta pode gerar efeitos nefastos. Como mencionado pelo sempre lembrado José Geraldo de Brito Filomeno, desejar aplicar o CDC indistintivamente a todos, seria "negar-se a própria epistemologia do microssistema jurídico de que se reveste".[179] Ademais, tal entendimento (aplicação do CDC indistintamente a todos), além de afrontar o espírito deste mesmo codex, aniquila o Código Civil (que trata das associações e a relação com seus associados dos arts. 53 a 61) e o Estatuto da Socidade, além de afrontar o devido processo legal.

## 16.1 LEI 12007 E ASSOCIAÇÕES

A Constituição Federal de 1988 dispõe em seu bojo: "art. 5º, XXXII – o Estado promoverá, na forma da lei, a defesa do consumidor; art. 170 – A ordem econômica, fundada na valorização do trabalho humano e na livre iniciativa, tem por fim assegurar a todos existência digna, conforme os ditames da justiça social, observados os seguintes princípios: (...) V – defesa do consumidor".

Com o escopo de concretizar a defesa do consumidor e atendendo previsão imperativa do art. 48 do ADCT promulgou-se o Código de Defesa do Consumidor (Lei 8078/90). Ainda, tem-se promulgado diuturnamente,

---

2007 03 1 000144-3 – Rel. Des. Jair Soares – DJ 28/11/2007; TJRJ – 0004699 – Recurso 55.2002.8.19.0003 – Rel. Des. Elisabete Filizzola – DJ 05/04/2006; TJRJ – Recurso 0107450-53.2007.8.19.0001 (2009.001.40331) – Rel. Des. Henrique de Andrade Figueira – DJ 07/10/2009.

[179] GRINOVER, Ada Pellegrini et all. *Código brasileiro de defesa do consumidor: comentado pelos autores do anteprojeto.* Rio de Janeiro: Forense Universitária, 2001; p. 31.

legislação extravagante consumerista, visando complementar o CDC, formando um microssistema consumerista.

O CDC regra o seguinte: "art. 6º – São direitos básicos do consumidor: (...) III – a informação adequada e clara sobre os diferentes produtos e serviços, com especificação correta de quantidade, características composição, qualidade e preço, bem como sobre os riscos que apresentem; (...)VIII – a facilitação da defesa de seus direitos, inclusive com a inversão do ônus da prova, a seu favor, no processo civil, quando, a critério do juiz, for verossímil a alegação ou quando for ele hipossuficiente, segundo as regras ordinárias de experiência".

Os incisos III e VIII do art. 6º do CDC encerram direitos básicos do consumidor, ou seja, o direito à informação e a facilitação de sua defesa, respectivamente.

Para materializar tais direitos básicos e por via de conseqüência, aumentar a eficácia dos mesmos, o legislador ordinário frequentemente vale-se de legislação extravagante consumerista como se deu, por exemplo, na hipótese da Lei 11785/2008 (que define o tamanho mínimo da fonte em contratos de adesão), da Lei 10962/2004 (que dispõe sobre a oferta e a forma de afixação de preços de produtos e serviços para o consumidor), Lei 12039/2009 (que determina que constem nos documentos de cobrança de dívida encaminhados ao consumidor, o nome, o endereço e o número de inscrição no Cadastro de Pessoas Físicas – CPF ou no Cadastro Nacional de Pessoa Jurídica – CNPJ do fornecedor do produto ou serviço), Lei 11989/2009 (que incluiu o parágrafo único no art. 31 do CDC para constar que as informações de que trata este artigo, nos produtos refrigerados oferecidos ao consumidor, serão gravadas de forma indelével) dentre outras.

Neste microssistema consumerista, dentre estas normas visando a concretização do direito à informação e facilitação da defesa do consumidor, inclui-se também a Lei 12007/2009 com o escopo de exigir do prestador de serviços a emissão e envio da declaração de quitação anual ao dito consumidor.

Assim, a Lei 12007/2009 trata-se de instrumentalização do direito à informação (art. 6º, III do CDC) e de facilitação da defesa do consumidor (art. 6º, VIII do CDC).

Direito a informação no sentido de ser um plus imposto ao fornecedor na disponibilização de dados a respeito da relação consumerista e direito à facilitação da defesa do consumidor no sentido de possibilitar que a quitação anual substitua os comprovantes mensais de pagamento, não necessitando promover a guarda e conservação (muitas vezes difícil) dos últimos.

Deste modo, resta cristalino que a natureza jurídica da Lei 12007/2009 é de consumo, podendo ser aplicada somente nas relações consumeristas conforme bem acentua Fernanda Nunes Barbosa em pioneiro artigo sobre esta norma:

> "Recentemente editada, a Lei 12.007, de 29.07.2009, entrou em vigor na data de sua publicação, tendo por objetivo dispor sobre a emissão de declaração de quitação anual de débitos pelas pessoas jurídicas prestadoras de serviços públicos e privados no Brasil. Dirigida a salvaguarda de direitos do consumidor já contemplados no Código de Defesa do Consumidor (Lei 8078/1990)....".[180]

Cumpre esclarecer que do art. 1º da Lei 12007/2009 depreende-se facilmente que a dita norma abarca tão somente as pessoas jurídicas fornecedoras, ou seja, parte passiva de uma relação de consumo segundo se verifica pelo seu teor: "As pessoas jurídicas prestadoras de serviços públicos ou privados são obrigadas a emitir e a encaminhar ao consumidor declaração de quitação anual de débitos". Isto porque somente pode ser denominado como consumidor, o sujeito ativo de uma relação de consumo e fornecedora a parte passiva de uma relação de consumo.

Ademais, conforme já mencionado, a Lei 12007/2009 situa-se no microssistema jurídico do consumidor como forma de instrumentalização dos arts. 6º, III e VIII do CDC.

Diante do explanado, resta claro que somente se aplica a Lei 12007/20009 às relações de consumo.[181]

Além de se tratar de relação de consumo, a Lei 12007/2009 se limita tão somente às prestações de serviços de trato sucessivo.

Conforme consta do preâmbulo da Lei 12007/2009, a mesma dispõe sobre a emissão de declaração de quitação anual de débitos pelas pessoas jurídicas prestadoras de serviços públicos ou privados.

O art. 3º, §2º do CDC disciplina que "serviço é qualquer atividade fornecida no mercado de consumo, mediante remuneração, inclusive as de natureza bancária, financeira, de crédito e securitária, salvo as decorrentes das relações de caráter trabalhista". Como se depreende deste dispositivo legal, para fins

---

180 BARBOSA, Fernanda Nunes. *Comentários à Lei 12.007, de 29.07.2009: a exigência ao fornecedor da declaração de quitação de débitos como concretização de direitos básicos do consumidor.* Revista de Direito do Consumidor 73/79.

181 BARBOSA, Fernanda Nunes. *Comentários à Lei 12.007, de 29.07.2009: a exigência ao fornecedor da declaração de quitação de débitos como concretização de direitos básicos do consumidor.* Revista de Direito do Consumidor 73/85.

consumeristas, prestação de serviço é qualquer atividade fornecida no mercado de consumo mediante remuneração.

Outrossim, para incidência da Lei 12007/20009 também exige-se que a prestação de serviços seja de trato sucessivo e não de execução instantânea/ imediata ou diferida/retardada.

Entendemos que trato sucessivo é a relação englobando mais de 3 (três) meses de prestação de serviços ou com intenção de se prolongar no tempo sem término definido (como ocorre no caso de telefonia, energia elétrica, água, TV por assinatura, estabelecimento de ensino, cartões de crédito, bancos etc), pois só assim restará caracterizada a sucessividade.

Não interessa se o pagamento da prestação de serviços tenha se dado em única ou poucas parcelas, pois a sucessividade não é considerada em relação ao pagamento, mas tão somente em relação ao serviço propriamente dito.

Da leitura dos dispositivos da lei ora analisada, também percebe-se nitidamente do seu teor que a mesma abarca tão somente as prestações de serviço de trato sucessivo, ao exigir "declaração de quitação anual de débitos" (art. 1º), ao mencionar que a quitação compreenderá "os meses de janeiro a dezembro de cada ano" (art. 2º), ao condicionar a emissão e envio da declaração a "quitação de todos os débitos relativos ao ano em referência" pelo consumidor (art. 2º, §1º) etc.

Fernanda Nunes Barbosa deixa claro que a lei ora analisada tem como foco tão somente as prestações de serviço (e não a colocação de produtos no mercado) ao consumidor de trato sucessivo (e não de execução instantânea/imediada e diferida/retardada) segundo se depreende de suas próprias palavras:

> "A lei, ainda, limita quanto ao objeto da relação de consumo, na medida em que alcança as prestadoras de serviços e não as que tenham por objetivo a colocação de produtos no mercado. A princípio tais limitações não trazem prejuízo ao consumidor, uma vez que o objetivo da norma foi mesmo alcançar as contratações assim chamadas de 'trato sucessivo', o que ocorre fundamentalmente na prestação de serviços e não na venda de produtos. (...) E são de trato sucessivo ou de execução continuada os que se cumprem por meio de atos reiterados. É deles que trata a Lei 12.007/2009, a exemplo da prestação contínua de serviços educacionais, do seguro, do fornecimento de energia elétrica, água, telefonia, dos serviços de cartão de crédito, da assinatura de tv a cabo etc".[182]

---

[182] BARBOSA, Fernanda Nunes. *Comentários à Lei 12.007, de 29.07.2009: a exigência ao fornecedor da declaração de quitação de débitos como concretização de direitos básicos do*

Também estão vinculadas a esta lei por disposição expressa do art. 1º, não só as prestadoras de serviços privados, mas também de serviços públicos. Assim, as pessoas jurídicas prestadoras de serviços públicos como de água e esgoto, distribuição de energia elétrica, gás etc. deverão também emitir a declaração de quitação anual de débitos.

Por isto, acredita-se que a Lei 12007/2009 ora analisada tem como foco tão somente as prestações de serviço (e não a colocação de produtos no mercado) ao consumidor de trato sucessivo (e não de execução instantânea/imediada e diferida/retardada), independente da natureza da prestação de serviços (público ou privada).

Segundo dicção do art. 1º da Lei 12007/2009, as pessoas jurídicas prestadoras de serviços são obrigadas a emitir e a encaminhar ao consumidor declaração de quitação anual de débitos.

Depreende-se facilmente que as prestadoras de serviços devem no mínimo emitir e encaminhar a declaração de quitação anual. Não basta apenas conceder canal para emissão da declaração, sob pena de cumprimento apenas parcial da obrigação, acaso o consumidor não conheça, não consiga ou não emita a declaração de quitação anual. O ônus de emitir e encaminhar a declaração de quitação é do prestador de serviços sem qualquer ônus ao consumidor.

É válida o envio da declaração de quitação via email, desde que haja comprovação de recebimento pelo consumidor e na falta desta será presumido o não recebimento.

Acaso o consumidor emita a declaração de quitação anual em alguma unidade da prestadora de serviços, pela internete ou por qualquer outro meio, não mais subsiste a obrigação da prestadora de serviços em emitir a declaração para aquele consumidor, salvo quando requerido. Pode ainda a prestadora de serviços, caso deseje, fazer constar mensalmente em suas faturas, boletos ou informes mensais que não há débitos em relação àquele consumidor, o que também desobriga a mesma a emitir uma declaração anual.

O art. 2º da Lei 12007/2009 dispõe o seguinte: A declaração de quitação anual de débitos compreenderá os meses de janeiro a dezembro de cada ano, tendo como referência a data do vencimento da respectiva fatura. § 1º Somente terão direito à declaração de quitação anual de débitos os consumidores que quitarem todos os débitos relativos ao ano em referência. § 2º Caso o consumidor não tenha utilizado os serviços durante todos os meses do ano anterior,

---

*consumidor.* Revista de Direito do Consumidor 73/86.

terá ele o direito à declaração de quitação dos meses em que houve faturamento dos débitos. § 3º Caso exista algum débito sendo questionado judicialmente, terá o consumidor o direito à declaração de quitação dos meses em que houve faturamento dos débitos".

Segundo a dicção do art. 2º da Lei 12007/2009 a declaração de quitação anual de débitos deverá: a). compreender os meses de janeiro a dezembro de cada ano, tendo como referência a data do vencimento da respectiva fatura; b). compreender os meses em que houve faturamento dos débitos, na hipótese de não ter o consumidor utilizado os serviços durante todos os meses do ano; c). ser emitida quando o débito estiver sendo questionado judicialmente e não haja outros débitos em aberto não questionados e não quitados.

Somente terá direito a quitação, o consumidor que quitar todos os débitos relativos ao ano em referência (art. 2º, 1º da Lei 12007/2009) ou no caso dos débitos não quitados serem objeto de contestação judicial.

Ainda no que tange à forma da declaração de quitação anual, a mesma deverá ser encaminhada ao consumidor quando do encaminhamento da fatura a vencer no mês de maio do ano seguinte ou no mês subseqüente a completa quitação dos débitos do ano anterior ou dos anos anteriores. O mês de maio foi considerado como marco por se tratar do 1º mês após o termo final da declaração de imposto de renda no país. No caso da completa quitação dos débitos do ano anterior se der no ano anterior, a emissão e remessa deverá ser no mês seguinte a completa quitação dos débitos do ano anterior ou dos anos anteriores.

Conforme já sustentamos anteriormente, não há via de regra, relação de consumo entre associação e seus associados. Assim, a princípio e na maioria esmagadora das vezes, a relação entre associado e associação será estatutária e não de consumo. Somente haverá relação de consumo quando as associações civis figurarem como fornecedoras, ou seja, somente naquelas relações em que há fornecimento de produtos ou serviços no mercado de consumo indiscriminadamente, destinado a pessoas não associadas.[183]

---

[183] Há precedentes do STJ no sentido de que dependendo da finalidade social da associação civil, pode haver relação de consumo entre a mesma e seus associados segundo os arestos seguintes: "*Ao operar como os demais agentes de concessão de empréstimo do SFH, a associação age na posição de fornecedora de serviços aos seus associados, então caracterizados como consumidores*" STJ – REsp 436815 – Rel. Min. Nancy Andrigui – DJ 17/09/2002. No mesmo sentido: "*PLANO DE SAÚDE. Limitação de dias de internação. Inadmissibilidade. O fato de se tratar de uma associação não modifica a conclusão de abusividade*"; STJ – REsp 264257 – Rel. Min. Ruy Rosado de Aguiar – DJ 19/10/2000. STJ – REsp 519310 – Rel. Min. Nancy Andrigui – DJ 20/04/2004.

No caso, por exemplo, de atendimento médico por uma associação a toda a comunidade, haverá nítida relação de consumo entre as pessoas não associadas (e apenas estas) e a associação promotora. Não haverá, no entanto, relação de consumo entre os associados e a associação médica porque se trata de relação estatutária.[184]

Uma vez que as associações civis, a princípio, não fornecem suas atividades no mercado de consumo indiscriminadamente, mas tão somente a seus associados, não estaria caracterizada a prestação de serviços previstas no art. 3º, §2º do CDC, não havendo por via de conseqüência a possibilidade de incidência da Lei 12007/2009 que se limita a espécie de prestação de serviços consumerista.

Por todo o exposto, acreditamos que a Lei 12007/2009 (que dispõe sobre a emissão de declaração de quitação anual de débitos pelas pessoas jurídicas prestadoras de serviços públicos ou privados) não é aplicável as associações civis que não atuem no mercado de consumo indiscriminadamente.

---

184 Entendendo que não se aplica a Lei 12.007/2009 a relação entre condômino e condomínio: BARBOSA, Fernanda Nunes. *Comentários à Lei 12.007, de 29.07.2009: a exigência ao fornecedor da declaração de quitação de débitos como concretização de direitos básicos do consumidor.* Revista de Direito do Consumidor 73/87.

# 17 RESPONSABILIDADE CRIMINAL DOS ADMINISTRADORES E RESPONSABILIDADE CIVIL DAS ASSOCIAÇÕES

A associação, como qualquer outra pessoa jurídica, tem responsabilidade por seus atos (art. 927 do Código Civil) e de seus prepostos (art. 932, III, do Código Civil) no exercício de suas funções ou em razão delas.

Analisaremos agora algumas das casuísticas mais comuns de responsabilidade civil em sede de associação.

## 17.1 RESPONSABILIDADE CRIMINAL DOS ADMINISTRADORES

O sistema jurídico penal brasileiro não admite a hipótese de criminalização da pessoa jurídica, salvo em questões ambientais (que é discutível).

Dessa forma, caso uma conduta ocorrida no âmbito de determinada pessoa jurídica aconteça, somente poderão ser responsabilizados criminalmente as pessoas que participaram diretamente da mesma.

No caso, por exemplo, de morte de uma pessoa no interior de um clube em um evento, os administradores podem ser responsabilizados criminalmente por homicídio culposo, apesar de ser extremamente difícil.

Como dito, apesar de os administradores de uma associação poderem ser responsabilizados criminalmente, tal fato dificilmente acontecerá.

No ordenamento jurídico atual, somente em hipóteses extremamente excepcionais tem-se admitido a condenação criminal de representante de pessoa jurídica.

O STJ já analisou por 3 (três) vezes a responsabilização criminal de representantes de pessoas jurídicas, sendo que 2 (duas) delas se referem à morte ocorrida em clubes, as quais seguem abaixo:

> RECURSO EM HABEAS CORPUS. HOMICÍDIO CULPOSO. AFOGAMENTO. CULPA PRESUMIDA E RESPONSABILIDADE PENAL OBJETIVA. INEXISTÊNCIA. TRANCAMENTO DA AÇÃO PENAL. RECURSO PROVIDO. A responsabilidade penal é de caráter subjetivo, impedindo o brocardo *nullun crimen sine* culpa que se atribua prática de crime a presidente de clube social e esportivo pela morte, por afogamento, de menor que participava de festa privada de associada e mergulhou em piscina funda com outros colegas e com pessoas adultas por perto. Inobservância de eventual disposição regulamentar que não se traduz em causa, mas ocasião do evento lesivo. Recurso provido. (STJ – RHC 11397/SP – Rel. Min. Jose Arnaldo da Fonseca – DJ 11/09/01); RHC. AÇÃO PENAL. HOMICÍDIO CULPOSO. TRANCAMENTO. 1. A RESPONSABILIDADE PENAL É DE CARÁTER EMINENTEMENTE SUBJETIVO, IMPEDINDO O BROCARDO 'NULLUM CRIMEN SINE CULPA' SE ATRIBUA PRÁTICA DE CRIME A PRESIDENTE DE CLUBE ESPORTIVO PELA MORTE DE MENOR QUE, MERGULHANDO EM PISCINA OLÍMPICA, TENTA REMOVER O RESPECTIVO RALO E MORRE DRAMATICAMENTE SOB PRESSÃO DAS ÁGUAS. 2. RECURSO PROVIDO. (STJ – RHC 5595/ES – Rel. Min. Fernando Gonçalves – DJ 22/10/96).

Conforme se percebe, o STJ entende que o administrador de uma associação não pode, via de regra, ser responsabilizado criminalmente por morte ocorrida em seu interior.

Somente em hipóteses extremamente excepcionais, o administrador de uma associação pode ser responsabilizado criminalmente.

Essas hipóteses excepcionais exigem para configurar a responsabilidade criminal: a) comportamento humano voluntário, positivo ou omissivo; b) descumprimento do cuidado objetivo necessário, manifestado pela imprudência, negligência ou imperícia; c) previsibilidade objetiva do resultado; d) inexistência de previsão do resultado; e) morte involuntária.

Dessa forma, somente em hipótese em que os administradores sabendo concretamente que a falta de tomada de certa conduta pudesse acarretar alguma fatalidade e se omite é que se poderia responsabilizá-los criminalmente.

Hipótese em que se poderia cogitar em responsabilização criminal dá-se no caso, por exemplo, quando um administrador de uma associação é advertido formalmente da provável consequência de uma omissão, mas insiste em se quedar inerte.

A responsabilização criminal do dirigente de pessoa jurídica não é nova, existe desde o surgimento do Código Penal (1940). Desde essa época (e até mesmo antes), todo representante de pessoa jurídica (empresa, associação, fundação etc.) pode ser condenado criminalmente por infortúnio acontecido no âmbito da dita entidade. Qualquer representante de qualquer pessoa jurídica pode ser processado criminalmente e não somente os administradores de associações.

E em qualquer atividade pode haver a responsabilização criminal. Somente não corre risco de ser responsabilizado criminalmente o dirigente de uma entidade que não funciona.

Recomendação importante para espancar qualquer cogitação de responsabilidade dos administradores de uma associação é tomar todas as medidas de segurança necessárias e algumas complementares. Assim, não terá que se falar em qualquer espécie de responsabilidade criminal dos administradores de uma associação por qualquer infortúnio que aconteça no interior da entidade.

## 17.2 RESPONSABILIDADE CIVIL DA ASSOCIAÇÃO POR ATO DE SEUS ADMINISTRADORES

Ultrapassada a questão da responsabilidade criminal do dirigente de pessoa jurídica, ingressamos na responsabilidade civil da associação por atos de seus dirigentes.

Importante salientar que em épocas como a presente, onde há o excesso no acesso à justiça e a banalização dos danos morais, frequentemente tenta-se responsabilizar as associações por toda sorte de infortúnios relacionados ou não a ela.

Uma dessas hipóteses relaciona-se à responsabilidade civil da associação por ato de seus prepostos. Não é raro tentar responsabilizar-se a associação tão-somente pelo fato de o autor de algum ilícito ser um associado da mesma ou preposto.

Tal entendimento, no entanto, é equivocado. Para se responsabilizar a associação por ato de seus prepostos ou dirigentes, exige-se os seguintes elementos: a) existência de relação de subordinação entre a associação e seus prepostos; b) culpa ou dolo do preposto; c) estar o preposto no exercício de suas funções ou ocorrer o dano em virtude de seu trabalho.

Primeiramente, necessário se faz verificar se o mesmo estava no exercício de suas funções.

Tomemos como hipótese, por exemplo, o caso de algum dirigente do clube agredir algum associado. Deve-se perquirir, primeiramente, se esse diretor estava no exercício de suas funções ou não.

Não é o simples fato de ser dirigente de uma associação que faz com que esta tenha que arcar com todos os atos daquele.

Um dos princípios mais comezinhos do direito é que a pessoa jurídica tem existência distinta de seus membros, não se confundindo com a pessoa dos mesmos (sejam eles associados ou dirigentes).

Maria Helena Diniz aponta que a pessoa jurídica (associação) não se confunde com seus membros (dirigentes e associados) nos seguintes termos:

> Com a personificação da associação, para os efeitos jurídicos, ela passará a ter aptidão para ser sujeito de direitos e obrigações e capacidade patrimonial, constituindo seu patrimônio, que não terá relação com o dos associados, adquirindo vida própria e autônoma, não se confundindo com os seus membros, por ser uma nova unidade orgânica.[185]

No caso de agressões de dirigente, se o mesmo agredir algum associado no exercício de suas funções ou por conta dessa função, estará configurada a responsabilidade solidária da associação. Mas, caso o dirigente não esteja no exercício de sua função, a responsabilidade será unicamente deste. Na maioria dos casos de agressões, o dirigente atuará em nome próprio e não da associação.

Em situação idêntica à por último relatada, o TJMG decretou a ilegitimidade passiva de um clube em uma ação de indenização movida por uma pessoa que foi agredida pelo presidente da entidade cuja ementa deu-se nos seguintes termos:

> CIVIL E PROCESSUAL CIVIL – RESPONSABILIDADE CIVIL – AGRESSÃO FÍSICA PRATICADA POR PRESIDENTE DE CLUBE RECREATIVO CONTRA ASSOCIADO – ATO PESSOAL DO AGRESSOR – ILEGITIMIDADE PASSIVA DO CLUBE – PRELIMINAR ACOLHIDA. DANOS ESTÉTICOS E MORAL – ABRANGÊNCIA DE UM EM RELAÇÃO AO OUTRO – LEGÍTIMA DEFESA PUTATIVA – INOCORRÊNCIA – OFENSA MORAL CARACTERIZADA – *QUANTUM* INDENIZATÓRIO – CRITÉRIO DE FIXAÇÃO. CORREÇÃO MONETÁRIA E JUROS DE MORA – TERMO *A QUO*. SUCUMBÊNCIA RECÍPROCA. 1 – Acolhe-se a

[185] DINIZ, Maria Helena. *Curso de Direito Civil brasileiro*. Saraiva: São Paulo, 2005; p. 233.

> alegação de ilegitimidade passiva do clube em que ocorreu a agressão física sofrida pelo associado, praticada pelo presidente da casa, se patente que este agiu em nome próprio e não na condição de dirigente. 2 – O dano estético se incluiu no conceito de dano indenizável... (TJMG – Rel. Des. Maurício Barros – AC 2.0000.00469.363-4/000 – DJ 31/08/2005)

Digno de nota o voto do culto e diligente Desembargador Relator Maurício Barros no acórdão supra, que cai como uma luva na questão ora debatida:

> O recorrente repisa a alegação de que é parte ilegítima, porquanto não tem qualquer responsabilidade pelo evento danoso, tendo em vista que a pessoa jurídica tem existência e, portanto, responsabilidade completamente distinta da de seus membros. Deste modo, tendo em vista que o ato praticado pelo então presidente do clube, XXX (a agressão ao autor), em momento algum se revestiu como sendo ato de sua função de dirigente, somente sobre ele deve recair a eventual culpa pelo ato que praticou, razão pela qual pugna para que seja reconhecida a tese ora levantada, excluindo-o do pólo passivo da lide. Tenho que, de fato, não há como responsabilizar o primeiro recorrente pelo ato em questão, tendo em vista que as responsabilidades dos réus XXX e XXX não se confundem, sendo completamente apartadas, no caso dos autos. Portanto, nenhuma dúvida existe de que, ao agredir o autor, o réu pessoa física não agiu em nome do clube recreativo que então presidia. Ora, o réu XXX, segundo consta dos autos, foi atingido por uma pedra de gelo por um adolescente, em decorrência de uma brincadeira entre adolescentes, oportunidade em que o repreendeu, e, nesse momento, ao reagir e repreender o menor, fê-lo não como dirigente do clube recreativo, mas, sim, em nome próprio, porque se sentiu ofendido. Estaria agindo em nome do clube se algum outro associado solicitasse a sua intervenção em decorrência de ato praticado por outro associado. Desta forma, forçoso é concluir que, ao deferir o soco no rosto do autor, o segundo apelante não o fez em nome e como representante do primeiro apelante... Deste modo, tendo em vista que o ato praticado pelo então presidente do clube, XXX (a agressão ao autor), em momento algum se revestiu como sendo ato de sua função de dirigente, somente sobre ele deve recair a eventual culpa pelo ato que praticou, razão pela qual pugna para que seja reconhecida a tese ora levantada, excluindo-o do pólo passivo da lide. Tenho que, de fato, não há como responsabilizar o primeiro recorrente pelo ato em questão, tendo em vista que as responsabilidades dos réus XXX e XXX não se confundem, sendo completamente apartadas, no caso dos autos. Portanto, nenhuma dúvida existe de que, ao agredir o autor, o réu pessoa física não agiu em nome do clube recreativo que então presidia.(...) Estaria agindo em

> nome do clube se algum outro associado solicitasse a sua intervenção em decorrência de ato praticado por outro associado. Desta forma, forçoso é concluir que, ao deferir o soco no rosto do autor, o segundo apelante não o fez em nome e como representante do primeiro apelante.

## 17.3 AUSÊNCIA DE PROCESSO ADMINISTRATIVO

Como dito anteriormente, para se punir algum associado, necessita-se de um processo administrativo com oportunidade de defesa e recurso, por mais simples seja tal processo administrativo.

A ausência do processo administrativo ou a inexistência da oportunidade de defesa gera a nulidade da punição. Apesar da ausência de processo administrativo ou a inexistência de defesa desaguar na nulidade da punição, tal fato por si só não configura dano moral ao associado conforme aponta o ex-TAMG e TJMG:

> CLUBE ESPORTIVO – SOCIEDADE CIVIL – PENALIDADE POR INFRAÇÃO DISCIPLINAR – AUSÊNCIA DE PROCESSO ADMINISTRATIVO – NULIDADE – DANO MORAL – AUSÊNCIA DE PROVA FÁTICA – PROCEDÊNCIA DO PEDIDO – PROVIMENTO PARCIAL. É nula a penalidade por infração disciplinar prevista no estatuto de clube esportivo que não tenha resultado de processo administrativo com garantia do contraditório e da ampla defesa. A ausência de processo administrativo para a apuração de infração disciplinar prevista em estatuto do clube esportivo não acarreta, por si só, dano moral, mormente se provado, em processo judicial, que o sócio deu causa à punição. (AC 325.872-8 – 7ª Câm. Civ. – Rel. Juiz Fernando Bráulio – DJ 15/03/2001).

> APELAÇÃO CÍVEL - ANULATÓRIA DE ATO JURÍDICO - PROCESSO ADMINISTRATIVO - CLUBE SOCIAL E RECREATIVO - SUSPENSÃO DE DEPENDENTE DE ASSOCIADO - INOBSERVÂNCIA DO CONTRADITÓRIO E DA AMPLA DEFESA - DECLARAÇÃO DE NULIDADE DO ATO PUNITIVO - DANOS MORAIS - AUSÊNCIA. Constatada a inobservância dos princípios constitucionais da ampla defesa e do contraditório em processo administrativo interno, a penalidade imposta a dependente de associado pelo clube recreativo deve ser declarada nula. A irregularidade processual, per si, não é capaz de ensejar na reparação por dano moral quando o Autor deu causa a instauração do processo administrativo em decorrência de infração disciplinar prevista no Estatuto do Clube. (TJMG - AC 1.0024.13.178932-3/002 – Rel. Des. Mônica Libânio - DJ 17/05/2017)[186]

---

[186] Em sentido contrário: TJMG - Apelação Cível 1.0024.12.037411-1/001, Relator(a): Des.(a) Rogério Medeiros , 13ª CÂMARA CÍVEL, julgamento em 16/02/2017, publicação da

Ademais, no presente caso, não havendo incompatibilidade com os estatutos, a associação poderá promover a reabertura do processo administrativo decretado nulo com o escopo de investigar a acusação contra o associado, entretanto respeitando-se o direito de ampla defesa e do contraditório do mesmo.

## 17.4 AFOGAMENTO EM CLUBES

A questão relativa à indenizabilidade ou não no caso de afogamento em clubes dependerá, em muito, do caso concreto.

Primeiramente, importante salientar que é ônus do autor comprovar o ato ilícito da associação, o nexo causal e o dano, por inexistir relação de consumo entre associação e associado.

Infelizmente, situação não muito rara é o afogamento de crianças em clubes. A jurisprudência estampa inúmeras situações dessa estirpe.

Apesar da infelicidade de tais fatos, via de regra, a associação não tem culpa em caso de afogamento de crianças. O fato de não haver salva-vidas não é motivo para se condenar a associação. Segundo o art. 1.634 do CC, "compete aos pais, quanto à pessoa dos filhos menores: (...) II – tê-los em sua companhia e guarda".

Dessa forma, não se pode transferir para a associação o dever de guarda sobre as crianças. O Des. do TJMG, Pedro Bernardes, em voto na AC n. 415.038-5 do ex-TAMG (julgado em 02/04/2004), avaliza tal posicionamento:

> O fato de ser grande o número de freqüentadores no verão não cria para a apelada a obrigação de, nesta época, colocar um funcionário para vigiar os banhistas, em especial as crianças. Cabe aos acompanhantes de menores vigiá-los e fiscalizá-los a todo instante, não se podendo exigir do clube a contratação de um funcionário para exercer esta função. Não se pode transferir para o clube o dever de vigilância em relação às crianças. Ao contrário do que alegam os apelantes, o clube apelado não deixou de oferecer condições de segurança a seus freqüentadores. Não é obrigação do clube vigiar as crianças que lá se encontram, cabendo a seus acompanhantes a responsabilidade de fazê-lo.

A ausência de salva-vidas também não se caracteriza como omissão da associação, apesar de ser razoável a sua existência. Não há no ordenamento jurídico pátrio (salvo se existir lei municipal em sentido contrário) qualquer exigência nesse sentido, não podendo se falar em responsabilização civil da associação por afogamento devido à ausência de salva-vidas, segundo o Des. do

súmula em 24/02/2017).

TJMG, Pedro Bernardes, em voto na AC n. 415.038-5 do ex-TAMG (julgado em 02/04/2004):

> quanto á inexistência de salva-vidas e seguranças no local, como bem ressaltou o MM. Juiz a quo, não há qualquer norma que imponha à apelada a manutenção, em suas instalações, de salva-vidas, embora seja razoável a presença destes profissionais em clubes. Assim, o simples fato de não haver salva-vidas no local não implica culpa da apelada.

Os mesmos motivos citados para irresponsabilização da associação por afogamento no caso de ausência de salva-vidas aplicam-se na hipótese de inexistência de grades separando a piscina, bóias, presença de médicos e aparelhos de respiração e ambulância.

Deve-se ter em conta que a maioria esmagadora dos clubes são pequenos e em cidades também pequenas e não tem a mínima condição de possuir uma estrutura destas e também não é proporcional lhe exigirem. [187]

No caso de afogamento em decorrência de malsúbito por indigestão, a associação também não possui responsabilidade nessa hipótese, por se tratar de culpa exclusiva da vítima.

Ainda não tem responsabilidade a associação, na hipótese do afogamento ter se dado após ingresso de pessoas não autorizadas quando estiver fechado segundo o precedente abaixo:

> APELAÇÃO CÍVEL - AÇÃO DE INDENIZAÇÃO POR DANO MORAL - MORTE DE MENOR - AFOGAMENTO - CLUBE - ACIDENTE OCORRIDO EM OCASIÃO QUE O ESTABELECIMENTO SE ENCONTRAVA FECHADO - AUSÊNCIA DE RESPONSABILIDADE - DEVER DE GUARDA DOS PAIS - DEVER REPARATÓRIO INEXISTENTE - SENTENÇA MANTIDA - RECURSO NÃO PROVIDO.
>
> - No caso dos autos é de se reconhecer que a responsabilidade civil é aquiliana e subjetiva, tornando-se indispensável a prova da culpa para a caracterização do ato ilícito indenizável.
>
> - Ainda que se esteja diante de quadro extremamente trágico e que trouxe consequências inenarráveis para o autor, não se pode descurar que eventual inferência que culmine na reparação civil deve perpassar por rígidos critérios de apuração: (i) conduta ilícita culposa, (ii) dano (material ou imaterial) e (iii) nexo de causalidade entre um e outro, sem os quais não se pode falar em responsabilidade civil e, por consequência, no dever de indenizar.

---

[187] Em sentido contrário: STJ - REsp 1332366/MS – Rel. Ministro Luís Felipe Salomão – DJ 10/11/2016.

- O limiar que enseja a pretensão decorre do fato de que a vítima teria adentrado no clube, através de uma cerca, já que o local não é murado ou mesmo tinha qualquer proteção ou vigilantes que pudessem evitar a entrada de pessoas.
- Tendo em vista que o incidente se deu em uma segunda-feira, quando o clube fecha para manutenção interna, não há que se falar em obrigação do estabelecimento em manter equipe de salva-vidas em um dia que não há visitas de sócios ou convidados.
- Dúvida não se tem que compete aos pais a guarda e a proteção dos filhos, devendo mantê-los longe do perigo, não podendo imputar tal atribuição à terceira pessoa.
- Sendo o ato ilícito um dos requisitos indispensáveis ao reconhecimento do dever de indenizar, não estando demonstrado que a conduta do réu tenha contribuído para o evento morte, não há como atribuir à parte ré a responsabilidade pelos danos decorrentes do falecimento do menor.
- Sentença mantida. Recurso não provido. (TJMG - AC 1.0348.07.001891-9/001 – Rela. Desa. Mariangela Meyer - DJ 29/08/2017)

## 17.5 BRINQUEDO ESTRAGADO

Hipótese em que haverá responsabilidade do clube dá-se quando alguma criança se machuca em brinquedos estragados em que não há aviso de tal fato. O clube tem por responsabilidade a devida manutenção de seus brinquedos para mantê-los em condição de uso. Caso não haja condições de uso, mister se faz que conste aviso claro nesse sentido.

## 17.6 IMPEDIMENTO DE INGRESSO NA HIPÓTESE DE AUSÊNCIA DE CARTÃO DE IDENTIFICAÇÃO

É implícita à natureza da maioria das associações a identificação de seus associados por meio de cartão ou carteira. Tal conduta visa diferenciar os associados de pessoas não associadas.

Dessa forma, a exigência por parte da associação de carteira ou cartão de identificação é verdadeiro exercício regular do direito excludente de ilicitude segundo emana do art. 188, I, do CPC. O ex-TAMG, na AC n. 361.013-5, julgado em 22/05/2002, cujo rel. foi o Juiz Saldanha da Fonseca, decidiu no mesmo modo:

> INDENIZAÇÃO – SÓCIO DE CLUBE – CARTÃO DE IDENTIFICAÇÃO – APRESENTAÇÃO OBRIGATÓRIA – ATO ILÍCITO. O procedimento de não permitir que o associado adentre as dependências do clube sem apresentar o cartão ou carteira de sócio não se configura em ato ilícito passível de ensejar indenização por dano moral.

## 17.7 IMPEDIMENTO DE ACESSO NO RECINTO DA ASSOCIAÇÃO DE DETERMINADA PESSOA

Da mesma forma que ninguém é obrigado a receber em sua casa quem não deseje, a associação pode impedir o ingresso de quem não deseje. Até mesmo os associados podem ter seu acesso impedido na hipótese de punição por infração estatutária ou quando puder por em risco a integridade ou segurança de outros associados e/ou do patrimônio da entidade.

O impedimento de acesso pela associação é exercício regular de direito (art. 188, I, do CC), não havendo se falar em indenização segundo demonstra a jurisprudência:

> AÇÃO DECLARATÓRIA – EXERCÍCIO REGULAR DE DIREITO – INSTITUIÇÃO RECREATIVA – CUMULAÇÃO DE AÇÕES – INDENIZAÇÃO – DANO MORAL. O exercício regular de um direito não prejudica ninguém e nem configura dano moral. Instituição privada pode, legitimamente, proibir o acesso de quem lhe aprouver em suas dependências. A publicação, para conhecimento de terceiros interessados da interrupção de relacionamento comercial e social, não é ato ofensivo que configure dano moral. (ex-TAMG – EI 242214-8/01 – Rel. Juiz Lauro Bracarense – DJ 16/4/98)

Ademais, mesmo se o impedimento de acesso tenha se dado indevidamente pela associação, somente caberá indenização no caso de ofensas graves feitas por preposto da associação. Não havendo ofensas graves, será mero aborrecimento. O TJMG não diverge:

> APELAÇÃO CÍVEL - TRAVAMENTO CATRACA ELETRÔNICA DE CLUBE - SITUAÇÃO VEXATÓRIA - MERO ABORRECIMENTO - DANOS MORAIS INEXISTENTES.
>
> - Em caso de impedimento de acesso de sócio às dependências do clube decorrente de travamento da catraca eletrônica, ausente nos autos prova de violação aos direitos da personalidade, não há dano moral que deva ser reparado, mas mero aborrecimento, sobretudo quando o clube, tão logo identificada a falha na prestação dos serviços solucionou a questão, não acarretando qualquer prejuízo ao consumidor. (TJMG - AC 1.0702.13.049324-1/001 – Rel. Des. Vasconcelos Lins - DJ 04/04/2017)

## 17.8 FURTO E ROUBO

Outro tema interessante é saber se a associação civil se responsabiliza por furto e roubo de bens ocorridos dentro dos seus domínios.

No caso das empresas, por exemplo, é pacífico que as mesmas respondem por furto em seus estacionamentos conforme Súmula 630 do STJ: "A empresa responde, perante o cliente, pela reparação de dano ou furto de veiculo ocorridos em seu estacionamento". Já no caso de roubo, também existem precedentes do STJ neste sentido:

> RECURSO ESPECIAL - AÇÃO DE INDENIZAÇÃO POR DANOS MORAIS EM RAZÃO DE ROUBO SOFRIDO EM ESTACIONAMENTO DE SUPERMERCADO - PROCEDÊNCIA DA PRETENSÃO - FORÇA MAIOR OU CASO FORTUITO - NÃO RECONHECIMENTO - CONDUTA OMISSIVA E NEGLIGENTE DO ESTABELECIMENTO COMERCIAL - VERIFICAÇÃO - DEVER DE PROPICIAR A SEUS CLIENTES INTEGRAL SEGURANÇA EM ÁREA DE SEU DOMÍNIO - APLICAÇÃO DO DIREITO À ESPÉCIE - POSSIBILIDADE, IN CASU - DANO MORAL - COMPROVAÇÃO - DESNECESSIDADE - "DAMNUM IN RE IPSA", NA ESPÉCIE - FIXAÇÃO DO QUANTUM - OBSERVÂNCIA DOS PARÂMETROS DA RAZOABILIDADE - RECURSO ESPECIAL PROVIDO.
>
> I - É dever de estabelecimentos como shoppings centers e hipermercados zelar pela segurança de seu ambiente, de modo que não se há falar em força maior para eximi-los da responsabilidade civil decorrente de assaltos violentos aos consumidores;
>
> II - Afastado o fundamento jurídico do acórdão a quo, cumpre a esta Corte Superior julgar a causa, aplicando, se necessário, o direito à espécie;
>
> III - Por se estar diante da figura do "damnum in re ipsa", ou seja, a configuração do dano está ínsita à própria eclosão do fato pernicioso, despicienda a comprovação do dano.
>
> IV - A fixação da indenização por dano moral deve revestir-se de caráter indenizatório e sancionatório, adstrito ao princípio da razoabilidade e, de outro lado, há de servir como meio propedêutico ao agente causador do dano;
>
> V - Recurso Especial conhecido e provido. (STJ - REsp 582047/RS - Rel. Massami Uyeda - DJ 17/02/2009)

No caso das associações, este mesmo raciocínio não se aplica. Isto porque diante da maior autonomia das associações civis e por não ter finalidade lucrativa, ela somente se responsabiliza se dispor expressamente neste sentido, presumindo que a ausência refere-se a não responsabilização da entidade, vontade que vincula todos seus associados. Segundo aponta o STJ, somente há responsabilização de entidades associativas quando está previsto expressamente em suas normas internas que a dita entidade assume responsabilidade por dano ocorrido em seu interior

> CIVIL E PROCESSUAL. ACÓRDÃO ESTADUAL. NULIDADE NÃO CONFIGURADA. FURTO DE MOTOCICLETA NAS DEPENDÊNCIAS DE CLUBE SÓCIO-RECREATIVO. ESTACIONAMENTO. INDENIZAÇÃO INDEVIDA.
>
> I. Não padece de nulidade o acórdão estadual que enfrenta, suficientemente, as questões essenciais ao julgamento da lide, apenas que com conclusões desfavoráveis à parte.
>
> II. Inexistindo expressa previsão estatutária, não é a entidade sócio-recreativa, assim como por igual acontece nos condomínios, responsável pelo furto de veículos ocorrido em suas dependências, dada a natureza comunitária entre os filiados, sem caráter lucrativo.
>
> III. Recurso especial conhecido em parte e provido. Ação Improcedente. (STJ - RESP 310953 - Rel. Min. Aldir Passarinho Jr. - DJ 10/07/2007).

Trata-se do mesmo raciocínio adotado pelo STJ para os condomínios, que, aliás, é uma espécie peculiar de associação civil: "CIVIL. RESPONSABILIDADE CIVIL. CONDOMÍNIO. O condomínio só responde por furtos ocorridos nas suas áreas comuns se isso estiver expressamente previsto na respectiva convenção. Embargos de divergência não conhecidos." (STJ - EREsp 268.669 - Rel. Min. Ari Pargendler - DJ 26.04.2006).

Por conseguinte, somente haverá responsabilização da associação se houver previsão expressa neste sentido em seus Estatutos, ainda que tenha promovido depósito, guarda ou disponibilizado pessoal e equipamentos de vigilância.

## 17.9 CLÁUSULA DE NÃO-INDENIZAR

Outro tema relevante é sobre a in(validade) das cláusulas de não-indenizar nas associações civis. Nas associações civis muito se discute as cláusulas de não-indenizar previstas em estatutos sociais, os quais prevêem, por exemplo, que as entidades não se responsabilizam por furtos, roubos, agressões e toda espécie de danos sofridos em seus domínios.

A cláusula de não indenizar também chamada de exoneração de responsabilidade é segundo Wanderley Fernandes é a convenção realizadas pelas partes previamente a ocorrência de um dano e em certos termos para excluir o dever de indenizar.[188]

---

[188] FERNANDES, Wanderley. *Cláusulas de exoneração e de limitação de responsabilidade*. São Paulo: Saraiva, 2013; p. 112-113.

A previsão de normas internas de não indenizar nas associações civis (fruto da autonomia da associação e vontade vinculante de seus associados) são perfeitamente lícitas e acarretam a irresponsabilização do Clube segundo entendimento do STJ abaixo:

> "Clube social. Furto.
>
> Validade da cláusula estatutária que estabelece não responder o clube por furto de bens do associado que ocorra em suas dependências. Respeito à autonomia da vontade, uma vez inexistente ofensa a norma jurídica, cuja observância seja inarredável, ou a algum princípio ético". (STJ - RESP 86.137-SP - 3ª T. - Rel. Min. Eduardo Ribeiro - DJ 24/03/98)

Diante disto, a princípio, as cláusulas de não-indenizar previstas nos estatutos sociais das associaçõs são lícitas, notadamente quando tratar de questões eminentemente patrimoniais.

Apesar da licitude a priori das cláusulas de não-indenizar nas associações civis, existem limites para a validade das mesmas. São inválidas as cláusulas de não indenizar que prevejam exclusão de responsabilidade em caso de dolo, morte e lesão grave, danos extrapatrimoniais ou contrariedade a normas de ordem pública.

# 18

# INTERVENÇÃO DO ESTADO NAS ASSOCIAÇÕES

O art. 5º, XVIII, da Constituição pátria disciplina sobre a liberdade de associação e veda a intervenção estatal no seu funcionamento.

> Esta última ressalva, contudo, deve ser interpretada com cautela, pois, como se verá neste Capítulo, a criação de um ente associativo não gera uma realidade à parte do ordenamento, a qual possa ser regulamentada como um universo independente, insuscetível de controle judicial quanto à compatibilidade das atividades desenvolvidas com a ordem pública constitucional. Em outras palavras, a vedação constitucional à interferência do Estado no funcionamento das associações e a natureza não lucrativa de suas finalidades não as excluem de um permanente juízo de merecimento de tutela, com vistas a preservar o valor social da livre iniciativa (CF, art. 1º, IV) e a função social da atividade econômica privada (CF, art. 170).[189]

Assim, as questões pertinentes à associação podem ser levadas ao Judiciário, sendo vedado ao Julgador tão-somente a análise do mérito das decisões da associação.

Conforme alertado pelo Desembargador do TJRJ Elly Hermydio Figueira, quando da relatoria do Mandado de Segurança 1.122/94, julgado pela 1ª Câm. Civ. em 22/08/95,

---

[189] TEPEDINO, Gustavo; BARBOZA, Heloisa Helena; MORAES, Celina Bodin de [coords.]. *Código civil interpretado conforme a Constituição da República*. Rio de Janeiro: Renovar, 2004; p. 137.

> As lutas intestinas, de regra, no seio das entidades privadas, não raro adentrando pelos cancelos judiciários, são as mais das vezes fruto de paixões desagregadoras, e o Judiciário há de se manter eqüidistante delas, evitando interferências aos atos interna corporis, limitando-se à prevenção dos aspectos formais ditados pela lei associativa, que são os estatutos.

Somente questões de legalidade podem ser apreciadas. Somente cabe ao Judiciário verificar se certa determinação está de acordo com a constituição, preceitos legais e estatutários, não cabendo analisar sobre a conveniência ou justiça das decisões tomadas pela associação.[190]

Existe tradição no Judiciário brasileiro e de todos os países juridicamente mais avançados de auto-contenção judicial no que se refere ao direito de associação. Somente para se ter uma idéia, já na década de 50, o STF atuava de forma a garantir a não intervenção estatal no funcionamento das associações:

> A decisão que concede mandado de segurança por entender que o poder público não pode interferir, indiscriminada e injustificadamente, no âmago da vida de uma sociedade recreativa, não viola a lei, nem atenta contra a jurisprudência. Não conhecimento, portanto do recurso extraordinário. (STF – RE 39847 – Rel. Min. Ari Franco – DJ 09/04/1956)

A jurisprudência aponta também pela impossibilidade de se imiscuir em questões *interna corporis*:

> ASSOCIAÇÃO CIVIL – PROCEDIMENTO DISCIPLINAR – PENA – Suspensão de sócio por fatos atentatórios as normas do estatuto social – Ocorrência – Decisão *interna corporis* – Embargos rejeitados Vale dizer que aos Tribunais não cabe examinar o mérito das deliberações *interna corporis* das sociedades, mas, apenas, se as normas foram tomadas conforme as normas estatutárias que as regem. (TJSP – EI 197.067-2 – São Paulo – Rel. Des. Ricardo Brancato – J. 17/03/1994).
>
> AÇÃO COMINATÓRIA – LEGITIMIDADE PASSIVA *AD CAUSAM* AFASTADA – ADVOGADO QUE OBJETIVA INSCREVER-SE COMO SÓCIO COLABORADOR NA ASSOCIAÇÃO MÉDICA HOMEOPÁTICA DE MINAS GERAIS – NORMA ESTATUTÁRIA EM SENTIDO CONTRÁRIO – INTERFERÊNCIA ESTATAL VEDADA PELA CONSTITUIÇÃO FEDERAL – QUESTÃO *INTERNA CORPORIS* – SENTENÇA REFORMADA PARA JULGAR IMPROCEDENTE O PEDIDO – Segundo a melhor doutrina, a legitimidade passiva *ad causam* decorre do fato de ser o réu a pessoa indicada, em sendo

---

[190] No mesmo sentido: ALTERINI, Atílio Aníbal. *Derecho Privado*. Buenos Aires: Abeledo-Perrot, 1989; p. 245.

> procedente o pedido, a suportar os efeitos oriundos da sentença. – A Constituição Federal veda a interferência estatal no funcionamento das associações, não sendo, pois, dado ao Judiciário imiscuir-se em relação eminentemente privada para examinar questões estranhas à violação à lei ou à norma estatutária das respectivas associações demandadas. (TJMG – Recurso 2.0000.00.457491-2/000(1) – Rel. Mauro Soares de Freitas – DJ 13/05/2005).[191]

Por isso, Paulo Gustavo Gonet Branco, Gilmar Mendes e Inocêncio Mártires Coelho defendem no que tange as associações "questões como o ingresso nelas ou a exclusão de associados não podem ser revistas pelo Estado".[192]

Assim, na dúvida se a situação é *interna corporis* ou não, deve o Judiciário optar pela não interferência nas associações, pois a intervenção dessas pessoas jurídicas é medida excepcional segundo o art. 5º, XVIII, da Constituição Federal.

---

[191] No mesmo sentido: TJMG – Recurso 2.0000.00.395785-1/000(1) – Rel. Armando Freire – DJ 28/08/2003.

[192] MENDES, Gilmar Ferreira et al. *Curso de direito constitucional*. São Paulo: Saraiva, 2010, p. 503.

# 19

# O MINISTÉRIO PÚBLICO E AS ASSOCIAÇÕES

## 19.1 ILEGITIMIDADE DO MINISTÉRIO PÚBLICO PARA ABRIR PROCEDIMENTO ADMINISTRATIVO/INQUÉRITO CIVIL OU PROPOR AÇÃO CIVIL PÚBLICA EM FACE DE ASSOCIAÇÕES

Problemática bastante em voga é saber se o Ministério Público possui legitimidade para abrir procedimento administrativo/inquérito ou propor ação civil pública em face de associações civis.

Inicialmente, deve ser salientado que todo procedimento administrativo/inquérito aberto ou ação civil pública ajuizada por quem não possui legitimidade, é ruim para a democracia. Autorizar o Ministério Público a atuar em inquérito civil no qual não possui legitimidade e competência é negativo para o Estado de Direito e à Constituição Federal, pois ninguém pode se sujeitar a um procedimento administrativo fora das balizas constitucionais.

Imagine, por exemplo, se um advogado resolve em seu escritório abrir um inquérito civil para apurar eventual mau atendimento de determinado membro do Ministério Público aos cidadãos. Trata-se de um absurdo jurídico, pois o causídico não possui legitimidade e nem competência para tanto. Guardadas as devidas proporções, é isto que o Ministério Público faz quando abre ou processa inquérito civil/procedimento administrativo ou ação civil pública em situação que não possui legitimidade e competência.

Não se pode tolher a importante atividade do Ministério Público em todo e qualquer caso, mas apenas na situação concreta onde o mesmo atuar sem ter legitimidade e competência para tanto e em contrariedade à Constituição Federal ou a legislação ordinária.

Desta feita, importante relembrar que a Constituição Federal possui força normativa como defendido por Konrad Hesse[193], não se tratando de uma mera carta de boas intenções, pelo que vincula particulares e o Estado[194], onde se inclui o Ministério Público.

Só o ato de exigir alguém a se submeter a um inquérito civil/procedimento administrativo aberto/presidido por quem não tem legitimidade e competência para tanto se trata de abuso de poder, ilegalidade e ferimento de direito líquido e certo segundo apontou o *Des. Brandão Teixeira do* TJMG em seu voto no julgamento do Recurso 1.0024.04.429025-2/001(1) – Rel. Des. Jarbas Ladeira – DJ 17/01/2006:

> Ainda que se aceite que o inquérito civil possa servir de meio para colheita de elementos que sirvam para propositura de ação civil pública ou coletiva e, subsidiariamente, que permitam a tomada de compromissos de ajustamento de condutas, de audiências públicas e até, segundo alguns, de "recomendações", cuja obrigatoriedade deve ser sempre conferida em face da Constituição e das leis, porque ninguém é obrigado a fazer ou a não fazer senão em virtude de lei expressa, entende José Carlos Batista Puoli, inclusive com respaldo em Mazzili, que, em face do natural constrangimento que decorre para o investigado, "o procedimento pode escapar àquilo que é a permissão constitucional dada para atuação do órgão", dando azo a abuso de poder, ilegalidade e a ferimento a direito líquido e certo, que encontra remédio em mandado de segurança (in. Aspectos polêmicos do mandado de segurança – 51 anos depois. Cássio Scarpinella Bueno et alli., RT, 2002, p. 428 e 429/430). Mesmo que haja um interesse publico a legitimar a instauração do inquérito, o citado autor recomenda uma "proporcionalidade entre o constrangimento causado pelo ato ou pela investigação, e o bem público cuja proteção está sendo almejada", porque "necessário reiterar que os inquéritos civis são sim elementos de forte pressão", que podem causar graves ferimentos a direitos líquidos e certos (op. cit., p. 436). Por fim, cabe o registro de doutrina autorizada ao asseverar que "em se tratando de ilegalidade, desvio de finalidade ou falta de atribuições, poderá o inquérito civil ser trancado por mandado de segurança, impetrado pelo interessado" (in. Mazzilli. A defesa dos interesses difusos em juízo, Saraiva, 2003. p. 373).

---

[193] HESSE, Konrad. *A força normativa da Constituição.* Trad. Gilmar Mendes. Porto Alegre: Sergio Antonio Fabris Editor, 1991..

[194] CARBONELL, Miguel (coord). *Teoria del neoconstitucionalismo: ensaios escogidos.* Madrid: Editorial Trotta, 2007; p. 10.

Eurico Ferraresi não diverge ao repudiar a instauração de inquéritos civis/ procedimentos administrativos quando o *parquet* não possuir legitimidade ou competência:

> Conforme ressaltado, basta se colocar um instante que seja no lugar do investigado e imaginar o constrangimento causado pelo simples recebimento de uma notificação oriunda do Ministério Público com a informação de que se está sob investigação. No mínimo, este cidadão precisará contratar um advogado para lhe orientar e explicar o que se trata. Não se pode aceitar a falsa premissa de que a busca pela proteção do coletivo deve preponderar sobre o direito à privacidade.[195]

Assim, impor ao cidadão ou a associação a submissão a um inquérito civil/ procedimento administrativo/ação civil pública presidida por quem não tem competência e legitimidade para tanto, afronta o art. 5º, II da Constituição Federal, o qual prevê que "ninguém será obrigado a fazer ou deixar de fazer alguma coisa senão em virtude de lei", além de outros direitos líquidos e certos.

Quanto à importância das associações, a mesma já foi mencionada no Capítulo 6 e 7 da presente obra, a qual se remete o leitor para se evitar repetições desnecessárias.

Acresce-se que não consta do rol dos arts. 127[196] e 129[197] da Constituição Federal e art. 81 do CDC legitimidade e competência para o Ministério Público tratar de interesses individuais disponíveis como os de relação estatutária entre associados e associações.

A jurisprudência, inclusive do STJ segue o mesmo trilho:

> APELAÇÃO CÍVEL - AÇÃO CIVIL PÚBLICA - INDEFERIMENTO DA INICIAL - LEGITIMIDADE DO MINISTÉRIO PÚBLICO - DEFESA DO MEIO AMBIENTE E PATRIMÔNIO CULTURAL - PATRIMÔNIO DE PESSOA JURÍDICA PRIVADA - LESÃO A ASPECTO FINANCEIRO - INTERESSES METAINDIVIDUAIS - INEXISTÊNCIA. É cediço que o Ministério Público possui legitimidade para a defesa do

---

195 FARRARESI, Eurico. *Limites da atuação do Ministério Público no inquérito civil in* GOMES, Luiz Flávio et alli. (coords.). *Limites constitucionais da investigação.* São Paulo: Revista dos Tribunais, 2009; p. 85.

196 Art. 127 da CF. O Ministério Público é instituição permanente, essencial à função jurisdicional do Estado, incumbindo-lhe a defesa da ordem jurídica, do regime democrático e dos interesses sociais e individuais indisponíveis

197 Art. 129. São funções institucionais do Ministério Público: (...) III – promover o inquérito civil e a ação civil pública, para a proteção do patrimônio público e social, do meio ambiente e de outros interesses difusos e coletivos.

meio ambiente lato sensu, nele englobado o patrimônio cultural, enquanto significativo de bens culturais, entretanto, a convalescença de lesão patrimonial , puramente de aspecto financeiro, versando bens privados de Sociedade Civil , não constitui interesse metaindividual, difuso ou coletivo ligado ao acervo cultural , mas, sim, interesse estritamente privado e disponível, pertencente à própria instituição ou , quando muito, a seus associados, não havendo que se reconhecer a legitimidade do parquet para a defesa de interesses que não digam respeito à coletividade como um todo, mas de certo grupo privado de pessoas, não se configurando, por conseguinte, dano ao patrimônio cultural da coletividade a eventual lesão proclamada (TJMG – AC 1.0024.06.071799-8/001 – Rel. Des. Luciano Pinto – DJ 18/01/2007)

AÇÃO CIVIL PÚBLICA. INTERESSES INDIVIDUAIS DISPONÍVEIS. ILEGITIMIDADE DO MINISTÉRIO PÚBLICO FEDERAL.

- O Ministério Público Federal não possui legitimidade para propor ação civil pública visando o pagamento de correção monetária de vencimentos de servidores públicos. Tratando-se de direitos individuais disponíveis, os titulares podem deles dispor. Inexistência de violação à Lei Complementar 75/93 e a Lei 7.347/85. – Recurso especial desprovido (STJ – REsp n.º 144030/GO, 5ª Turma, Rel. Min. GILSON DIPP, DJ de 18/12/98).

Apelação cível. Mandado de segurança. Inquérito civil público instaurado para fiscalizar contas de clube de futebol. Ilegitimidade do ministério público para propor a abertura de inquérito civil público para os fins colimados. Ausência de interesse coletivo a ser tutelado. 1. a agremiação desportiva tem legitimidade para, em nome próprio, opor-se à devassa de suas contas bancárias pelo ministério público, sem que haja motivos específicos para tanto. 2. a juntada de documentos novos anexos às informações possibilita a impugnação de tais alegações pelo impetrante, por coadunar-se tal ato processual com o princípio constitucional do contraditório (art. 5º, lv), com previsão no código de processo civil (art. 398). 3. O inquérito civil público, procedimento inquisitivo basilar da ação civil, não pode ser instaurado pelo ministério público, para fins de fiscalização de contas e balanços financeiros de associações desportivas (clubes de futebol profissional), sem motivos suficientes para tanto, vez que a ausência de interesse coletivo ou social, quanto às finanças de aludidas agremiações, torna ilegítima a iniciativa do órgão ministerial. 3. Não cabe ao ministério público a fiscalização das demonstrações financeiras de associação esportiva, de caráter privado. (TJMG – Recurso 1.0024.04.429025-2/001(1) – Rel. Des. Jarbas Ladeira – 17/01/2006)

PROCESSUAL CIVIL - AGRAVO DE INSTRUMENTO - AÇÃO CIVIL PÚBLICA - COBRANÇA ADICIONAL DE MENSALIDADE/ CONTRIBUIÇÃO PELA UTILIZAÇÃO DE ACADEMIA EM CLUBE

RECREATIVO - INEXISTÊNCIA DE INTERESSE SOCIAL QUALIFICADO EM CAUSA - MINISTÉRIO PÚBLICO - ILEGITIMIDADE ATIVA. Conforme jurisprudência do colendo Superior Tribunal de Justiça, o Ministério Público tem legitimidade para promover ação coletiva em defesa de interesses individuais homogêneos, ainda que disponíveis e divisíveis, quando revelem uma dimensão social qualificada que coincida com o interesse público. Com efeito, descabe cogitar da legitimidade do Ministério Público para defesa de interesses individuais homogêneos de pequeno grupo de associados de um clube recreativo, que não concordam com a instituição da cobrança de contribuição para a utilização da academia de ginástica do próprio clube, porque ausente a imprescindível relevância social, por se tratar de relação de natureza exclusivamente privada, individual. Na verdade se trata da proteção a um grupo isolado de pessoas, ainda que, conforme alegado na inicial, consumidores (em tese), não se confundindo com a defesa coletiva de seus interesses. (TJMG - Agravo de Instrumento-Cv 1.0702.14.068367-4/001 – Rel. Des. Alberto Vilas Boas - DJ 09/06/2015)

APELAÇÃO CÍVEL - AÇÃO DE EXECUÇÃO DE TAC - OBRIGAÇÃO DE APRESENTAR BALANÇO PATRIMONIAL - DEFESA DO MEIO AMBIENTE E PATRIMÔNIO CULTURAL - PATRIMÔNIO DE PESSOA JURÍDICA PRIVADA - LESÃO A ASPECTO FINANCEIRO - INTERESSES METAINDIVIDUAIS - INEXISTÊNCIA - ILEGITIMIDADE ATIVA AD CAUSAM DO MINISTÉRIO PÚBLICO ESTADUAL - SENTENÇA MANTIDA.O Ministério Público é parte ativa ilegítima para pretender a apresentação das demonstrações financeiras, pareceres de auditores, de clube desportivo de direito privado, por não existir interesse metaindividual, difuso ou coletivo ligado ao patrimônio cultural brasileiro, mas, sim, privado e disponível, pertencente à instituição ou a seus membros associados. (TJMG - Apelação Cível 1.0024.09.729277-5/001, Relator Des. Afrânio Vilela, DJ 08/11/2016)

O STJ já entendeu que o ministério público não possui legitimidade para presidir inquérito/procedimento administrativo ou ação civil pública referente a interesse de grupo de membros de determinada associação:

AÇÃO CIVIL PÚBLICA. RECURSO ESPECIAL. ARTIGO 535 DO CPC. VIOLAÇÃO NÃO CONFIGURADA. DISSÍDIO JURISPRUDENCIAL NÃO DEMONSTRADO. DEFESA DE INTERESSES PREDOMINANTEMENTE INDIVIDUAIS. INEXISTÊNCIA DE INTERESSES INDIVIDUAIS HOMOGÊNEOS. ILEGITIMIDADE DO MINISTÉRIO PÚBLICO. RECURSO ESPECIAL PROVIDO.

1. (...)

3. O Ministério Público não tem legitimidade ativa para propor ação civil pública na qual busca a suposta defesa de um pequeno grupo de pessoas – no caso, dos associados de um clube, numa óptica predominantemente individual.

4. A proteção a um grupo isolado de pessoas, ainda que consumidores, não se confunde com a defesa coletiva de seus interesses. Esta, ao contrário da primeira, é sempre impessoal e tem como objetivo beneficiar a sociedade em sentido amplo. Desse modo, não se aplica à hipótese o disposto nos artigos 81 e 82, I, do CDC.

5. No caso, descabe cogitar, até mesmo, de interesses individuais homogêneos, isso porque a pleiteada proclamação da nulidade beneficiaria esse pequeno grupo de associados de maneira igual. Além disso, para a proteção dos interesses individuais homogêneos, seria imprescindível a relevância social, o que não está configurada na espécie.

6. Recurso especial provido". (STJ – REsp 1109335 /SE – Rel. Min. Luis Felipe Salomão Filho – DJ 21/06/2011)

PROCESSUAL CIVIL – AÇÃO CIVIL PÚBLICA – GESTÃO FRAUDULENTA DE CLUBE

DE FUTEBOL (ATLÉTICO MINEIRO) – ASSOCIAÇÃO COM PERSONALIDADE DE DIREITO PRIVADO – OFENSA REFLEXA AO SISTEMA BRASILEIRO DO DESPORTO – ILEGITIMIDADE DO MINISTÉRIO PÚBLICO.

1. É entendimento desta Corte a legitimidade do Ministério Público para propor ação civil pública em defesa do patrimônio público, conceito que abrange aspectos material e imaterial, quando há direta lesão ao bem jurídico tutelado.

2. Somente de forma reflexa é atingido o patrimônio cultural, quando fraudada organização desportiva privada.

3. Inadequação da ação civil pública e ilegitimidade ativa ad causam do Ministério Público para a defesa do patrimônio ofendido.

4. Recurso especial não conhecido. (STJ – REsp 1041765/MG – Rel. Min. Eliana Calmon – DJ 22/09/2009)

Outrossim, não consta do rol dos arts. 127[198] e 129[199] da Constituição Federal legitimidade para o Ministério Público tratar de interesses sem

---

[198] Art. 127 da CF. O Ministério Público é instituição permanente, essencial à função jurisdicional do Estado, incumbindo-lhe a defesa da ordem jurídica, do regime democrático e dos interesses sociais e individuais indisponíveis

[199] Art. 129. São funções institucionais do Ministério Público: (...) III – promover o inquérito civil e a ação civil pública, para a proteção do patrimônio público e social, do meio ambiente e de outros interesses difusos e coletivos.

relevância social. Como bem aponta o Procurdor de Justiça José Eduardo Sabo Paes, o Ministério Público não pode intervir em associações civis que não tenha relevância social, como entidades que são voltadas apenas para seus associados, por lhe faltar legitimidade para tanto nos seguintes termos:

> Neste caso, havendo interesse social nos objetivos da entidade, terá ela o acompanhamento e a fiscalização do Ministério Público por meio de sua Promotoria competente. caso contrário, ou seja, se a associação tiver objetivos estatutários voltados especificamente para seus associados, não será ela considerada como de interesse social e, portanto, não será acompanhada pelo ministério público. Primeiro porque uma associação constituída para prestar benefícios mútuos aos seus próprios associados não pode ter nenhuma intervenção estatal em seu funcionamento, conforme vedação constitucional estabelecida no art. 5º, XVIII. nesse caso estão, por exemplo, as associações de classe, que têm por objetivo a defesa de uma classe específica, ou uma associação comunitária que de igual modo tenha objetivos centrados na defesa dos interesses específicos de seus associados. Segundo porque ao ministério público cabe constitucionalmente a defesa dos interesses sociais e individuais indisponíveis (art. 127, *caput*) e a função institucional de proteger o patrimônio que seja público e social e também os interesses difusos e coletivos (art. 129, iii, da constituição federal) o que efetivamente não ocorre quando os objetivos da pessoa jurídica são voltados estritamente em prol de seus associados.[200]

Questões envolvendo, discussões entre associados e associações, mensalidades, organização interna, alterações estatutárias, eleilões, dentre outras, não tem a princípio, qualquer relevância social, pois a entidade está diretamente voltada tão somente para atendimento das necessidades de seus associados e a sociedade em geral apenas de forma reflexa. A jurisprudência segue o mesmo trilho:

> MINISTÉRIO PÚBLICO – ILEGITIMIDADE ATIVA – DIREITOS INDIVIDUAIS HOMOGÊNEOS DISPONÍVEIS – AUSÊNCIA DE INTERESSE SOCIAL. O MINISTÉRIO PÚBLICO possui legitimidade apenas para a defesa de interesses sociais ou individuais, desde que estes sejam de natureza indisponível, o que torna tal instituição parte ilegítima para o ajuizamento de ação envolvendo direitos individuais disponíveis, mormente evidenciados que tais direitos são dotados de pertinência limitada apenas a membros de uma associação civil, sem qualquer repercussão na coletividade. (TJMG – Recurso 1.0145.07.412447-3/001(1) – Rel. Des. Pedro Bernardes – DJ 05/05/2009)

---

[200] PAES, José Eduardo Sabo. *Fundações, associações e entidades de interesse social: aspectos jurídicos, administrativos, trabalhistas e tributários*. São Paulo: Forense, 2010; p. 70.

APELAÇÃO CÍVEL. AÇÃO CIVIL PÚBLICA. FEDERAÇÃO MINEIRA DE FUTEBOL. SISTEMA BRASILEIRO DO DESPORTO. ALTERAÇÃO ESTATUTÁRIA. ELEIÇÃO DE MEMBROS DIRIGENTES. PRELIMINAR DE OFÍCIO. ILEGITIMIDADE ATIVA DOMINISTÉRIO PÚBLICO. PROCESSO EXTINTO SEM EXAME DO MÉRITO. 1 - O Ministério Público é legitimado para a propositura de Ação Civil Pública na defesa de interesse difuso ou coletivo, o qual não é vislumbrado na hipótese, em que se busca a anulação de disposições estatutárias de associação esportiva de caráter privado. 2 - Preliminar acolhida de ofício. Processo extinto sem julgamento do mérito." (TJMG - AC 1.0024.08.097672-3/001 – Rel. Des. José Marcos Vieira - DJ 22/10/2010).

PROCESSUAL CIVIL - AGRAVO DE INSTRUMENTO - AÇÃO CIVIL PÚBLICA - COBRANÇA ADICIONAL DE MENSALIDADE/CONTRIBUIÇÃO PELA UTILIZAÇÃO DE ACADEMIA EM CLUBE RECREATIVO - INEXISTÊNCIA DE INTERESSE SOCIAL QUALIFICADO EM CAUSA - MINISTÉRIO PÚBLICO - ILEGITIMIDADE ATIVA. Conforme jurisprudência do colendo Superior Tribunal de Justiça, o Ministério Público tem legitimidade para promover ação coletiva em defesa de interesses individuais homogêneos, ainda que disponíveis e divisíveis, quando revelem uma dimensão social qualificada que coincida com o interesse público. Com efeito, descabe cogitar da legitimidade do Ministério Público para defesa de interesses individuais homogêneos de pequeno grupo de associados de um clube recreativo, que não concordam com a instituição da cobrança de contribuição para a utilização da academia de ginástica do próprio clube, porque ausente a imprescindível relevância social, por se tratar de relação de natureza exclusivamente privada, individual. Na verdade se trata da proteção a um grupo isolado de pessoas, ainda que, conforme alegado na inicial, consumidores (em tese), não se confundindo com a defesa coletiva de seus interesses. (TJMG - AI 1.0702.14.068367-4/001 – Rel. Des. Alberto Vilas Boas - DJ 09/06/2015)

PROCESSUAL CIVIL. AÇÃO CIVIL PÚBLICA. LEGITIMIDADE. MINISTÉRIO

PÚBLICO. INTERESSES INDIVIDUAIS HOMOGÊNEOS.

O Ministério Público não tem legitimidade para propor ação civil pública na defesa de interesses individuais homogêneos, quando inexistente relevante interesse social compatível com a finalidade da instituição. Recurso especial conhecido e não provido. (STJ – REsp 613.493/DF, Rel. Ministro CESAR ASFOR ROCHA, DJ 20/03/2006).

CONSTITUCIONAL. AÇÃO CIVIL PÚBLICA: MINISTÉRIO PÚBLICO: DIREITOS INDIVIDUAIS HOMOGÊNEOS. Lei 7.374/85, art. 1º, II, e art. 21, com a redação do art. 117 da Lei 8.078/90 (Código do

> Consumidor); Lei 8.625/93, art. 25. C.F., artigos 127 e 129, III. I. – Ação civil pública que tem por objeto direitos individuais homogêneos: legitimidade ativa do Ministério Público: questão que se situa no campo infraconstitucional: Lei 7.374/85, art. 1º, II, art. 21, redação do art. 117 e arts. 81 e 82 da Lei 8.078/90 (Código do Consumidor); Lei 8.625/93, art. 25. II. – Questão constitucional do art. 129, III, não invocada. III. – Direitos individuais homogêneos, decorrentes de contratos de compromisso de compra e venda que não se identificam com "interesses sociais e individuais indisponíveis (C.F., art. 127). IV. – Agravo regimental não provido". (STF – RE 204200 AgRg/SP – Rel. Min. Carlos Velloso – DJ 08/10/2002)

## 19.2 LEGITIMIDADE DO MINISTÉRIO PÚBLICO PARA ABRIR PROCEDIMENTO ADMINISTRATIVO/INQUÉRITO CIVIL OU PROPOR AÇÃO CIVIL PÚBLICA EM FACE DE ASSOCIAÇÕES EM QUESTÕES DE DIREITO INDISPONÍVEL DE RELEVÂNCIA SOCIAL

No entanto, se a questão a ser analisada envolver direito indisponível de relevância social, aí sim o Ministério Público poderá apurar mediante inquérito e ajuizar as competentes ações judiciais, inclusive a ação civil pública. Cite-se, por exemplo, uma entidade que recebe subvenção municipal. O Ministério Público tem toda a competência e legitimidade para fiscalizá-la, abrir inquérito civil e ajuizar ação civil pública contra a mesma, desde que a questão se revista na própria matéria de interesse social ou a ela intimamente conexa. Não caberia, por exemplo, ao Ministério Público intervir em uma eleição de associação ou desejar anular reforma estatutária se não possui qualquer conexão à verba pública recebida.

Tanto deve ser assim que a lei 12527/2011 (lei de acesso à informação) dispõe que só pode haver intervenção do Ministério Público em entidades associativas que recebam recursos públicos diretamente do orçamento ou mediante subvenções e a intervenção deve ser limitada a tais recebimentos, *in verbis*:

> Art. 2º Aplicam-se as disposições desta Lei, no que couber, às entidades privadas sem fins lucrativos que recebam, para realização de ações de interesse público, recursos públicos diretamente do orçamento ou mediante subvenções sociais, contrato de gestão, termo de parceria, convênios, acordo, ajustes ou outros instrumentos congêneres.
>
> Parágrafo único. A publicidade a que estão submetidas as entidades citadas no *caput* refere-se à parcela dos recursos públicos recebidos e à sua destinação, sem prejuízo das prestações de contas a que estejam legalmente obrigadas.

Relevante constar que o mero fato da associação gozar de isenções ou de benefícios fiscais ou ser declarada de utilidade pública não acarreta legitimidade do Ministério Público para fiscalizá-la ou processá-la porque o recebimento de receitas públicas deve ser de modo direto como por meio de subvenções. Mesmo porque seria a mesma coisa de se legitimar o Ministério Público a atuar em desfavor de qualquer cidadão que por qualquer característica especial, faça jus a isenção de qualquer imposto.

## 19.3 INSTRUMENTOS PROCESSUAIS CONTRA A ATUAÇÃO ILEGÍTIMA DO MINISTÉRIO PÚBLICO EM QUESTÕES ENVOLVENDO ASSOCIAÇÕES

Assim, acaso seja aberto procedimento administrativo/inquérito civil em questão contra associação/associado sem as exigências de indisponibilidade do direito e sem relevância social, o mesmo está sujeito a trancamento mediante mandado de segurança. Hugo Nigro Mazzilli também deixa claro a possibilidade de se trancar inquérito civil ilegal e abusivo como o presente por meio de mandado de segurança:

> Assim, no caso de inquérito civil instaurado sem justa causa, poderá caber até mesmo mandado de segurança. Além disso, o trancamento judicial do inquérito civil pelo Poder Judiciário só ocorrerá em hipóteses restritas, e, nessa linha, podemos imaginar casos de ilegalidade, desvio de finalidade ou de poder por falta de atribuições, quando será possível impetrar-se mandado de segurança contra a instauração do inquérito civil".[201]

A jurisprudência prevê o cabimento de mandado de segurança para trancamento de inquérito civil/processo administrativo presidido pelo Ministério Público quando o mesmo for abusivo ou ilegal:

> Apelação cível. MANDADO DE SEGURANÇA. INQUÉRITO CIVIL PÚBLICO INSTAURADO PARA FISCALIZAR CONTAS DE CLUBE DE FUTEBOL. ILEGITIMIDADE DO MINISTÉRIO PÚBLICO PARA PROPOR A ABERTURA DE INQUÉRITO CIVIL PÚBLICO PARA OS FINS COLIMADOS. Ausência de interesse coletivo a ser tutelado. 1. A agremiação desportiva tem legitimidade para, em nome próprio, opor-se à devassa de suas contas bancárias pelo Ministério Público, sem que haja motivos específicos para tanto. 2. A juntada de documentos novos anexos às informações possibilita a impugnação de tais alegações pelo Impetrante, por coadunar-se tal ato processual com o princípio

[201] MAZZILLI, Hugo Nigro. *O Inquérito Civil*. São Paulo: Saraiva, 1999; p. 283.

constitucional do contraditório (art. 5º, LV), com previsão no Código de Processo Civil (art. 398). 3. O INQUÉRITO CIVIL PÚBLICO, PROCEDIMENTO INQUISITIVO BASILAR DA AÇÃO CIVIL, NÃO PODE SER INSTAURADO PELO MINISTÉRIO PÚBLICO, PARA FINS DE FISCALIZAÇÃO DE CONTAS E BALANÇOS FINANCEIROS DE ASSOCIAÇÕES DESPORTIVAS (CLUBES DE FUTEBOL PROFISSIONAL), SEM MOTIVOS SUFICIENTES PARA TANTO, VEZ QUE A AUSÊNCIA DE INTERESSE COLETIVO OU SOCIAL, QUANTO ÀS FINANÇAS DE ALUDIDAS AGREMIAÇÕES, TORNA ILEGÍTIMA A INICIATIVA DO ÓRGÃO MINISTERIAL. 3. NÃO CABE AO MINISTÉRIO PÚBLICO A FISCALIZAÇÃO DAS DEMONSTRAÇÕES FINANCEIRAS DE ASSOCIAÇÃO ESPORTIVA, DE CARÁTER PRIVADO. (TJMG – Recurso 1.0024.04.429025-2/001(1) – Rel. Des. Jarbas Ladeira – 17/01/2006)

MANDADO DE SEGURANÇA – Interesse processual – Caracterização – Peça vestibular – Eventual omissão suprida pela primeira autoridade impetrada – Preliminar rejeitada. JUIZ DE DIREITO – Atos praticados – índole jurisdicional- penal – Exercício de atividade típica – Caracterização – Dano ao erário, com vantagem própria ou de outrem, ou ameaça ao patrimônio público c social, ao meio ambiente ou a outros interesses difusos e coletivos – Inocorrência – Infração disciplinar – Apuração e imposição de penalidade – Atribuição exclusiva do Tribunal de Justiça – Inteligência dos arts. 25 a 48 da Lei Orgânica da Magistratura – Justa causa para instauração de inquérito civil – Falta – Ministério Público que não pode sair à cata de provas de má conduta de magistrados, pois isso não constitui função institucional sua – Ilegalidade e abuso de poder – Configuração – Determinado o trancamento definitivo do Inquérito Civil e cassado o julgamento do Egrégio Conselho Superior do Ministério Público – Segurança concedida. (TJSP – Mandado de Segurança 9025837-31.2005.8.26.0000 – Rel. Des. Marino Emílio Falcão Lopes – DJ 07/11/2005)

MANDADO DE SEGURANÇA. INQUÉRITO CIVIL QUE TRAMITA DESDE 2006, SEM CONCLUSÃO. AÇÃO CONSTITUCIONAL VISANDO O TRANCAMENTO DO REFERIDO PROCEDIMENTO, EM ATENDIMENTO ÀS ORIENTAÇÕES EXARADAS PELO CONSELHO NACIONAL E CONSELHO SUPERIOR DO MINISTÉRIO PÚBLICO ESTADUAL. DECADÊNCIA. INOCORRÊNCIA. INSTITUTO DE CUNHO INSTRUMENTAL, QUE VISA À COLHEITA DE DADOS PARA PROPOSITURA DE AÇÃO CIVIL PÚBLICA. PARECER DA DOUTA PROCURADORIA DE JUSTIÇA, FAVORÁVEL À CONCESSÃO DA ORDEM, AFIRMANDO A NECESSIDADE DE JUSTIFICAÇÃO FORMAL DO PROMOTOR DE JUSTIÇA, ACERCA DA NÃO CONCLUSÃO DO INQUÉRITO CIVIL APÓS UM

> ANO DE SUA INSTAURAÇÃO. ORIENTAÇÃO QUE SE COADUNA COM O ENTENDIMENTO DESTA RELATORA. ORDEM CONCEDIDA PARA TRANCAMENTO DO INQUÉRITO CIVIL. (TJRJ – MS 0000591-40.2012.8.19.0000 – Rel. Des. Flávia Romano de Rezende – DJ 25/04/2012)
>
> MANDADO DE SEGURANÇA. INQUÉRITO CIVIL. Iniciou-se o inquérito civil em 13.08.2008 motivado na portaria exarada em 31 de junho de 2008 e decorrido mais de um ano, ainda não se o concluiu. Não se respeitou, ainda, os princípios do contraditório e da ampla defesa, assegurados no artigo 5º., LV da CRFB/88, porquanto a impetrante não foi sequer intimada para acompanhar a formação e instrução do inquérito civil. Assim, o inquérito civil em sua condução malfere os princípios constitucionais do contraditório, da ampla defesa e da razoável duração do processo – (artigo 5º. LV e, LXXVIII da CRFB/88). Demais, considerando a legitimidade constitucional da Lei Municipal 5247/91, do Município de Campos, com plena validade e eficácia, permitindo a cessão da impetrante à Câmara Municipal, nos limites da previsão legal, até porque nada se proclamou em contrário, concede-se a segurança pleiteada na inicial determinando o trancamento imediato do inquérito civil em relação à impetrante. CONCESSÃO DA SEGURANÇA. (TJRJ – 0051780-62.2009.8.19.0000 (2009.004.00226) – MANDADO DE SEGURANCA – REL. Des. Roberto de Abreu e Silva – DJ 08/09/2009)

Nem ao menos pode o Ministério Público exigir documentação sobre questão onde não tenha competência e legitimidade:

> APELAÇÃO CÍVEL - AÇÃO DE EXECUÇÃO DE TAC - OBRIGAÇÃO DE APRESENTAR BALANÇO PATRIMONIAL - DEFESA DO MEIO AMBIENTE E PATRIMÔNIO CULTURAL - PATRIMÔNIO DE PESSOA JURÍDICA PRIVADA - LESÃO A ASPECTO FINANCEIRO - INTERESSES METAINDIVIDUAIS - INEXISTÊNCIA - ILEGITIMIDADE ATIVA AD CAUSAM DO MINISTÉRIO PÚBLICO ESTADUAL - SENTENÇA MANTIDA.O Ministério Público é parte ativa ilegítima para pretender a apresentação das demonstrações financeiras, pareceres de auditores, de clube desportivo de direito privado, por não existir interesse metaindividual, difuso ou coletivo ligado ao patrimônio cultural brasileiro, mas, sim, privado e disponível, pertencente à instituição ou a seus membros associados. (TJMG - AC 1.0024.09.729277-5/001 – Rel. Des. Afrânio Vilela - DJ 08/11/2016).

Na hipótese de já ter sido ajuizada ação civil público cuja questão envolva questão associativa sem relevância social ou de direito disponível, a medida será a extinção da mesma por carência de ação (ilegitimidade do Ministério Público).

# 20

# POSSIBILIDADE DE DIFERENCIAÇÃO DE DIREITOS E DEVERES ENTRE ASSOCIADOS

Pela importância do tema e por ser um dos que mais consta das demandas judiciais, colocamos um capítulo inteiro dedicado à presente questão (possibilidade ou não de diferenciação de direitos e deveres entre associados).

O art. 55 do Código Civil disciplina que "os associados devem ter iguais direitos, mas o estatuto poderá instituir categorias com vantagens especiais".

Miguel Reale, em sua obra, tratando do Código Civil de 2002, mais especificamente no artigo intitulado com o nome sugestivo de Invencionices sobre o Código Civil, já demonstrou a insatisfação com aqueles operadores do direito que pretendem com o advento do novo *codex* promover "invencionices", ou seja, forçar interpretações equivocadas:

> Desde o Código Napoleão vige o entendimento de Portalis, segundo o qual os artigos de um código devem ser interpretados uns pelos outros. É a falta dessa elementar orientação hermenêutica que explica certas interpretações errôneas da nova Lei Civil, dando lugar a imperdoáveis invencionices...[202]

Sem dúvida, uma dessas "invencionices" é a interpretação de alguns de que o art. 55 do CC revolucionou o ordenamento jurídico ao prever que "todos os associados devem ter direitos iguais".

---

[202] REALE, Miguel. *Estudos preliminares do Código Civil*. São Paulo: Editora Revista dos Tribunais, 2003; p. 8.

Tal interpretação (muito equivocada, diga-se de passagem) não tem razão de ser pelas seguintes razões:

> a) a uma porque historicamente sempre foi permitida diferenciação entre categoria de associados;
>
> b) a duas porque tal diferenciação é peculiar à natureza das associações onde há diferença de funcionamento, de constituição etc.;
>
> c) a três porque a diferenciação entre associados é compatível com o art. 55 do CC;
>
> d) a quatro porque, caso a interpretação de que com o advento do Código Civil de 2002 todos os associados devessem ter o mesmo direito prevalecesse, estar-se-ia afrontando o direito adquirido de uma infinidade de associados de uma gama interminável de associações brasileiras que possuem direitos e deveres especiais; e
>
> e) a cinco porque a liberdade de associação (incluindo a auto-organização e autorregulação) das entidades associativas deve ser estimulada, devendo ser excepcional a decretação de nulidade de seus atos ou a interferência estatal em suas questões.

Passemos a analisar detidamente as razões apontadas.

a) Historicamente sempre foi lícita a diferenciação entre categorias de associados.

Não é de hoje que se pode promover a diferenciação entre associados. O entendimento jurídico sobre a diferenciação de associados sempre foi e ainda é no mesmo sentido: os associados devem ter em regra os mesmos direitos, salvo exceção expressamente prevista no estatuto social.

A Lei 173 de 1893 (que regulava a organização das associações com fins religiosos, morais, científicos artísticos, políticos ou de simples recreio no Brasil) já dispunha em seu art. 7º, a possibilidade das associações não estipularem direito de voto a todos associados.

O pai do atual Código Civil, o saudoso Miguel Reale, em 1972 (em sede de erudito parecer), já mencionava que a possibilidade de existir associados com poderes especiais não era nova segundo se percebe de suas próprias palavras:

> Não é novidade na vida das pessoas jurídicas de direito público ou privado – não obstante deva prevalecer, em princípio, a igualdade entre os associados – a existência de sócios dotados de poderes especiais ou de exceção.[203]

---

[203] RT 445/15.

Miguel Reale no auto de sua sapiência ementou seu parecer, demonstrando de antemão a possibilidade da existência de determinados associados com poderes especiais da seguinte forma:

> ASSOCIAÇÃO CIVIL – Direitos especiais de determinado associado – Direito de nomear e destituir a diretoria – Validade – Contratação dos diretores por órgão associativo – Faculdade deste de recusar nomeação pelo associado privilegiado. ASSOCIAÇÃO CIVIL – Direitos especiais a determinado associado – Ingresso de associado temporário dependente de consentimento do associado privilegiado – Sua concordância – Reeleição do associado temporário – Novo consentimento daquele privilegiado.[204]

Dessa forma, historicamente sempre foi possível e ainda podem existir associações com membros possuidores de direitos e deveres distintos.

Ademais, o entendimento de que é permitido às associações preverem a desigualdade de direitos entre as categorias de associados, além de ter subsídio histórico, é questão pacífica segundo aponta Orlando Gomes:

> A primeira indagação prescinde de investigação mais demorada, por ser tranqüilo o entendimento de que, embora devam ser iguais, em princípio, os direitos dos associados, nada impede que o estatuto consagre a desigualdade.[205]

Assim, somente pelo aspecto histórico já se mostra legal a diferenciação entre as diversas categorias de associados da mesma forma que acontece na questão ora analisada.

b) Cada associação é peculiar, sendo irrazoável desejar uma padronização para as normas estatutárias e igualdade de direitos dos associados – Instituição de categorias de membros com determinados direitos atende à natureza das associações e peculiaridade de cada associação em especial – Legalidade das previsões estatutárias e de atos constitutivos promovendo diferenciação entre associados e de direitos pertencentes a cada um.

As disposições estatutárias e atos constitutivos que preveem a diferenciação de associados [com determinados direitos especiais para alguma(s) categoria(s)] são medida lícita por se compatibilizar com a natureza das associações.

---

[204] RT 445/12.

[205] RT 445/41.

Outro motivo que demonstra a legalidade da previsão estatutária de direitos especiais a determinados associados ocorre pela natureza peculiar das associações e de seus próprios associados.

Cada associação nasceu por um motivo, composta de alguns membros com caracteres próprios, tendo em cada época determinado funcionamento adequado à sua natureza e realidade. Existem associações dos mais diversos tipos e dos mais inimagináveis fins, criadas pelos mais sortidos motivos, por várias categorias de pessoas, em diferentes situações.

Segundo demonstra Guido Zanobini, "as associações lícitas são suscetíveis de classificação com base no fim que perseguem".[206]

Assim, se a associação persegue fim cultural, se tratará de uma associação cultural. Caso persiga fim desportivo, será uma associação desportiva. E assim por diante.

Mostra-se cristalino que a classificação das associações dá-se em *numerus apertus*, existindo uma infinidade de espécies de tais pessoas jurídicas, podendo ainda surgir novas com objetivos não imagináveis em tempos passados ou presentes. Da mesma forma, é lícito e existem formações diferentes, estruturas diversas, funcionamentos peculiares, membros com naturezas distintas etc.

Como exemplo de associações podemos citar: pias, beneficentes ou filantrópicas, creches, Apaes, de alcoólatras, hospitais beneficentes, hospícios, asilos, orfanatos, clubes, profissionais (advogados, magistrados, ministério público, médicos, policiais, odontólogos etc.), fraternidade, maçonaria, academias científicas, literárias, musicais ou artísticas, de defesa do consumidor, produtores rurais, de bairro, sindicatos, comercial e industrial, de teatro, empresas de um determinado setor, suinocultores, pecuaristas, organizações não governamentais (ONGs) etc.

Nota-se facilmente que cada entidade tem seu funcionamento e organização de determinada forma que seja mais compatível com sua natureza e suas peculiaridades, com o desiderato final de possibilitar o atingimento de seus fins sociais.

Caio Mário da Silva Pereira aponta que não é razoável desejar uma padronização de normas estatutárias pelo fato de que cada associação há de ter em seu objeto social os dados de sua constituição e/ou os dados de ordenamento

---

206 *Op. cit.*, p. 105.

de sua vida, o que acarreta por conseguinte a possibilidade de se estipular associados com direitos privativos segundo seus ensinamentos:

> Não existe, e não seria curial existisse uma padronização para as normas estatutárias. Cada entidade há de ter em vista os dados fundamentais de sua constituição como fatores de ordenamento de sua vida de relação, especialmente no tocante ao funcionamento de seus órgãos. E da mesma forma que não há padronização de normas, porém e ao revés alinham-se estas ao sabor das peculiaridades de cada uma, não há falar em igualdade de direitos dos sócios. Estes podem tê-los todos nivelados, em paralelismo rigoroso, se assim o estatuto dispuser. Ou podem tê-los diversificados, ao sabor da normação interior, sem que a desigualdade de tratamento, no ato constitutivo, seja razão que justifique reclamação ou por tal motivo se possa argüir o estatuto de irregular, de ilegítimo, ou de suscetível de recusa na sua aplicação.[207]

Apesar de a igualdade de direitos ser regra nas associações, nada obsta que o estatuto estipule a desigualdade destes direitos. Como lembra Paulo Gustavo Gonet Branco, Gilmar Mendes e Inocêncio Mártires Coelho, o direito de se associar não implica necessariamente a realização de fins democráticos, *in verbis*:

> A liberdade de associação é um direito dotado de autonomia com relação aos objetivos que pode vir a buscar satisfazer. Com a proclamação do direito de se associar, protege-se a liberdade de criação de grupos em si mesma, desde que lícitos – e não a liberdade de formação de grupos para fins necessariamente democráticos, por exemplo. Essa consideração será útil para o enfrentamento de diversas questões práticas. Esse ponto de vista auxilia a extremar, ainda, a garantia cosntitucional da liberdade de associação do *status* jurídico dos objetivos a que a associação se dedica e dos meios para alcança-los de que se vale.[208]

Yves Mariot aponta no mesmo sentido, falando que a exigência de democracia é incompatível com a natureza peculiar das associações civis:

> Deve-se, portanto, introduzir-se a exigência de democracia no direito de associações?
>
> Não parece possível ou desejável.
>
> Não parece possível uma vez que não é essência de uma associação ser democrática. Obviamente, isso não significa que necessariamente uma associação e democracia são incompatíveis...Isto não é desejável, pois

---

[207] RT 445/29.

[208] MENDES, Gilmar Ferreira et al. *Curso de direito constitucional*. São Paulo: Saraiva, 2010, p. 494.

> seria então uma afronta significativa à liberdade de contrato: os fundadores da organização devem ser capazes, serem livres para definir como eles desejam o funcionamento adequado, a natureza e condições para o exercício do poder na associação.[209]

Caso o estatuto social ou ato constitutivo preveja a desigualdade de direitos entre diversos associados, tal diferenciação se torna plenamente válida e legal.

Caio Mário aponta no mesmo sentido:

> A questão da distribuição dos direitos dos associados ou de membros da entidade é matéria estatutária. Se normalmente vigora o princípio da igualdade dos direitos e de obrigações, nada impede que se institua a desigualdade com a criação de direitos atribuídos especificamente a alguns: 'Os direitos específicos preferentes (*Sonderrechte*) são aqueles que pertencem aos membros, sem que todos os membros os tenham. Nasceram da desigualdade, embora sem infração dos princípios'.[210]

Orlando Gomes não diverge:

> A primeira indagação prescinde de investigação mais demorada, por ser tranqüilo o entendimento de que, embora devam ser iguais, em princípio, os direitos dos associados, nada impede que o estatuto consagre a desigualdade. (...) À luz desses subsídios doutrinários, pode-se aceitar, em nosso Direito – que não os rejeita – o substrato dos ensinamentos invocados, concluindo-se: 1º) a associação pode compor-se de categorias de associados com posição jurídica desigual; 2º). O estatuto de uma associação pode assegurar direitos especiais ou privilegiados a um associado ou a uma classe de associados.[211]

Essa diferenciação acaso existente nos estatutos ou ato constitutivo não afronta nenhuma lei ou princípio, pelo contrário, se amolda à natureza das associações, conforme mais uma vez aponta o notável Caio Mário da Silva Pereira:

> A instituição de categoria de membros a quem se reconhecem prerrogativas em confronto com a generalidade dos demais não ofende os princípios, mas ao contrário se compadece perfeitamente com a teoria institucional das associações.[212]

---

209 MAROT, Yves. *La loi du 1er juillet 1901. Sur lês associations: um príncipe de liberte ou um príncipe de démocratie? L'association: um contrat ou une persone juridique?*. Recueil Dalloz, 2001, p. 3106.

210 RT 445/33.

211 RT 445/41.

212 RT 445/33.

Dessa forma, plenamente legal a diferenciação de direitos entre categorias de associados desde que expressamente prevista nos estatutos sociais.

A doutrina e jurisprudência apontam vários exemplos considerados lícitos de direitos que podem ser privativos de somente um ou determinados associados: de somente alguns associados nomearem os órgãos dirigentes (Caio Mário da Silva Pereira)[213]; de um único associado indicar membros da administração (José Frederico Marques)[214]; de um único associado indicar os administradores (Caio Mário da Silva Pereira[215] e José Frederico Marques)[216]; de um determinado associado ter direito à presidência (Orlando Gomes)[217]; de um determinado associado ter direito a exonerar os administradores (José Frederico Marques)[218]; de um determinado associado ter um posto permanente na direção (Orlando Gomes[219] e Caio Mário da Silva Pereira)[220]; de determinado associado ter direito de nomear e destituir diretoria (Orlando Gomes)[221]; de determinado(s) associado(s) ter(em) voto plural (Heinrich Lehmann)[222]; de determinado(s) associado(s) ter(em) voto preferente (Andreas Von Tuhr)[223] (Luís A. Carvalho Fernandes)[224]; de determinado(s) associado(s) ser(em) privado(s) de votar(em) (Andreas Von Tuhr)[225]; de pessoa exercente de determinada função integrar a direção (Andreas Von Tuhr)[226]; de administradores serem indicados pelos administradores que os precederam (Andreas Von

---

213 RT 445/34.

214 RT 445/23.

215 RT 445/35.

216 *Op. cit.*, p. 23.

217 RT 445/42.

218 *Op. cit.*, p. 23.

219 *Op. cit.*

220 *Op. cit.*, p. 31.

221 *Op. cit.*

222 LEHMANN, Heinrich. *Parte General*. vol. I. Madrid: Editorial Revista de Derecho Privado, 1956; p. 665.

223 TUHR, Andreas Von. *Derecho Civil*: teoria general del derecho civil aleman, vol. IV. Buenos Aires: Editora Delpalma, 1946; p. 176.

224 *Op. cit.*, p. 519.

225 *Op. cit.*

226 *Op. cit.*

Tuhr)[227]; de um terceiro indicar os administradores (Andreas Von Tuhr)[228]; de somente determinado associado ter direito a voto (Roberto Senise Lisboa[229] e Fábio Ulhoa Coelho[230]); de determinados associados não pagarem mensalidades (Maria Helena Diniz[231] e Fábio Ulhoa Coelho[232]); de determinados associados não poderem participar de certas atividades (Arnaldo Rizzardo)[233] etc.

c) A diferenciação entre categorias de associados é compatível com o art. 55 do CC.

Ademais, a redação do art. 55 do CC é compatível com a diferenciação entre associados.

A emenda n. 10 do Senado previa a exclusão do art. 55 do Código Civil, justamente pelo argumento de que o dito dispositivo legal seria contraditório.[234]

Para manutenção da redação do dispositivo legal, Moreira Alves justificou:

> tal dispositivo não é, ao contrário do que pretende o autor da emenda, contraditório. Com efeito, o princípio geral nele contido é o da igualdade dos associados, admitindo-se, excepcionalmente, que os estatutos instituam categorias com vantagens especiais, embora – em virtude do princípio geral – iguais para todos os integrantes de cada uma dessas categorias especiais.[235]

Concordamos com o eminente ex-Ministro, divergindo tão-somente pelo fato de que em uma mesma categoria também podem ter associados com vantagens especiais desde que exista tal previsão no estatuto e um motivo razoável para tanto.

Entendemos dessa forma a uma por inexistir restrição legal para diferenciação de associados em uma mesma categoria e a duas porque também

---

227 *Op. cit.*

228 *Op. cit.*

229 LISBOA, Roberto Senise. *Manual de direito civil.* vol. 1. 3. ed. São Paulo: RT, 2003; p. 378.

230 COELHO, Fábio Ulhoa. *Curso de Direito Civil.* vol. 1. São Paulo: Saraiva, 2004; p. 251.

231 DINIZ, Maria Helena. *Curso de direito civil brasileiro.* 22. ed. São Paulo: Saraiva, 2005; p. 245.

232 COELHO, Fábio Ulhoa. *Curso de Direito Civil.* vol. 1. São Paulo: Saraiva, 2004, p. 251.

233 *Op. cit.*, p. 304.

234 ALVES, José Carlos Moreira. *A parte geral do projeto de Código Civil brasileiro (subsídios históricos para o novo Código Civil brasileiro).* São Paulo: Saraiva, 2003; p. 178/179.

235 *Op. cit.*, p. 179.

poderia se considerar "categoria" de associados os indivíduos que possuíssem alguma diferenciação.

Entendemos lícita, por exemplo, a disposição estatutária que permite tão-somente a pessoas que exerceram dois mandatos de diretores a se candidatarem a presidente de uma associação. Ou ainda a exigência de que o candidato a diretor seja associado da entidade no mínimo por 5 anos. Tais exemplos têm uma razão de ser: preservar a associação de aventureiros ou de pessoas não comprometidas com os fins da mesma, o que acarreta a legalidade dessas disposições.

Mister se faz esclarecer que o poder de se estipular direitos especiais para determinados associados acarreta, por via de consequência lógica, a licitude também de se estabelecer deveres especiais para determinados associados.

Assim, a interpretação a ser dada ao art. 55 do Código Civil é a que permite a estipulação de vantagens (direitos) e deveres especiais a determinadas categorias de associados, desde que expressas no estatuto social da associação.

Ademais, ao contrário do apontado por Homero Francisco Tavares Júnior[236], a possibilidade de o estatuto da associação instituir categoria de associados com vantagens especiais não é nova. Miguel Reale, em 1971, em parecer mencionou:

> não é novidade na vida das pessoas jurídicas de direito público ou privado – não obstante deva prevalecer, em princípio, a igualdade entre os associados – a existência de sócios dotados de poderes especiais ou de exceção. (...) Já ponderei que, no ato constitutivo de uma sociedade civil, podem ser criadas categorias especiais ou privilegiadas de sócios, desde que não contrariem 'limites e restrições impostos pela lei' (cf. Ferrara, 'Trattato di Diritto Civile', vol. I/637.

O ideal seria a aprovação do Projeto de Lei 7.160/02 que propõe o seguinte texto: "art. 55. O estatuto poderá instituir diferentes categorias de associados, especificando os direitos e deveres correspondentes."

Conforme consta da justificativa de tal projeto:

> pretende-se, aqui, possibilitar a melhor adequação do texto ao propósito pretendido, afastando eventuais dúvidas, posto que vantagens também constituem direitos, sendo comum a formação de associações com categorias de sócios distintas não apenas em relação a vantagens, mas também a direitos, como, por exemplo, sócios honorários, beneméritos,

---

[236] RDCPC 27/108.

> com ou sem direito a voto, entre outros. Dada a importância que as associações tem em nossa sociedade atual, especialmente para o atendimento ao terceiro setor, seria temerária a manutenção da redação que possa implicar interpretação restritiva e até mesmo impeditiva da manutenção de associações em que associados possuam categorias e direitos distintos.[237]

Mesmo sem a aprovação do projeto de lei supracitado, ainda permanece a interpretação permissiva da estipulação de vantagens (direitos) especiais a determinados associados, desde que expressas no estatuto social da associação.[238]

O TJMG teve a oportunidade de julgar essa questão, onde entendeu que é plenamente lícita a estipulação de vantagens (direitos) diversas entre associados nos seguintes termos:

> AÇÃO ORDINÁRIA DE NULIDADE DE DISPOSIÇÕES ESTATUTÁRIAS - ASSOCIAÇÃO - ASSEMBLEIA GERAL EXTRAORDINÁRIA - DELIBERAÇÃO ALTERANDO DISPOSITIVO DO ESTATUTO - VALIDADE - VIOLAÇÃO AO ARTIGO 55 DO NOVO CÓDIGO CIVIL - INOCORRÊNCIA. As deliberações tomadas em assembleia geral extraordinária, realizada dentro dos limites legais e estatutários, obrigam a todos os seus associados, ainda que ausentes ou discordantes. É LÍCITA A OUTORGA DE VANTAGENS A DETERMINADAS CATEGORIAS, EM DETRIMENTO DAS DEMAIS, SE ASSIM FOR O INTERESSE DA ASSOCIAÇÃO COMO UM TODO. Recurso não provido. (TJMG - AC 1.0024.05.737802-8/001 - Rel. Des. Roberto Borges de Oliveira - 10ª Câm. Civ. - DJ 12/09/2006).

Dá-se tal entendimento porque vantagens nada mais são que direitos. O Deputado Ricardo Fiúza, relator do Código Civil na Câmara dos Deputados,

---

237 FIÚZA, Ricardo. *O novo Código Civil e as propostas de aperfeiçoamento.* Colaboração: Mario Luiz Delgado Regis. São Paulo: Saraiva, 2004; p. 48.

238 Apontam no mesmo sentido: LISBOA, Roberto Senise. *Manual de direito civil.* vol. 1. 3. ed. São Paulo: RT, 2003, p. 378; RIZZARDO, Arnaldo. *Parte geral do Código Civil.* Rio de Janeiro: Forense, 2003, p. 304; MONTEIRO, Washington de Barros. *Curso de direito civil.* São Paulo: Saraiva, 1988, p. 114; COELHO, Fábio Ulhoa. *Curso de Direito Civil.* vol. 1. São Paulo: Saraiva, 2004; p. 251; PEREIRA, Caio Mário da Silva. RT 445/41; LEHMANN, Heinrich. *Parte General.* vol. I. Madrid: Editorial Revista de Derecho Privado, 1956, p. 665 e 671; FERRARA, Francesco. *Tratatto di diritto civile italiano.* vol. I, Milano: Giuffrè, 1982, p. 685; DINIZ, Maria Helena. *Curso de direito civil brasileiro.* 22. ed. São Paulo: Saraiva, 2005, p. 245; LOTUFO, Renan. *Código civil comentado:* parte geral. São Paulo: Saraiva, 2003, p. 160.

ao dissertar sobre o art. 55 do CC após criticar interpretações restritivas, deixou claro que: "Vantagens também constituem direitos."[239]

Apesar de poder vedar (sem necessidade de qualquer justificativa) a adesão de associados, a associação não pode promover essa diferenciação de associados se não existir esta previsão no estatuto e se não houver um motivo justificável para tanto.

Dentre estas vantagens especiais legalmente permitidas, pode-se citar a de associados remidos que aportam uma quantia considerável para se isentarem dos demais dispêndios de manutenção do clube e/ou para terem a possibilidade privativa de votarem.

Conforme menciona Heinrich Lehmann:

> ao lado dos direitos e deveres inerentes a condição de membro, que corresponde a todo membro, pode existir direitos especiais, que outorgam a determinados membros uma posição preferencial. Tais são, por exemplo, o direito a um cargo na associação ou o direito de voto plural etc. O mesmo pode acontecer com os deveres.[240]

O voto não é elemento essencial da condição de associado. O estatuto pode ampliar e restringir o direito de voto para uma ou algumas categorias de associados.

O antigo Tribunal de Apelação de São Paulo teve oportunidade de apontar a legalidade da restrição ao direito de voto a alguns associados:

> (...) SOCIEDADE CIVIL – Automóvel Clube de São Paulo – Restrição ao direito de voto dos sócios contribuintes que não foram nem são diretores – Disposição estatutária que violaria o art. 1.394 do Código Civil – Improcedência – Norma legal de caráter dispositivo e não categórico – (...) A despeito do que prescreve o art. 1.394 do Código Civil, as sociedades, máxime as de fins não econômicos ou propriamente as associações, podem ampliar ou restringir o direito de voto dos sócios de determinadas classes, não sendo, de conseguinte, nulas as disposições dos estatutos do Automóvel Clube de São Paulo, que só reconhecem aos sócios contribuintes, que não sejam ou tenham sido diretores, direito a voto coletivo por grupos de cinqüenta, representados por um

---

239 FIÚZA, Ricardo. *O novo Código Civil e as propostas de aperfeiçoamento*. São Paulo: Saraiva, 2004; p. 48.

240 LEHMANN, Heinrich. *Parte General*. vol. I. Madrid: Editorial Revista de Derecho Privado, 1956, p. 665.

só procurador. (...) (Apelação n. 23.109 - 1ª Câmara Cível - Rel. V. Penteado - DJ 18/09/1944).[241]

É plenamente legal a previsão estatutária que permita somente aos associados remidos a participarem de assembleia, votarem e serem votados nas questões pertinentes à associação. Nesses casos é justificável a diferenciação, pois os associados remidos aportam capital considerável quando da fundação da associação, ficando sujeitos ao insucesso do empreendimento.

Normalmente são os associados remidos quem criam uma associação para atender a um fim ideal. Dessa forma, mais que justo que possam os mesmos dirigir os destinos de sua criação (votarem e serem votados, bem como participarem de assembleias), sem prejuízo de possibilitar outras pessoas da comunidade a também usufruir dos benefícios de dada entidade associativa. No Brasil, tem-se notícia de vários clubes criados com aporte de capital de alguns de seus membros. Via de regra, a possibilidade de usufruir dos benefícios de tal clube somente seria de seus associados remidos, entretanto os mesmos normalmente concordam em abrir para algumas pessoas da comunidade a possibilidade de compartilhar de tais benefícios mediante o pagamento de uma contribuição, e desde que esses associados remidos possam permanecer na direção dos destinos da entidade. Caso não fosse assim, os associados remidos não permitiriam o ingresso de outros associados e muitas pessoas não poderiam se deleitar em vários clubes do país.

Pelo motivo acima, também é plenamente legal a previsão estatutária de que os associados remidos não tenham que arcar com outros dispêndios de manutenção da associação.

Fábio Ulhoa Coelho também aponta na legalidade de se reservar o direito de voto a determinada categoria de associados, bem como na legalidade da dispensa do pagamento de contribuição associativa, desde que previstos expressamente.[242]

Outras categorias como de associados beneméritos, fundadores etc. podem existir com os direitos especiais que o estatuto estipular.

Pode-se, por exemplo, estipular que determinado associado eleja o presidente ou administração da entidade, conforme apontado por Orlando Gomes em erudito parecer:

---

241 RT 153/620.

242 COELHO, Fábio Ulhoa. *Curso de direito civil.* vol. 1. São Paulo: Editora Saraiva, 2004; p. 142.

> É perfeitamente lícita a outorga, nos Estatutos, de algumas prerrogativas a membro de uma associação, como, por exemplo, o direito à presidência, a um posto permanente na direção, a voto plural etc. (Paez, ob. cit, pág. 158, F. Ferrara, ob. cit., pág. 715) Ao exemplificar os direitos especiais, Ennecerus – Nipperdey apontam o 'direito de nomear e destituir a diretoria' (ob. cit., pág. 496). Não exorbitaram, pois, os Estatutos do Instituto ao atribuírem ao associado vitalício a prerrogativa de indicar os membros da Administração Geral. Poderiam, consigná-la, sendo lícita e inatacável a disposição.[243]

Orosimbo Nonato em parecer relativo à associação não diverge ao defender que "válida é a disposição estatutária pela qual a direção dessa entidade caiba a pessoas que o associado-incorporador quiser, não podendo ser vetada essa nomeação".[244]

Conforme palavras de Tepedino, Heloisa Barboza, Maria Celina de Bodin Moraes e outros, "o CC não veda, peremptoriamente, a diferenciação entre os associados, desde que prevista estatutariamente, mas não fixa os critérios e limites de eventual distinção".[245]

A diferenciação dos associados deve se dar com vistas à própria natureza dos associados e não indiscriminadamente. Assim, não é permitido fazer a diferenciação entre associados sem a existência de nenhuma diferenciação da natureza entre ambos.

Por último, reforça a legalidade da diferenciação dos associados o fato de as associações possuírem uma gama infindável de fins (culturais, literários, científicos, artísticos etc.), os quais possuem suas devidas peculiaridades e razão de ser do tratamento desigual dos associados, como magistralmente menciona Orosimbo Nonato:

> Não existe, e não seria curial existisse uma padronização para as normas estatutárias. Cada entidade há de ter em vista os dados fundamentais de sua constituição como fatores de ordenamento de sua vida de relação, especialmente no tocante ao funcionamento de seus órgãos. E da mesma forma que não há padronização de normas, porém e ao revés, alinham-se estas ao sabor das peculiaridades de cada uma, não há falar em igualdade de direitos dos sócios. Estes podem tê-los todos nivelados,

---

243 RT 445/42.

244 RT 445/60.

245 TEPEDINO, Gustavo; BARBOZA, Heloisa Helena; MORAES, Celina Bodin de [coords.]. *Código civil interpretado conforme a Constituição da República*. Rio de Janeiro: Renovar, 2004; p. 140.

> em paralelismo rigoroso, se assim o estatuto dispuser. Ou podem tê-los diversificados, ao sabor da normação interior, sem que a desigualdade de tratamento, no ato constitutivo, seja razão que justifique reclamação ou por tal motivo se possa argüir o estatuto de irregular, de ilegítimo, ou de suscetível de recusa na sua aplicação.[246]

Assim, mostra-se claro que é pacífica a possibilidade de diferenciação de direitos mediante previsão expressa no estatuto, devendo todos os associados se submeterem a tais disposições, conforme aponta o sempre lembrado Orosimbo Nonato: "Aquele direito interno, uma vez que não se encontre às testilhas com a ordem jurídica, é de aplicação obrigatória, devendo curvar-se à sua imponência todos os associados e a associação."[247]

d) Caso a interpretação de que com o advento do Código Civil de 2002 todos os associados devessem ter o mesmo direito prevalecesse, estar-se-ia afrontando o direito adquirido de uma infinidade de associados de uma gama interminável de associações brasileiras que possuem direitos e deveres especiais.

Mesmo se o CC tivesse (o que não é verdade e admite-se somente para fins acadêmicos) imposto a igualdade de direitos a todos os associados, tal medida seria inconstitucional por afrontar o direito adquirido dos associados que possuem tal vantagem privativa.

O art. 5º, XXXVI, da CF regra: "A lei não prejudicará o direito adquirido, o ato jurídico perfeito e a coisa julgada."

Por via de consequência lógica, caso se promova a interpretação restritiva (revogação do direito privativo de determinados associados), o art. 55 do CC seria inconstitucional por revogar de plano o direito adquirido desses associados.

O direito privativo de determinados associados denomina-se direito adquirido. Não pode tal direito ser revogado de surpresa por legislação infraconstitucional surgida após existir um direito já consumado (e não mera expectativa). Não podem esses associados sofrerem a exclusão de seus direitos que já possuíam quando da vigência do Código Civil de 2002.

O novo Código Civil não pode retroagir segundo se nota das palavras de Antônio Jeová dos Santos:

---

[246] RT 445/58.

[247] RT 445/59.

> Nada disso, porém, pode servir como pretexto de se emprestar efeito retroativo às regras do Código Civil de 2.002, porque a insegurança seria muito mais deletéria do que eventual imobilismo e estratificação do Direito. Os jurisdicionados necessitam estar seguros e terem certeza de que a lei posterior em nada modificará sua vida de relação e seus negócios, desde que tenham sido concretizados à época da lei revogada.[248]

O STF aponta pela inconstitucionalidade de dispositivos legais que afrontam o direito adquirido nos seguintes termos:

> O disposto no art. 5º, XXXVI, da Constituição Federal se aplica a toda e qualquer lei infraconstitucional, sem qualquer distinção entre lei de direito público e lei de direito privado, ou de lei de ordem pública e lei dispositiva. Precedente do STF (STF – Ação Direta de Inconstitucionalidade n. 493-DF, j. em 25-6-1992, TP do STF, Rel. Min. Moreira Alves, RTJ 143/274).

E mais:

> Recurso extraordinário. Mensalidade escolar. Atualização com base em contrato. – Em nosso sistema jurídico, a regra de que a lei nova não prejudicará o direito adquirido, o ato jurídico perfeito e a coisa julgada, por estar inserida no texto da Carta Magna (art. 5º, XXXVI), tem caráter constitucional, impedindo, portanto, que a legislação infraconstitucional, ainda quando de ordem pública, retroaja para alcançar o direito adquirido, o ato jurídico perfeito ou a coisa julgada, ou que o Juiz a aplique retroativamente. E a retroação ocorre ainda quando se pretende aplicar de imediato a lei nova para alcançar os efeitos futuros de fatos passados que se consubstanciem em qualquer das referidas limitações, pois ainda nesse caso há retroatividade – a retroatividade mínima –, uma vez que se a causa do efeito é o direito adquirido, a coisa julgada, ou o ato jurídico perfeito, modificando-se seus efeitos por força da lei nova, altera-se essa causa que constitucionalmente é infensa a tal alteração. Essa orientação, que é firme nesta Corte, não foi observada pelo acórdão recorrido que determinou a aplicação das Leis 8.030 e 8.039, ambas de 1990, aos efeitos posteriores a elas decorrentes de contrato celebrado em outubro de 1.989, prejudicando, assim, ato jurídico perfeito. Recurso extraordinário conhecido e provido. (STF – RE 188366 / SP – SÃO PAULO – RECURSO EXTRAORDINÁRIO – Relator(a): Min. MOREIRA ALVES – Julgamento: 19/10/1999 – Órgão Julgador: Primeira Turma – Publicação: DJ DATA-19-11-99 PP-00067 EMENT VOL-01972-02 PP-00382 – votação unânime: conhecido e provido).

---

[248] SANTOS, Antônio Jeová. *Direito intertemporal e o novo Código Civil:* aplicações da Lei 10.406/2002. São Paulo: Editora Revista dos Tribunais, 2003; p. 51.

Dessa forma, caso fosse acatada a interpretação literal, equivocada e restritiva de revogação dos direitos privativos de alguns associados com o advento do novo diploma civil, estar-se-ia diante de dispositivo legal inconstitucional por afronta ao direito adquirido (art. 5º, XXXV, da CF) dos associados acionistas.

Caso fosse feita alteração estatutária, sem consentimento dos portadores do direito adquirido, ainda sim se trataria de alteração inconstitucional segundo aponta a jurisprudência:

> CONTRATO – Cláusula – Alteração – Inadmissibilidade – Criação de novo estatuto por clube – Restrição ao direito do embargante de manter suas filhas solteiras na associação – Ofensa a direito adquirido – Recurso não provido. (TJSP – EI 198.507-2 – Ribeirão Preto – Rel. Des. Debatin Cardoso – j. 10.02.1994); CLUBE – ESTATUTO SOCIAL – Alteração. Pagamento de mensalidades pelas filhas maiores de vinte e um anos. Inadmissibilidade. Apelados que se associaram ao clube na vigência do estatuto anterior. Filhas solteiras, sob dependência econômica, isentas de mensalidade. Direito adquirido. Pagamento indevido. (TJSP – AC 218.715-2 – 13ª C. – Rel. Des. Correia Lima – j. 14.12.1993); CONSTITUCIONAL E CIVIL – INTERPRETAÇÃO DO ART. 5º, INCISO XXXVI DA CONSTITUIÇÃO – CLUBE RECREATIVO QUE LANÇA NO MERCADO TÍTULOS DE SÓCIO REMIDO – ISENÇÃO DO PAGAMENTO DE 'TAXAS E CONTRIBUIÇÕES DE QUALQUER NATUREZA' PRESENTES OU FUTURAS – ALTERAÇÃO POSTERIOR DO ESTATUTO PARA PERMITIR ESSA COBRANÇA – OFENSA AO DIREITO ADQUIRIDO. – É injurídica a cobrança de contribuição para aplicação patrimonial ao sócio de clube recreativo que adquiriu seu título remido anteriormente à alteração estatutária que permitiu essa cobrança. prevalecem, no caso, as condições e circunstâncias sob as quais se deu a aquisição do título, que isentavam o associado de quaisquer taxas ou contribuições, salvo aquelas de caráter individual e expressamente citadas no ato do conselho deliberativo do clube. recurso conhecido, mas desprovido (TJDF – Rel. Des. George Lopes Leite – EIC4424198 DF – DJ 28/04/1999 – 2a Câm. Civ. – DJ 23/06/99)

Assim, mostra-se clara a legalidade de estatutos sociais prevendo a diferenciação de direitos entre associados.

e) A liberdade de associação (incluindo a auto-organização e autorregulação) das entidades associativas deve ser estimulada, devendo ser excepcional a decretação de nulidade de seus atos ou a interferência em suas questões internas.

Outro motivo que impede a interpretação de que todos os associados devem ter iguais direitos é o fato de que esse posicionamento contraria a liberdade de associação e a excepcionalidade da intervenção em tal pessoa jurídica.

John Stuart Mill pregou a liberdade de associação como espécie da liberdade humana.[249]

Stuart Mill também mencionou com grande propriedade que "uma sociedade não é livre, independentemente da forma de governo adotada, se ela não respeita a liberdade de associação".[250]

Visando atender tal fim, a Carta Magna brasileira de 1988 disciplinou o direito de associação e em especial a liberdade de associação (organização, funcionamento etc.).

Como já dito, as associações devem ser estimuladas e terem tratamento privilegiado, a uma porque assim quis o constituinte e a duas pela própria natureza peculiar das atividades que desenvolve em substituição do Estado.

Por via de consequência, atitudes contrárias e restritivas aos atos e previsões estatutárias são extremamente excepcionais, sob pena de afrontarem diretamente a Constituição Federal de 1988.

Não se pode dessa forma promover interpretações restritivas à liberdade de associação (liberdade de auto-organização e funcionamento).

Não se permite a suspensão ou invalidade de decisões, disposições estatutárias e atos da associação, senão em hipótese extremamente excepcional e de indiscutível ilegalidade (o que não ocorre no presente caso), devendo na dúvida preservar a liberdade de associação e os atos da entidade, conforme aponta a jurisprudência:

> LIBERDADE DE ASSOCIAÇÃO – Dissolução de sociedade civil por motivo de ordem pública – Cautela das autoridades para não violar a primeira – Desvirtuamento dos fins por maioria ocasional ao qual ainda a maioria efetiva não pode oferecer reação necessária – Suspensão provisória como meio de enquadrá-la nas normas legais. Na dissolução de sociedade por motivo de ordem pública devem as autoridades agir com a maior cautela PARA NÃO ESMAGAR O DIREITO DE ASSOCIAÇÃO; embora atentas para que não se opere o desvirtuamento dos fins associativos, devem verificar-se se o desvio não é devido a motivo acidental

---

249 MILL, John Stuart. *Sobre a liberdade*. Tradução e prefácio Alberto Rocha Barros; apresentação Celso Lafer. 2. ed. Petrópolis: Vozes, 1991; p. 56.

250 *Op. cit.*

> e a maioria ocasional, a que a maioria real do corpo-social ainda não pôde oferecer reação necessária e, em tais casos, promover apenas a suspensão do funcionamento e outros meios de enquadrá-la nas normas legais. (TFR – AC 3009-RS – j. em 1/9/53 – 1ª T. Rel. Min. Afrânio Costa – DJU 26/10/54)[251]

O ônus da prova é de quem deseja contrariar o direito fundamental de associação. Outrossim, ainda sob a égide do Código Civil anterior, já se entendia plenamente possível a atribuição do direito de voto a apenas alguns associados, pois o art. 1384 daquele código possuía natureza dispositiva e não impositiva. O STF já se pronunciou anteriormente sobre isto:

> A ORGANIZAÇÃO E O FUNCIONAMENTO DE UMA SOCIEDADE CIVIL, REGULADOS PELOS SEUS ESTATUTOS, NÃO SE SUBMETEM AO PRINCÍPIO DA ISONOMIA, QUE REGE AS RELAÇÕES DE DIREITO PÚBLICO OU AQUELES EM QUE ESTE INTERFERE. O PRECEITO ESTATUTARIO, SEGUNDO O QUAL OS ASSOCIADOS ELEITOS PARA O CONSELHO DELIBERATIVO DE CLUBE ESPORTIVO DURANTE CINCO BIENIOS CONSECUTIVOS PASSAM A SER MEMBROS EFETIVOS DESSE ÓRGÃO, NÃO FERE O ART. 1394 DO CÓDIGO CIVIL. RECURSO PELA LETRA A, NÃO CONHECIDO. (STF – RE 63279 – Rel. Min. Amaral dos Santos – DJ 15/03/1968)

No afã de desejar corrigir irregularidade com a estipulação de voto para todas as categorias de associados, longe de corrigir qualquer situação, na verdade se cria uma, pois a diferenciação de voto entre as categorias de associados deu-se justamente pela diferença existente entre eles, fazendo-se levantar a máxima que também afronta a isonomia tratar desiguais com igualdade.

Diante deste e por todos os motivos apontados anteriormente é que acreditamos ser perfeitamente lícita a diferenciação de direitos entre associados ou categoria de associados.

Pelo exposto, salvo melhor juízo, mostra-se equivocada decisão isolada do STJ citada abaixo (ainda que sob a análise do Código Civil de 1916) aduzindo que todos os associados devem ter direito de voto:

> PROCESSO CIVIL E DIREITO CIVIL. EMBARGOS DE DECLARAÇÃO. INTERRUPÇÃO DO PRAZO RECURSAL. RECONHECIMENTO DO PEDIDO. IMPOSSIBILIDADE DE ANÁLISE EM SEDE DE RECURSO ESPECIAL. SÚMULAS 5 E 7 DO STJ. DECLARAÇÃO DE CONSTITUCIONALIDADE DA LC 646/1990 DO ESTADO

---

[251] RT 233/537.

DE SÃO PAULO PELO STF. LITISCONSÓRCIO NECESSÁRIO. INEXISTÊNCIA. ASSOCIAÇÃO SEM FINS LUCRATIVOS. ART. 1.394 DO CC DE 1916. VIOLAÇÃO DE NORMA DE ORDEM PÚBLICA. NULIDADE DAS CLÁUSULAS ESTATUTÁRIAS EXCLUDENTES DO DIREITO DE VOTO, BEM COMO AS DELA DECORRENTES. ART. 2.035 DO CC DE 2002. INAPLICABILIDADE AO CASO CONCRETO. EFICÁCIA EX TUNC DA DECLARAÇÃO DE NULIDADE. MULTA DO ART. 538, PARÁGRAFO ÚNICO DO CPC. EXCLUSÃO.

1. (...)

6. O objeto litigioso da ação de nulidade de cláusula estatutária é o poder dos sócios efetivos assumirem o exercício dos direitos associativos dos quais foram alijados por norma inserta no instrumento de constituição da associação, ou seja, o objeto da demanda dos associados sem direito de voto é o estatuto que pertence à associação, e não a relação existente entre os associados.

7. O provimento jurisdicional que reconheça a nulidade das referidas cláusulas atingirá diretamente a relação entre os sócios autores e a associação demandada e, apenas em segundo plano, fa-lo-á em relação aos sócios fundadores, porquanto permanece incólume o direito destes de votar e de serem votados, assim como o de integrarem os órgãos dirigentes da entidade, sem que haja qualquer limitação jurídica a seu status societário.

8. O artigo 1.394 do CC de 1916 preconiza o direito de voto de todos os sócios sem qualquer restrição ou distinção, ressoando inequívoco o seu caráter mandamental e a sua natureza de norma cogente norteadora dos princípios básicos das sociedades civis, sendo cediço que a expressão "salvo estipulação em contrário" refere-se à segunda parte do dispositivo, ou seja, à deliberação por maioria de votos na assembleia geral.

9. Ademais, o ordenamento jurídico é norteado pela liceidade das condições, sendo vedadas aquelas que contrariem a lei, a moral, a ordem pública e os bons costumes, bem como aquelas que se apresentem puramente potestativas, ou seja, que subordinem o negócio jurídico ao talante exclusivo de uma das partes, tal qual o desequilíbrio contratual imposto pelo estatuto da associação recorrente ao excluir, de forma absoluta, o direito de voto dos sócios efetivos, deixando-os à mercê do poder oligárquico dos sócios fundadores.

10. As normas estatutárias, que decorrem lógica e diretamente da que alija os sócios efetivos do poder de deliberação dos rumos e objetivos da entidade, encontram-se igualmente maculadas, porquanto infringem o princípio do direito de voto de todos os sócios, aos quais assiste a prerrogativa de participar da decisão sobre os objetivos comuns da associação.

> 11. As cláusulas estatutárias declaradas nulas de pleno direito pelo Tribunal estadual sob a égide do Código Civil de 1916 não produziram efeitos, porquanto, consoante cediço, a declaração de nulidade tem eficácia ex tunc, retroagindo ao momento da propositura da ação. Inaplicabilidade do art. 2.035 do CC de 2002, cujo pressuposto de incidência é a existência de negócio jurídico plenamente válido, cujos efeitos futuros, se não tiverem previsão no próprio negócio, são regidos pela lei vigente à época de sua execução.
>
> 12. (...)
>
> 13. Recurso especial parcialmente conhecido e, nesta extensão, parcialmente provido, apenas para excluir a multa imposta com base no art. 538, parágrafo único, do CPC. (STJ – REsp 650373/SP – Rel. p/acórdão Min. Luis Felipe Salomão – DJ 27/03/2012)

Por todos os motivos acima citados, também entende-se ser equivocado o Enunciado 577 da VII Jornada de Direito Civil do CJF/STJ com o seguinte teor: " A possibilidade de instituição de categorias de associados com vantagens especiais admite a atribuição de pesos diferenciados ao direito de voto, desde que isso não acarrete a sua supressão em relação a matérias previstas no art. 59 do CC".

Espera-se com esperança que o presente precedente citado não vingue, seja pela reforma pelo STF da decisão (uma vez que a matéria é constitucional – intervenção no funcionamento das associações/direito adquirido dos associados/liberdade de associação), seja por alteração de entendimento no próprio STJ, fazendo no futuro prevalecer o voto do Min. João Otávio Noronha (que, diga-se de passagem, é um primor no trato das associações civis e restou vencido).

Isto porque entendimento desta natureza poderá ter efeitos catastróficos na vida associativa de milhares de associações por todo o país.

Também é importante salientar que nem toda diferenciação de gênero nas associações pode ser considerada ilegal ou discriminação. Deve-se analisar o caso concreto. Não há por exemplo discriminação se a entidade associativa que tenha uma única sauna resolva colocar maior horário exclusivo destinado para o público masculino do que para o feminino quando houver maior freqüência de homens. A jurisprudência aponta no mesmo rumo:

> APELAÇÃO CÍVEL - AÇÃO ORDINÁRIA - CLUBE ESPORTIVO E RECREATIVO - RESOLUÇÃO INTERNA - INSTITUIÇÃO DE NORMAS PARA INCLUSÃO DE DEPENDENTES - DIREITO CONSTITUCIONAL - AUTONOMIA DO CLUBE.

- Segundo regra constitucional e lei material, as associações e entidades civis dispõe de autonomia para disciplinar o convívio social e regras de conduta que não esbarram na legislação e ofendem ao princípio da proporcionalidade.
- O estatuto do clube representa a vontade livre dos associados, vinculando-os aos seus termos.
- A distinção de tratamento entre dependentes do sexo feminino e do sexo masculino previamente estabelecido no estatuto do clube requerido não se reveste de ilicitude, estando em consonância com a vontade da coletividade que frequenta a instituição, ciente de suas normas desde o momento de sua adesão, não restando configurada a aventada discriminação de gênero, tratando-se, a bem da verdade, a hipótese, de mera liberalidade decorrente de uma clara e legítima expressão de autonomia privada. (TJMG - AC 1.0024.13.325671-9/002 – Rel. Des. Domingos Coelho - DJ 19/05/0016)

AÇÃO ORDINÁRIA - CLUBE RECREATIVO - PEDIDO DE ENQUADRAMENTO DE DEPENDENTE - ISONOMIA ENTRE FILHO SOLTEIRO ACIMA DE 30 ANOS E FILHA/ENTEADA SOLTEIRA ACIMA DE 30 ANOS, PARA FINS DE PERMANÊNCIA NO QUADRO DE ASSOCIADOS - DISCRIMINAÇÃO DE GÊNERO INEXISTENTE - PREVALÊNCIA DA AUTONOMIA PRIVADA. A Constituição da República, no art. 217, I, prevê a autonomia das entidades desportivas e associações, conferindo-lhes poder de auto-organização e gestão. O estatuto do clube representa a vontade livre dos associados, vinculando-os aos seus termos. In casu, o tratamento diferenciado entre a filha solteira maior de 30 anos - a quem é facultado permanecer como sócia dependente do titular -, e o filho solteiro maior de 30 anos, excluído, não consiste discriminação de gênero, mas, tão somente, uma liberalidade conferida à mulher nessa condição, numa clara e legítima expressão de autonomia privada". (TJMG - AC 1.0024.14.095214-4/001 – Rel. Des. Sérgio André da Fonseca Xavier – DJ 02/02/2016).

# 21

# INCONSTITUCIONALIDADE DO ART. 61 DO CÓDIGO CIVIL

A redação do art. 22 do Código Civil de 1916 deixava aos estatutos a liberdade da destinação de seus bens. Tal liberdade para os estatutos definirem para quem desejam destinar os bens da associação no caso da dissolução da mesma, existe nas mais avançadas legislações como na França (art. 30 do Código Civil) e Itália (art. 31 do Código Civil).

O art. 61 do Código Civil de 2002 que inovou ao impor em caso de dissolução da associação a destinação do remanescente do patrimônio líquido da entidade a entidade congêneres após deduzidas as quotas ou frações ideais previstas no art. 56, parágrafo único do mesmo código, é totalmente inconstitucional por ser desproporcional/desarrazoável e aniquilar o núcleo essencial do direito fundamental de associação e de propriedade.

Há decisões que dão validade a tal artigo:

> DISSOLUÇÃO E LIQUIDAÇÃO DE SOCIEDADES. DISSOLUÇÃO DE ASSOCIAÇÃO CIVIL. GRÊMIO ESPORTIVO FORÇA E LUZ. RATEIO ENTRE OS ASSOCIADOS DO PATRIMÔNIO DA ENTIDADE. AUSÊNCIA DE INTERESSE PROCESSUAL. INOCORRÊNCIA. JULGAMENTO DO FEITO NA FORMA DO § 3° DO ART. 515 DO CPC. POSSIBILIDADE. REQUISITOS PREENCHIDOS. 1. O fato de os apelantes terem participado de assembléias gerais que deliberaram acerca de alterações no estatuto da associação, bem como pela sua dissolução, não lhes retira o interesse processual no que diz com a pretensão deduzida na inicial, consiste na restituição, pela apelada, do montante equivalente a suas quotas sociais, anteriormente à distribuição do patrimônio da entidade apelada entre os demais sócios. 2. É nula, ante a flagrante

> violação à norma cogente contida no caput do art. 61 do Código Civil, a disposição do estatuto da entidade apelada que dispõe que o patrimônio remanescente da associação será rateado entre os associados, impondo-se que, em observância à lei, sejam restituídas as quotas dos sócios efetivamente patrimoniais, destinando-se o patrimônio remanescente a instituição municipal, estadual ou federal, de fins idênticos ou semelhantes ao da entidade dissolvenda. 3. Provimento do apelo. (TJRS – AC nº 70024200750 – Rel. Des. Paulo Sérgio Scarparo – DJ 18/06/2008)

Como citado no Capítulo 7, o direito de associação é um direito fundamental, e como tal é impossível (ainda que emenda constitucional), alteração legislativa ou ato jurídico que restrinja ou elimine o seu núcleo essencial conforme imperatizado pelo art. 60, §4º da Constituição Federal. Pela expressão histórica dos direitos fundamentais como expressão do princípio da dignidade da pessoa humana (amplamente relevante no neoconstitucionalismo), estes direitos são considerados cláusulas pétreas e não podem ser suprimidas ou terem seu núcleo essencial minorado, ainda que por emenda constitucional, conforme previsão do art. 60, §4º da Constituição Federal: "não será objeto de deliberação a proposta de emenda tendente a abolir: (...)IV – os direitos e garantias individuais". Isto não induz a acreditar que não possa o legislador alterar a configuração do direito fundamental de associação. O que resta vedado é tão somente extirpar o núcleo essencial do direito fundamental de associação ou alterar a configuração de forma a reduzir seu núcleo essencial (aquele espaço que uma vez retirado, desnaturaria tal direito).

E o art. 61 do Código Civil de 2002 segundo nosso entendimento, aniquila parte importante do núcleo essencial do direito fundamental de associação. Declarar a constitucionalidade do art. 61 do Código Civil de 2002, seria a mesma coisa de conceder validade e eficácia a um dispositivo do Código Civil que obrigasse os cidadãos destinassem grande parte de seu patrimônio quando de seu falecimento para alguma entidade ou para o Estado. Trata-se de confisco, inadmissível no ordenamento jurídico.

Outrossim, parte tal dispositivo de uma premissa falsa de que todas as associações são beneficiadas pelo Estado, quando na verdade é uma diminuta parte destas que recebe apoio estatal e normalmente insuficiente.

Como se não bastasse, é desarrazoável e desproporcional exigir que pessoas se aventurem em criar uma associação com todas dificuldades inerentes e risco de insucesso, atuem em substituição do Estado, coloquem seu tempo e dinheiro em tal empreitada e ainda tenham que ser mais lesados ainda ao não poderem repartilhar o patrimônio da associação na hipótese de dissolução.

O mandamento constitucional de estímulo do associativismo e não intervenção na organização e funcionamento das associações (art. 174, §2º e art. 5º, XVII e XVIII da Constituição Federal) foram totalmente desobedecidos com a redação do art. 61 do Código Civil.

Assim, o art. 61 do Código Civil de 2002 ao prever a obrigatoriedade de destinação do patrimônio remanescente para entidade congênere, afronta em cheio o núcleo essencial do direito fundamental de associação, além de contrariar as disposições do art. 174, §2º e art. 5º, XVII e XVIII da Constituição Federal, sendo inconstitucional.

Inobstante a data do Julgado, o entendimento correto mais adequado é o previsto no aresto abaixo, onde deixaria a cargo do Estatuto decidir o destino do patrimônio da associação:

> ASSOCIAÇÃO CIIVL. DISSOLUÇÃO. Destinação do patrimônio. Não se confundindo a associação civil destinada a representação de servidores de empresas industriais da União, dos Estados ou dos Municípios ao sindicato, a destinação do seu patrimônio, em caso de dissolução, atenderá ao princípio dispositivo do art. 22 do CC. (STF – RE 99343-6 – Rel. Min. Carlos Madeira – DJ 11/03/1986)

O ideal seria a realização de alteração legislativa com redação semelhante ao art. 22 do Código Civil de 1916, prevendo que somente na ausência de previsão estatutária ou de deliberação em assembléia é que se destinaria o patrimônio da associação (total ou remanescente) para entidade congênere ou para o Estado. Ou no máximo, impor que com a dissolução fosse revertido ao Estado o acervo patrimonial adquirido com recursos públicos.

# 22
# ASSOCIAÇÕES COLIGADAS

Segundo dá conta Enzo Roppo, o contrato (em todas suas vertentes) sofreu grande transformação na sociedade contemporânea[252], visando adequar-se à realidade, dando origem a diversas e novas estruturas contratuais como *joint venture, sociedade de propósito específico, holding,* dentre outras.

Uma das características desta nova realidade é a complexidade e multiplicidade de relações sociais. Os sujeitos de direito passaram a ter entre si várias relações jurídicas distintas conectadas por um mesmo fundamento de fato e de direito, que é chamada por Pietro Perlingieri de *collegamento*[253] (coligação).

A existência desta coligação, tornou imprescindível a existência de um instrumento contratual que desse roupagem e racionalidade a estas relações. E o instrumento contratual criado para instrumentalizar e racionalizar tais situações jurídicas interligadas foi chamado de contratos coligados (*contratti colegatti*) ou contratos em rede ou de contratos conexos.

A dinâmica social fez surgir relações jurídicas que demandavam a existência de contratos interdependentes que racionalizariam tais relações como, por exemplo, na hipótese de contratos de distribuição de combustíveis e comodato de equipamentos e contrato de franquia e contrato de locação. O Código Civil previu expressamente no Capítulo VIII, do Substítulo II, do Título II (da sociedade) do livro II (Do Direito de Empresa) do Código Civil de 2002.

---

252 ROPPO, Enzo. *O contrato.* Trad. Ana Coimbra e M. Januário C. Gomes. Coimbra: Livraria Almedina, 1988; p. 295.

253 PERLINGIERI, Pietro. *Manuale di Diritto Civile.* Napoli, 2003; p. 81

O contrato de associação (como contrato que é[254]) não ficou imune à onda de coligação dos contratos, mesmo porque como já dito anteriormente, é um importante mecanismo de racionalidade jurídica, de grande economia e de atingimento das finalidades sociais das entidades associativas.

Como exemplo de contratos coligados no âmbito das associações civis podemos citar as sociedades empresárias criadas por associações civis como deu-se com a lei Pele (9615/98) em que estas associações figuravam como sócias (quotistas) das empresas criadas para gerir o desporto profissional e na existência de associações compostas por outra(s) associações, as quais são chamadas por Francesco Galgano de associações complexas[255], associações de saúde coligadas com associações profissionais etc.

Todas estas espécies e inúmeras outras são associações civis coligadas. Assim, associações coligadas seriam as entidades associativas vinculadas estatutariamente por determinada(s) questão(ões) fático/jurídicas. A coligação deve ser verificada no caso concreto.

Nestas associações coligadas, como bem colocado pelo Prof. Carlos Nelson Konder em interessante artigo "Qualificação e coligação contratual", "o significado normativo só pode ser completamente compreendido se analisado nas relações que ele estabelece com outros contratos".[256] A interpretação contratual deve ser analisada em conjunto entre os contratos associativos coligados. O Enunciado nº 421 da *V Jornada de Direito Civil* aponta no mesmo sentido: "Os contratos coligados devem ser interpretados segundo os critérios hermenêuticos do Código Civil, em especial os dos arts. 112 e 113, considerada a sua conexão funcional"

O STJ já teve a oportunidade de se pronunciar pela necessidade de interpretação conjunta de contratos coligados:

> AGRAVO REGIMENTAL EM RESP. REVISIONAL LOCATÍCIA. PREVENÇÃO: ART. 71, § 3º. DO RISTJ. NULIDADE RELATIVA SUSCITADA APÓS O JULGAMENTO. RECURSO FUNDAMENTADO. PREQUESTIONAMENTO IMPLÍCITO. QUALIFICAÇÃO JURÍDICA DE ATOS/FATOS. NÃO INCIDÊNCIA DAS SÚMULAS 5 E 7/STJ. CISÃO, ACORDO DE ACIONISTAS E LOCAÇÃO. CONTRATOS COLIGADOS. FUNÇÃO ECONÔMICA COMUM. ART. 19 DA LEI

254 No mesmo snetido: GALGANO, Francesco. *Diritto civile e commerciale.* Vol. 1. Padova: CEDAM, 1993; p. 226.

255 GALGANO, Francesco. *Diritto civile e commerciale.* Vol. 1. Padova: CEDAM, 1993; p. 252.

256 RF 406/ 80.

> 8.245/91. MANUTENÇÃO DO EQUILÍBRIO ECONÔMICO DOS PACTOS. AVENÇA NÃO ALTERADA. REVISIONAL QUE NÃO VISA AO RESTABELECIMENTO DO EQUILÍBRIO ECONÔMICO SOCIAL. FALTA DE INTERESSE DE AGIR. VIOLAÇÃO À BOA-FÉ OBJETIVA. RESP. PROVIDO. ART. 557, § 1º.-A DO CPC. REVISIONAL EXTINTA, SEM EXAME DO MÉRITO.
>
> CARÊNCIA DE AÇÃO. ART. 267, VI DO CPC. AGRAVO REGIMENTAL DESPROVIDO.
>
> (...) 5. A interdependência, a conexidade ou a coligação dos contratos firmados pelas partes (cisão de empresa, acordo de acionistas e contrato de locação) resultam claras e evidentes, haja vista a unidade dos interesses representados, principalmente os de natureza econômica, constituindo esse plexo de avenças o que a doutrina denomina de contratos coligados; em caso assim, embora possível visualizar de forma autônoma cada uma das figuras contratuais entabuladas, exsurge cristalina a intervinculação dos acordos de vontade assentados, revelando a inviabilidade da revisão estanque e individualizada de apenas um dos pactos, quando unidos todos eles pela mesma função econômica comum. (...) (STJ – REsp 1206723 – Rel. Min. Jorge Mussi – DJ 17/05/2012)[257]

Por conta disto, é plenamente legítimo e lícito, por exemplo, uma associação de assistência à saúde, condicionar a manutenção de vínculo associativo com determinado associado à manutenção de vínculo deste mesmo associado com associação profissional a ela coligada.

---

[257] No mesmo sentido: STJ – REsp 985531 – Rel. Des. Conv. Vasco Della Giustina – DJ 01/09/2009; STJ – REsp 419362 – Rel. p/ acórdão Min. Ruy Rosado de Aguiar – DJ 17/06/2003; STJ – REsp 337040 – Rel. Min. Ruy Rosado de Aguiar – DJ 02/05/2002.

# 23
# ASSOCIAÇÕES INTERNACIONAIS

O presente tópico verifica a possibilidade de associações estrangeiras, principalmente as ONGs, de atuarem no Brasil. Inicialmente, deve-se salientar inexistir a princípio, proibição de atuação de ONGs internacionais em território brasileiro, salvo em alguns fins.

O art. 11 da Lei de Introdução às Normas do Direito Brasileiro (Decreto-Lei 4657/42) regra que as organizações a fins de interesse coletivo (onde se incluem as associações) devem obedecer à lei do Estado em que se constituírem, mas não poderão ter filiais, agências ou estabelecimentos sem aprovação do governo brasileiro e sujeição à legislação pátria, *in verbis*: "Art. 11. As organizações destinadas a fins de interesse coletivo, como as sociedades e as fundações, obedecem à lei do Estado em que se constituírem. § 1º Não poderão, entretanto ter no Brasil filiais, agências ou estabelecimentos antes de serem os atos constitutivos aprovados pelo Governo brasileiro, ficando sujeitas à lei brasileira".

José Sabo Paes faz minuciosa análise da questão e relembra importante ensinamento do Prof. Amílcar de Castro para quem se deve diferenciar a associação internacional que pretende apenas praticar ato isolado da que deseja manter estabelecimento/sede/filial no Brasil:

> Forma de atuação da entidade estrangeira. Exitem dois modos de uma pessoa jurídica estrangeira necessitar de atuar em nosso país: ou para a prática de um ato isolado, ou para aqui se fixar, mantendo uma sede de seus negócios. As duas situações recebem tratamento diverso. O professor Amílcar de Castro, com a clareza que lhe é peculiar, esclarece muito bem o tema:"Atualmente, pois, constituída uma sociedade, ou uma fundação, no estrangeiro, quatro podem ser as pretensões de seus dirigentes,

> no Brasil: a). deslocar a sede para o Brasil, a fim de vir aqui funcionar; b). conservar a sede no estrangeiro e ter no Brasil filiais, agências ou estabelecimento; c). conservar a sede no estrangeiro e exercer atividade no Brasil, sem manter aqui filia, agência ou estabelecimentos; ou então d) apenas recorrer aos tribunais brasileiros. Nas duas primeiras hipóteses, deverão antes fazer aprovar os atos constitutivos das organizações pelo governo, e ficarão sujeitas às leis brasileiras. Nas duas últimas hipóteses, não há necessidade de qualquer aprovação ou reconhecimento por parte do governo brasileiro; e continuam a obedecer à lei do Estado em que se constituíram, podendo exercer aqui atividade, desde que não seja esta contrária à ordem pública". Com a autorização, não perde a entidade o seu caráter de estrangeira. Quaisquer prerrogativas conferidas às sociedades nacionais, que foram além do regime comum de direito privado, somente serão extensíveis às sociedades ou fundações estrangeiras autorizadas se houver reciprocidade de tratamento nos seus países de origem para a sociedades ou fundações brasileiras, ressalvados os casos em que a lei brasileira não permitir, expressamente, a concessão da vantagem ou prerrogativa (como é o caso, por exemplo, da declaração de utilidade pública federal, disciplinada pela Lei nº 91, de 28.08.1935, cujo art. 1º, interpretado a *contrario sensu*, veda a declaração para sociedades, associações ou fundações constituídas.[257]

Pelo risco de poderem ser usadas para atentarem contra a soberania nacional, mais do que correto o maior controle sobre as associações internacionais, as quais devem ter autorização do governo brasileiro para fixar estabelecimento/filial/sede no país, bem como devem se recadastrar perante o governo brasileiro nos termos da Portaria 1272/2008 do Ministério da Justiça. Mesmo porque conforme relembra Aguinaldo Alemar, as ONGs podem valer-se de meios violentos ou ilegais de atuação (ex.: danos ao patrimônio privado e público e agressões)[258], o que ao se tratar de uma entidade internacional, os perigos para a soberania nacional são redobrados.

Como bem relembra José Sabo Paes, há algumas finalidades vedadas para as associações estrangeiras, como por exemplo, agenciamento e divulgação de notícias.[259]

---

[257] PAES, José Sabo. *Fundações, associações e entidades de interesse social: aspectos jurídicos, administrativos, contábeis, trabalhistas e tributários.* São Paulo: Forense, 2010; p. 118.

[258] ALEMAR, Aguinaldo. *Direito e ambientalismo: fundamentos para o estudo do direito ambiental.* Belo Horizonte: Arraes Editores, 2013; p. 111-112.

[259] Idem; p. 123.

O Decreto 3441/2000 delegou competência ao Ministro da Justiça para autorizar o funcionamento no Brasil de organizações estrangeiras destinadas a fins de interesse coletivo, inclusive para alteração de estatutos e cassação de autorizações de funcionamento.

# 24
# DESTITUIÇÃO DE ADMINISTRADORES

No Brasil, não é raro se ver administradores que se perpetuam na direção de associações civis. Pode ser tanto por grande competência na condução da entidade ou por ninguém se opor a continuidade da administração.

Também não é raro verem administradores se elegerem, tomarem posse e administrarem de forma totalmente contrária aos estatutos e à lei.

Como o Código Civil prevê em seu art. 59 do Código Civil que cabe privativamente à assembleia destituir seus administradores, a via normal para destituição é por meio de tal assembleia segundo aponta a jurisprudência:

> ASSOCIAÇÃO PRIVADA – DESTITUIÇÃO DA DIRETORIA – NORMAS ESTATUTÁRIAS – NÃO OBSERVÂNCIA – CARÊNCIA DE AÇÃO. O Poder Judiciário não pode, em substituição às normas estatutárias, destituir membro da diretoria de associação privada. (TJMG – Recurso 2.0000.00.430805-2/000(1) – Rel. Des. Guilherme Baeta – DJ 17/06/2004)

> ASSOCIAÇÃO CIVIL. ADMINISTRAÇÃO PRETENDIDA. DESTITUIÇÃO DA DIRETORIA. INADMISSIBILIDADE. ENTIDADE REGULARMENTE CONSTITUÍDA. DIREÇÃO ATRIBUÍDA POR ELEIÇÃO DE SEUS ASSOCIADOS. CASO ADEMAIS ONDE HÁ PREVISÃO ESTATUTÁRIA QUANTO A SUA DESCONSTITUIÇÃO. TEMA ALIÁS QUE E PRIVATIVO DE ASSEMBLÉIA. INTERVENÇÃO DO JUDICIÁRIO QUE NÃO SE JUSTIFICA. SENTENÇA MANTIDA. RECURSO IMPROVIDO. (TJSP – Recurso 994070220690 – Rel. Des. Vito Guglielmi – DJ 27/08/2007)

Acaso haja exigências no Estatuto Social para a destituição de administradores (quorum para convocação, quorum para aprovação etc.), mister se faz sejam as mesmas obedecidas. A jurisprudência não diverge:

> APELAÇÃO CÍVEL. DIREITO PRIVADO NÃO ESPECIFICADO. IRRESIGNAÇÃO CONTRA TROCA DE DIRETORIA DE RÁDIO. AÇÃO DECLARATÓRIA DE NULIDADE DE AGE. ILEGITIMIDADE ATIVA. Os demandantes são flagrantemente carecedores de ação em que se busca discutir a legitimidade de nova Diretoria se os atos societários praticados pelos demandantes visando à sua assunção na qualidade de Diretoria Provisória não encontram respaldo no Estatuto Social. Extinguiram o feito. (TJRJ – Recurso 70021208657 – Rel. Des. Alzir Felippe Schmitz – DJ 05/08/2008)

> APELAÇÃO CÍVEL. PEDIDO DE DESTITUIÇÃO DA PRESIDÊNCIA E DA DIRETORIA EM DECORRÊNCIA DE SUPOSTAS IRREGULARIDAES DA GESTÃO. DESTAQUE PARA A NEGATIVA DE APRESENTAÇÃO DE DOCUMENTOS REFERENTES À SAÚDE FINANCEIRA DA APELADA.O Estatuto da apelada determina a competência da assembléia geral para destituir membros e preencher cargos vagos, razão pela qual deveria a apelante buscar convocar assembléia, por meio da reunião de um quinto das associadas, com a finalidade almejada. Exibição de documentos no período de maio de 2000 a maio de 2003 já tutelada em ação transitada em julgado. O pedido de destituição não guarda nexo com a busca pela exibição dos documentos. A contratação de auditoria externa é tema a ser discutido interna corporis.Desprovimento do recurso (TJRJ – AC 0050787-55.2005.8.19.0001 (2008.001.48806) – Rel. Des. Marco Aurélio Froes – Julgamento: 25/11/2008)

Meras irregularidades sem prejuízo na assembleia de eleição não levam a destituição dos eleitos, haja vista que deve-se preservar a vontade dos associados como aponta o aresto abaixo:

> ASSOCIAÇÃO. ELEIÇÃO. ALTERAÇÃO DO ESTATUTO. AUSÊNCIA DE ASSEMBLÉIA ESPECÍFICA. PRETENSÃO DE ANULAÇÃO DO ESTATUTO E DE PROCESSO ELEITORAL. PRINCÍPIO DA RAZOABILIDADE. VEDAÇÃO DO EXCESSO. CONDUTAS CONTRADITÓRIAS DOS AUTORES QUE PARTICIPARAM DO PROCESSO ELETIVO. MEDIDA CAUTELAR. AUSÊNCIA DE REQUISITOS. IMPROCEDÊNCIA DOS PEDIDOS. SENTENÇA QUE SE MANTÉM. Cuida-se de demanda que objetiva a anulação da Reunião Extraordinária do Conselho Deliberativo do Olympico Club ocorrida em 21.12.2006, bem como a anulação do pleito eleitoral realizado na Assembléia Geral Extraordinária de 13.12.2008, sob alegação de violação aos requisitos formais e essenciais para tal, notadamente, a inobservância do "quorum" mínimo exigido para alteração do Estatuto. Por

outro vértice, os apelados afirmam que não houve alteração estatutária na Reunião de Extraordinária e, sim, adequação do antigo estatuto ao código civil de 2002, por imposição legal, motivo pelo qual inexistem nulidades. Conquanto evidenciada inobservância dos requisitos formais para alteração do Estatuto, o conjunto probatório existente nos autos convergem para improcedência dos pedidos autorais, uma vez que a anulação da Reunião Extraordinária do Conselho Deliberativo, da Assembléia Geral Extraordinária, do Estatuto e, consequentemente, da eleição e todos os atos e procedimentos até então praticados pela nova diretoria acarretará prejuízo ainda maior aos interesses do Clube, em detrimento de a aprovação de pontuais mudanças no Estatuto. Anulação de tais feitos caracteriza afronta ao princípio democrático, o bom e regular andamento das atividades associativas, bem como ao princípio da razoabilidade, sobretudo quanto ao seu subprincípio da vedação do excesso, uma vez que a eleição contou com a participação de 207 associados que elegeram nova diretoria, sem manifestar desaprovação as novas regras do Estatuto. Nota-se, outrossim, que o novo Presidente e Vice-Presidente do Conselho Deliberativo e Presidente e Vice-Presidente do Conselho Fiscal já se encontram empossados e em pleno exercício. Não obstante, conforme bem observou a douta magistrada sentenciante, evidente são as condutas contraditórias dos autores em diversas oportunidades apontadas nos autos que configuram violação ao princípio VENIRE CONTRA FACTUM PROPRIUM. Assim sendo, inexistem motivos para reforma da d. sentença apelada que bem analisou o feito concluindo pela improcedência da pretensão autoral e a condenação dos autores nos ônus de sucumbência. Na mesma esteira, inexistem nos autos os requisitos ensejadores para a concessão da medida cautelar pleiteada – "fumus boni iuris" e "periculum in mora" (CPC, arts. 798 e 801, IV). DESPROVIMENTO DO RECURSO. (TJRJ – 0114668 – Rel. Des. Roberto de Abreu Silva – DJ 23/03/2010)

O TJRJ no recurso 994980062778 julgado em 21/08/200 cujo relator foi Des. Osvaldo Caron, entendeu que não há nulidade se foi preservada a vontade da maioria votante segundo

A apelante era Presidente, eleita em 10.11.1992 e assim aclamada em 26.6.1989, conforme ata não microfilmada (fs. 14-20 e 11-3). A Diretoria convocou os associados e os professores para assembléia em 30.6.1997, às 14h30', em primeira chamada, na sede da entidade para discutirem sobre o futuro do Fórum (fs. 21 c/c 22). Enquanto isso, membros efetivos da associação solicitaram, em abaixo-assinado, providências quanto a realização de eleições em 24.6.1997, para a renovação da Diretoria (fs. 24-8). No dia anterior ao de realização desse ato, Renato Rodrigues Bittencourt e Alicia Cristina Bosqued de Núnez, afirmando-se eleitos em maio de 1995, renunciaram a seus mandatos (fs. 29 e 30). Não consta

> a lavratura de ata da assembléia de 24.6.1967. Contudo, a ata da assembléia convocada pela Diretoria presidida pela apelante contém, expressamente, ter o plenário exigido que se discutisse como primeiro item da pauta a "Ratificação da eleição realizada no dia vinte e quatro de junho de mil novecentos e noventa e sete da chapa (...) Vida Nova, que fora apresentada, divulgada, e que é composta pelas seguintes pessoas: Presidente – Professor Renato Rodrigues Bittencourt, Vice-Presidente Alicia C. Bosqued de Nuftez", para citar apenas os dois primeiros (f. 57). Prosseguindo, consta ainda da mencionada ata: "Posta em votação, o plenário aprovou por aclamação" *{ibidem).* Como se vê, a despeito de uma ratificação, não se pode negar ter sido efetivado o processo de escolha dos novos diretores da entidade. É o suficiente para não se anular a assembléia, mantendo-se a eleição ratificada. Eventuais remunerações de diretores nada têm a ver com o exercício de seus respectivos cargos, mas com a prestação de serviço docente. Se isso não atende às exigências associativas, deverão os associados disciplinar a matéria em assembléia geral. Certo, porém, é que não existe motivo para se considerar nulo o ato de eleição, mesmo que pela via ratificadora. Por isso, nego provimento ao recurso.

Ressalvando a hipótese de destituição de administrador de associação via assembleia geral, somente caberá destituição de administrador na hipótese de flagrante infrigência à Constituição, à legislação ou ao Estatuto da associação e comprovação cabal de grande dano à entidade. Trata-se de medida excepcionalíssima, poucas vezes cabível. Se a destituição judicial não for embasada nestas condições, haverá flagrante carência de ação como já entendeu a jurisprudência:

> ASSOCIAÇÃO PRIVADA – DESTITUIÇÃO DA DIRETORIA – NORMAS ESTATUTÁRIAS – NÃO OBSERVÂNCIA – CARÊNCIA DE AÇÃO. O Poder Judiciário não pode, em substituição às normas estatutárias, destituir membro da diretoria de associação privada. (TJMG – AC 2000000430805-2/000 – Rel. Des. Guilherme Luciano Baeta Nunes – DJ 17/06/2004)

Se a atuação do administrador se basear em eleição ilícita, deve-se cumular à ação de destituição, o pedido de decretação de anulação da assembleia de eleição, pois não se poderá haver destituição sem a anulação da assembleia de eleição.

Para se levar à cabo a destituição de um administrador de associação via assembleia, deve-se promover a convocação na forma prevista no Estatuto Social. Além disto, deve-se informar previamente ao acusado os motivos do pedido de destituição, não cabendo a destituição *ad nutum.* Também deve-se conceder ao administrador acusado a oportunidade de se defender em assembleia, seja pessoalmente ou por advogado, sob pena de nulidade da destituição. A jurisprudência mais abalizada não diverge:

> NULIDADE DE ASSEMBLEIA – Convocação pelo presidente da associação, o qual não detém poderes para tanto, nos termos do estatuto Nulidade reconhecida Deliberação para destituição do autor do cargo de Diretor 1º Tesoureiro Nulidade Edital de convocação da assembleia que não lhe imputou a prática de irregularidades, tampouco previu a possibilidade do exercício de defesa Mecanismos utilizados pela ré que não garantiram, de forma efetiva, o contraditório e a ampla defesa Nulidade do ato de destituição reconhecida Adoção dos fundamentos da sentença, em razão do permissivo do artigo 252 do Regimento Interno desta Egrégia Corte – Sentença mantida Recurso não provido. (TJSP – AC 0041449-26.2009.8.26.0000 – Rel. Des. Moreira Viegas – DJ 25/04/2012)

Haverá recurso só e apenas se o Estatuto prever, a não ser que juntamente com a destituição houver exclusão, situação onde é imprescindível a previsão estatutária de órgão recursal a teor do art. 57 do Código Civil.

A competência para julgar ação de destituição de administrador de associação civil é da Justiça Comum. Mesmo na hipótese de pedido de indenização por desligamento indevido de dirigente da associação, a competência é da Justiça Comum segundo aponta o STJ:

> CONFLITO NEGATIVO DE COMPETÊNCIA. JUSTIÇA DO TRABALHO. JUSTIÇA COMUM ESTADUAL. AÇÃO DE INDENIZAÇÃO POR DANOS MATERIAIS E MORAIS. INDEVIDO DESLIGAMENTO DE PRESIDÊNCIA DE ENTIDADE DE PREVIDÊNCIA PRIVADA. ALEGAÇÃO DE INOBSERVÂNCIA DAS DISPOSIÇÕES ESTATUTÁRIAS. CAUSA DE PEDIR. PEDIDO. ÍNDOLE EMINENTEMENTE CIVIL.
>
> 1. Compete à Justiça Comum Estadual processar e julgar ação de indenização por danos materiais e morais, na hipótese em que o autor da ação afirma ter sido desligado indevidamente do cargo de presidente de entidade de previdência privada, por determinação do patrocinador, porquanto a controvérsia posta na demanda deriva de relação jurídica de cunho eminentemente civil.
>
> 2. A causa de pedir e o pedido deduzidos na exordial nem sequer se referem à existência de relação de trabalho entre as partes.
>
> 3. Conflito conhecido para declarar competente a Justiça Comum Estadual. (STJ – CC 123914/PA – Rel. Min. Raul Araújo – 2ª Seção – DJ 26/06/2013)

# 25

# SUSPENSÃO E NULIDADE DE DELIBERAÇÕES DAS ASSOCIAÇÕES

## 25.1 SUSPENSÃO E NULIDADE DE DELIBERAÇÕES DAS ASSOCIAÇÕES

Como mencionado, a priori, deve ser mantida as decisões da associação em prestígio a liberdade de associação e autogestão associativa, bem como ao atendimento a vontade da maioria como bem aponta a jurisprudência:

> Ação cautelar - Suspensão de eleição de diretoria de Associação Civil - Liminar concedida - Ausência de caracterização dos requisitos do "fumus boni iuris" e do "periculum in mora" - Inexistência de risco ao normal desenvolvimento das atividades da Associação - Prevalecimento da vontade da maioria que representa aspiração de ideal democrático - Recurso provido. (TJSP – Des. Rel. César Lacerda – DJ 18/06/1999)
>
> AGRAVO DE INSTRUMENTO - AÇÃO CAUTELAR - DISSOLUÇÃO DE SOCIEDADE - LIMINAR DE AFASTAMENTO DA DIRETORIA - DECISÃO PRECIPITADA - AUSÊNCIA DO FUMUS BONI JURIS - PERICULUM IN MORA EM REVERSO. As ações cautelares têm caráter excepcional são meramente instrumental visando a garantir provisoriamente o processo principal. Irresignação isolada de um dos sócios, por si só, não justifica e nem autoriza a intervenção de um terceiro, estranho ao corpo social, para gerir a sociedade, de forma liminar, aceitando apenas o que foi lançado na inicial da medida cautelar. intervenção de terceiro na gestão de uma pessoa jurídica leva ao fundado receio da irreversibilidade dos efeitos da liminar deferida. (TJMG - 1.0027.06.092722-8/001(1) – Rel. Des. Batista de Abreu – DJ 07/02/2007)

> ASSOCIAÇÃO - LEGITIMIDADE - ASSOCIADO - CONVOCAÇÃO PARA NOVAS ELEIÇÕES - ESTATUTO.
> Não pode o associado, individualmente, pretender exigir em juízo a convocação de eleições de nova diretoria, se o estatuto da Associação prevê a necessidade de, no mínimo, 20% dos associados para configurar a legitimidade para tal. (ex-TAMG - 2.0000.00.327712-5/000(1) – Rel. Juíza Vanessa Verdolim – DJ 27/03/2001)

Há situações, excepcionais no entanto, que as deliberações assembleares ou administrativas afrontam a constituição federal, a lei ou o estatuto da entidade associativa, sendo a princípio inválidas.

E estas deliberações das associações podem ser objeto de suspensão, nestes casos, inclusive na forma de tutela provisória ou podem ser decretadas nulas. Desta forma, pode haver por exemplo, a suspensão de uma deliberação assemblear que decide mudar o nome da associação quando o estatuto exige que seja feito por reforma estatutária. Pode ser decretada a nulidade de uma deliberação que não obedeceu o quorum estatutário.

É muito comum se proferir decisões assembleares contrariamente ao estatuto, sendo as mesmas nulas de pleno direito. Muitas das vezes, deveria ter ocorrido a reforma estatutária para só depois fazer a deliberação.

Da mesma forma que pode ocorrer a suspensão da deliberação associativa ou a decretação de sua nulidade, pode-se também impor (excepcionalmente) a realização de algum ato. Pode, por exemplo, o Judiciário ordenar a realização de uma eleição que já deveria ter sido realizada.

Qualquer associado (comprovando a condição de associado) pode manejar a ação para suspender a deliberação ou decretar sua nulidade, desde que não transcorrido o prazo prescricional para anular tal decisão.

Ainda que haja ilegalidade, pode o Judiciário decidir manter a decisão, diante do risco de periculum in mora inverso na concessão da tutela provisória, ou seja, pode ser que ainda que haja irregularidade a reversibilidade da medida seja deveras prejudicial e não recomendável.

Também deve-se ter em mente que no seio das associações civis, rege o princípio da informalidade, de onde não haverá nulidade sem prejuízo. Desta forma, erros de digitação, erro material de edital de convocação, por exemplo, somente ensejaria nulidade se demonstrasse efetivo prejuízo. Deve-se atentar ainda que na maioria esmagadora das associações do país, seus membros não possuem formação jurídica.

## 25.2 PRAZO PARA SE SUSPENDER OU ANULAR DELIBERAÇÕES DAS ASSOCIAÇÕES

O prazo para suspender ou anular deliberação das associações é de 03 (três) anos conforme art. 206, §, VII "B" do Código Civil[260] conforme apontado pela jurisprudência mais abalizada:

> AGRAVODEINSTRUMENTO-NULIDADEDONEGÓCIOJURÍDICO - ALIENAÇÃO DE IMÓVEL - DECLARAÇÃO DE INVALIDADE DA ASSEMBLEIA - PRAZO PRESCRICIONAL DE TRÊS ANOS - ART. 206, §3º, VII, "B" DO CC- PRELIMINAR DE PRESCRIÇÃO - ACOLHER - EXTINGUIR A AÇÃO NOS TERMOS DO ARTIGO 269, IV DO CPC. - Nos termos do artigo 206, §3º, inciso VII, "b" do CC, o prazo prescricional para pretensão contra violação do estatuto é de três anos contados do balanço referente ao exercício em que a violação tenha sido praticada. (TJMG - Agravo de Instrumento-Cv 1.0707.11.019144-2/001 – Rel. Des. Mota e Silva - DJ 11/06/2012)

O início do prazo prescricional flui a partir da apresentação do balanço aos sócios ou da deliberação tomada em reunião ou assembléia que dela deva ter tomado conhecimento. Qualquer associado, desde que não tenha anuído com a decisão que se visa suspender ou anular, pode manejar a ação para nulidade de deliberação associativa.

---

[260] Art. 206. Prescreve: § 3º Em três anos: VII - a pretensão contra as pessoas em seguida indicadas por violação da lei ou do estatuto, contado o prazo: b) para os administradores, ou fiscais, da apresentação, aos sócios, do balanço referente ao exercício em que a violação tenha sido praticada, ou da reunião ou assembléia geral que dela deva tomar conhecimento;

# 26 SUSPENSÃO DAS ATIVIDADES DAS ASSOCIAÇÕES

O art. 5º, XIX da Constituição Federal dispõe que "as associações só poderão ser compulsoriamente dissolvidas ou ter suas atividades suspensas por decisão judicial, exigindo-se, no primeiro caso, o trânsito em julgado".

Denota-se facilmente o prestígio ao direito fundamental de associação na medida em que prevê como excepcional a dissolução ou suspensão de uma associação e mais excepcional por exigir o trânsito em julgado da decisão judicial para dissolução.

A suspensão das atividades, apesar de somente poder ser realizada por decisão judicial, pode ser realizada por meio de tutela provisória, não exigindo o trânsito em julgado.

Pode-se por exemplo suspender as atividades de uma asilo que promova maus tratos, a uma creche que promova abuso sexual, dentre outros exemplos.

Quando se fala que a suspensão somente pode ser realizada por meio judicial, quer dizer as suspensões das suas atividades relativas a ilicitudes ou licitudes dos seus fins, e não embargos e penalidades administrativas no caso , por exemplo, de infrações sanitárias, ambientais, urbanísticas etc.

Da mesma forma que da dissolução, deve-se atender a proporcionalidade, e verificar antes de se deferir a suspensão das atividades, se não há medida menos grave que possa ser eficaz.

A jurisprudência também aponta pela possibilidade de suspensão das associações (suspensão das atividades) em situações excepcionais:

AGRAVO DE INSTRUMENTO. PROCESSO CIVIL. ASSOCIAÇÃO. RECEBIMENTO DE VERBAS PÚBLICAS. INDÍCIOS DE IRREGULARIDADE FISCAL. NOTAS FISCAIS INIDÔNEAS E FALSIFICADAS. SUSPENSÃO DE ATIVIDADES. RISCO DE DANO GRAVE E DE DIFÍCIL REPARAÇÃO.
1. O parecer emitido pela Procuradoria de Fazenda do Distrito Federal, noticiando a reprovação das contas da entidade social diante da apresentação de notas fiscais contendo irregularidades como divergência de valores entre as vias das notas fiscais apresentadas na prestação de contas daquelas efetivamente emitidas pelos estabelecimentos comerciais, impressão de notas fiscais sem a devida autorização da Secretaria de Fazenda e notas emitidas a empresas suspensas ou com atividades encerradas, revela indício idôneo de prática ilícita na gestão da associação. 2. Apurada, em procedimento investigativo, a existência de indícios robustos acerca da malversação de recursos públicos destinados à associação, impõe-se a suspensão das atividades da entidade, sob pena de risco de lesão grave ou de difícil reparação ao erário. 3. Deu-se provimento ao agravo de instrumento. (TJDFT - Acórdão n.778792, 20130020298985AGI, Relator: FLAVIO ROSTIROLA 1ª Turma Cível, Data de Julgamento: 09/04/2014, Publicado no DJE: 25/04/2014. Pág.: 121).

DIREITOPROCESSUAL CIVIL. AÇÃO CIVIL PÚBLICA. SUSPENSÃO DE ATIVIDADES E INDISPONIBILIDADE DOS BENS DE ASSOCIAÇÃO CONVENIADA À FUNDAÇÃO DE APOIO À PESQUISA DO DISTRITO FEDERAL. POSSIBILIDADE.
1. Considerando que a associação, ora agravante, recebe verbas, por meio de convênio firmado com a Fundação de Apoio à Pesquisa do Distrito Federal – FAP/DF, não merece censura a decisão que determina a suspensão das atividades da mencionada associação, bem como a indisponibilidade de seus bens, porquanto há indícios de malversação de recursos públicos. 2. Na hipótese vertente, o Relatório de Inspeção n. 19/2011, elaborado pela Secretaria de Estado de Transparência e Controle do Distrito Federal (fls.251/277), concluiu que o convênio celebrado pela ora agravante e a Fundação de Apoio à Pesquisa do Distrito Federal – FAP/DF apresentou uma série de irregularidades, razão pela qual devem ser suspensas as atividades da associação, ao menos até que a questão seja definitivamente examinada nos autos da ação originária. 3. Agravo de Instrumento conhecido e não provido. (TJDFT - Acórdão n.679521, 20120020283796AGI, Relator: Desembargador não cadastrado, Órgão não cadastrado, Data de Julgamento: 22/05/2013, Publicado no DJE: 29/05/2013. Pág.: 97).

AGRAVO DE INSTRUMENTO - CIVIL - DISSOLUÇÃO - ASSOCIAÇÃO - ENTIDADE - AMPARO AO IDOSO - IRREGULARIDADES - LIMINAR DEFERIDA - RECURSO PROVIDO.
O conjunto probatório acostado aos autos conduz à conclusão de que a agravada estava atuando irregularmente, desviando as doações recebidas para fins diversos dos previstos em seu estatuto, além de não propiciar aos idosos o atendimento devido, razão pela qual a liminar deve ser confirmada, a fim de determinar a suspensão imediata das atividades da entidade, até o julgamento do mérito da Ação de Dissolução de Associação, que tramita no Juízo a quo. Da mesma forma, deve ser mantida a cominação de multa diária equivalente a R$ 1.000,00 aos seus dirigentes, em caso de descumprimento da decisão. (Acórdão n.297249, 20070020114499AGI, Relator: Desembargador não cadastrado, Órgão não cadastrado, Data de Julgamento: 05/03/2008, Publicado no DJE: 17/03/2008. Pág.: 122).

# 27

# DISSOLUÇÃO DAS ASSOCIAÇÕES

## 27.1 FORMAS DE DISSOLUÇÃO DAS ASSOCIAÇÕES

Segundo Caio Mário, existem 5 (cinco) formas de dissolução da pessoa jurídica: convencional, legal, administrativa, judicial e natural.[261]

### 27.1.1 Dissolução convencional

A dissolução convencional é aquela que se dá por meio de deliberação de seus membros.

Dúvida existia se a dissolução convencional da associação deveria se dar por acordo unânime entre os associados ou por maioria. O estatuto é que deverá mencionar qual o quórum necessário para dissolução. Na sua omissão, entendemos que a dissolução da associação poderá se dar pelo voto de mais da metade dos associados, pois nesta espécie de pessoa jurídica vige em regra o princípio da maioria. Ademais, atualmente existem associações com um número muito grande de associados, sendo impossível conseguir unanimidade em qualquer situação. Um quorum interessante que colocamos em estatutos por nós elaborados é de 2/3, pois não possui a singeleza de uma votação majoritária simples para matéria importante como a dissolução e tampouco a dureza de exigir uma votação quase impossível na prática (unanimidade).

### 27.1.2 Dissolução legal

A dissolução legal dá-se por acontecimento de motivo previsto em lei.

---

[261] *Op. cit.*, p. 219-221.

### 27.1.3 Dissolução administrativa

Por sua vez, ocorre a dissolução administrativa quando o governo cassa a autorização de seu funcionamento. *Data maxima venia*, entendemos que tal fato não leva à extinção da associação, pois a existência da pessoa jurídica começa com o registro de seu ato constitutivo no cartório competente, e não por autorização do governo. Como dito anteriormente, com o advento da Constituição de 1988, é livre a criação de associações independentemente de autorização governamental. Apesar de não se necessitar de autorização governamental para criação de uma associação, pode-se precisar de tal autorização para exercer alguma atividade em especial. Outrossim, a dissolução compulsória (assim como a suspensão) somente pode ser feita pela via judicial. O STF já apontou neste sentido:

> "Cabe enfatizar, neste ponto, que as normas inscritas no art. 5º, XVII a XXI, da atual CF, protegem as associações, inclusive as sociedades, da atuação eventualmente arbitrária do legislador e do administrador, eis que somente o Poder Judiciário, por meio de processo regular, poderá decretar a suspensão ou a dissolução compulsórias das associações. Mesmo a atuação judicial encontra uma limitação constitucional: apenas as associações que persigam fins ilícitos poderão ser compulsoriamente dissolvidas ou suspensas. Atos emanados do Executivo ou do Legislativo, que provoquem a compulsória suspensão ou dissolução de associações, mesmo as que possuam fins ilícitos, serão inconstitucionais.
>
> [STF - ADI 3.045 – Voto do rel. Min. Celso de Mello – DJ 10/8/2005]

### 27.1.4 Dissolução judicial

A dissolução judicial ocorre de decisão judicial transitada em julgado e será pormenorizadamente estudada no Capítulo 28.

### 27.1.5 Dissolução natural

E a última forma de dissolução acontece quando morre todos os membros da associação ou subsiste apenas um.

## 27.2 DA DESTINAÇÃO DO PATRIMÔNIO DA ASSOCIAÇÃO DISSOLVIDA

Há quem defenda, que independente de qual forma se der a dissolução das associações, será sempre aplicável o art. 61 do Código Civil.

O art. 61 do Código Civil possui a seguinte redação:

> Dissolvida a associação, o remanescente do seu patrimônio líquido, depois de deduzidas, se for o caso, as quotas ou frações ideais referidas no parágrafo único do art. 56, será destinado à entidade de fins não econômicos designada no estatuto, ou, omisso este, por deliberação dos associados, à instituição municipal, estadual ou federal, de fins idênticos ou semelhantes.

A redação do dispositivo legal supra não foi das melhores. Melhor seria a manutenção da redação do art. 22 do Código Civil de 1916 nos seguintes termos:

> Extinguindo-se uma associação de intuitos não econômicos, cujos estatutos não disponham quanto ao destino ulterior dos seus bens, e não tendo os sócios adotado a tal respeito deliberação eficaz, devolver-se-á o patrimônio social a um estabelecimento municipal, estadual ou federal, de fins idênticos ou semelhantes.

Segundo apontamos no Capítulo 20 (ao qual remetemos o leitor), a nosso ver o art. 61 do Código Civil é flagrantemente inconstitucional.

Ainda que não se declarasse a inconstitucionalidade do art. 61 do Código Civil, a manutenção do mesmo ainda traria inúmeras dificuldades. Isto porque a redação do art. 61 do Código Civil peca, pois em caso da existência de associados com fração ideal do patrimônio da entidade, nunca haverá remanescente, salvo se tais associados constarem o contrário no estatuto ou disporem na assembléia de modo diverso, limitando ou reduzindo a sua fração ideal. Suponhamos uma associação com as seguintes características: a) inicialmente possuía 100 (cem) associados com fração ideal; b) possuía um patrimônio de R$ 100.000,00 (cem mil reais); c) possuía prazo de duração determinado; d) expirou-se o prazo de duração. Quando da dissolução da associação: a) o patrimônio da entidade era os mesmos R$ 100.000,00 (cem mil reais); b) possuía tão-somente 10 (dez) associados; c) possuía R$ 90.000,00 (noventa mil reais) em dívidas. Diante do quadro acima e de acordo com a interpretação teleológica e sistemática do art. 61 do Código Civil, teríamos o seguinte quadro: a entidade pagaria a dívida de R$ 90.000,00 (noventa mil reais), subsistindo o patrimônio líquido de R$ 10.000,00 (dez mil reais). Como os associados são donos de frações ideais, ou seja, proprietários do patrimônio líquido, os 10 (dez) associados restantes dividiriam a totalidade do patrimônio líquido, não tendo que se falar em remanescente. Os associados que se retiram ou são excluídos da associados antes de sua dissolução não têm direito a nada, pois o seu patrimônio foi incorporado ao da entidade associativa. Segundo aponta Santoro-Passarelli, "em todos estes casos o associado perde cada direito de seu patrimônio na associação, que mantém assim intactos os meios para o perseguimento de seu escopo que não lucrativo".[262]

Seria prudente a elaboração de um projeto de lei com o mesmo teor do art. 24 do CC italiano mencionando o seguinte: "os associados que se retirarem ou forem excluídos ou que não mais pertençam à associação, não receberão as entradas feitas e nem têm direito algum ao patrimônio da associação."

Caso existam associados com fração ideal do patrimônio e os mesmos resolvam estatutariamente ou por meio de assembleia, limitar ou reduzir a sua fração ideal do patrimônio da associação, aí sim haverá remanescente.

O patrimônio remanescente, por previsão estatutária ou por decisão assemblear dos associados, poderá receber em restituição, atualizado o respectivo valor, as contribuições que tiverem prestado ao patrimônio da associação (art. 6º, § 1º).

A restituição se dará apenas aqueles associados que ainda fazem parte da entidade quando da dissolução, não alcançando aqueles que foram desligados anteriormente.

Se depois disso ainda haver patrimônio remanescente, o mesmo será destinado à entidade de fins não econômicos designada no estatuto, ou omisso este, por deliberação dos associados, à instituição municipal, estadual ou federal, de fins idênticos ou semelhantes (art. 61 do Código Civil). Não existindo no Município, no Estado, no Distrito Federal ou no Território, em que a associação tiver sede, instituições nas condições indicadas no art. 61º, *caput*, do Código Civil, o que remanescer do seu patrimônio se entregará à Fazenda do Estado, do Distrito Federal ou da União.

## 27.3 DA LIQUIDAÇÃO

Mesmo após a dissolução da associação, a personalidade jurídica pode ser conservada para permitir a liquidação do patrimônio. A liquidação antecede a destinação do patrimônio líquido remanescente e tem por escopo fazer as compensações entre patrimônio e débitos. Aplica-se a liquidação das sociedades às associações no que couber por força dos arts. 51,§2º, 1102 a 1112 do Código Civil. É nomeado um liquidante pela assembléia ou por decisão judicial.

---

[262] SANTORO-PASSARELLI, Francesco. *Dotrrine Generali Del Diritto Civile.* 9. ed. Napoli: Casa Editrice Dott. Eugenio Jovene, 1997; p. 46.

# 28 DISSOLUÇÃO JUDICIAL DAS ASSOCIAÇÕES

Por ser a dissolução judicial, a forma de dissolução que mais traz controvérsias, entendemos por bem abordar a mesma em capítulo próprio.

A ação de dissolução judicial é instrumento judicial para se dissolver uma associação civil ou associação de fato de forma compulsória.

As associações com finalidades assistenciais que recebam auxílio ou subvenção do Poder Pública ou que se mantenham com contribuições periódicas dos associados terão sua dissolução judicial regida pelo Decreto-lei 41/66, ainda em vigor, conforme previsão do seu art. 1º e subsidiariamente pelo CPC). A associação será dissolvida nas hipóteses de: a). deixar de desempenhar efetivamente as atividades assistenciais a que se destina; b). aplicar as importâncias representadas pelos auxílios, subvenções ou contribuições populares em fins diversos dos previstos nos seus atos constitutivos ou nos estatutos sociais; c). ficar sem efetiva administração, por abandono ou omissão continuada dos seus órgãos diretores (art. 2º do Decreto-lei 41/66). A ação judicial de dissolução da associação contra estas associações poderão ser intentadas pelo Ministério Público de ofício ou por provocação de qualquer interessado.

Quanto se tratar de dissolução judicial em desfavor de associação civil que não a prevista no Decreto-lei 41/66 (finalidades assistenciais que recebam auxílio ou subvenção do Poder Pública ou que se mantenham com contribuições periódicas dos associados), a ação judicial será regida pelo CPC.

A ação de dissolução judicial de associação civil poderá ser intentada por qualquer interessado (), inclusive pelo Ministério Público. Isto porque a dissolução judicial é uma questão que interessa a toda a sociedade. Caberá ação de dissolução judicial quando a associação for ilícita ou tiver finalidade ilícita (art. 5º, XIX da Constituição Federal). Associação ilícita ou com finalidade ilícita são as mencionados no Capítulo 7 da presente obra como as que pregam fins paramilitares, nazistas, racistas, atuem com violência etc.

Os requisitos da ação, procedimento e a forma de exercê-la são os mesmos da ação ordinária.

O art. 5º, XIX da Constituição Federal dispõe que "as associações só poderão ser compulsoriamente dissolvidas ou ter suas atividades suspensas por decisão judicial, exigindo-se, no primeiro caso, o trânsito em julgado".

A dissolução judicial de uma entidade somente poderá ocorrer após o trânsito em julgado da decisão segundo o disposto no art. 5º, XIX da Constituição Federal. Situação muito comum atualmente é a violência em estádios de futebol e de movimentos multitudinários. Há uma grande tensão entre o direito fundamental de associação e reunião da torcida organizada e o direito fundamental à segurança (art. 5º da Constituição Federal) e à integridade física e moral.

Acreditamos que uma torcida organizada ou movimento multitudinário que age habitualmente com violência pode ser dissolvida, pois há aí a transgressão dos seus fins como já decidiu a jurisprudência:

> ASSOCIAÇÃO CIVIL – Dissolução – Admissibilidade – Torcida organizada – Associação de torcedores que, perdendo a ideologia primitiva, consistente no incentivo a uma equipe esportiva, transformou-se em instituição organizada para difusão do pânico e terror em espetáculos desportivos – Ilicitude que compromete o esforço do direito em manter em equilíbrio de forças para o exercício da cidadania digna – Inteligência do art. 21, II, do CC, e dos arts. 1º, III, e 217 da CF – Voto vencido.
>
> Ementa oficial: O sistema jurídico autoriza a dissolução, para o bem comum, de associação de torcedores que, perdendo a ideologia primitiva (incentivo a uma equipe esportiva), transformou-se em instituição organizada para difusão do pânico e terror em espetáculos desportivos, uma ilicitude que compromete o esforço do direito em manter o equilíbrio de forças para o exercício da cidadania digna (arts. 1º, III, e 217 da CF). Incidência do art. 21, III, do CC para selar o fim do ciclo existencial do Grêmio Gaviões da Fiel Torcida. (TJSP – AC 102023-4/3 – Rel. Des. Ênio Santarelli Zuliani – DJ 17/10/2000)

Inobstante isto, é preciso ter em mente que a dissolução judicial é medida extrema. Deve-se aplicar o princípio da proporcionalidade *in casu* para verificar se não há uma solução menos radical que a extinção da torcida organizada como, por exemplo, realização de jogos com portões fechados para torcida, proibição temporária da presença da torcida organizada, realização de jogos com apenas uma das torcidas, dentre outras formas. Somente se a única medida razoável a ser tomada for a dissolução é que se poderá utilizar da mesma judicialmente. Francis Lefebvre não diverge e afirma que pode o Judiciário ordenar que a associação cesse determinada conduta configuradora de atos ilícitos ocasionais.[263]

O Estatuto do Torcedor (lei 10671/2003) andou bem ao prever seu art. 39-A que a torcida organizada que participar de atos de violência, tumulto ou invasão será impedida (assim como seus associados) de comparecer a eventos esportivos pelo prazo de até três anos.

Não é necessário que se esgotem todas as medidas possíveis antes de se ingressar com a dissolução de uma associação civil. Se a tomada de várias medidas não surtirem efeito, pode-se pedir a dissolução de associação que comete ilícitos ou emprega a violência, independentemente de existirem outras medidas existentes que não a dissolução. O que se exige é que tenha proporcionalmente tentado, neste caso, tomada de medidas que acabaram por se mostrar em vão.

---

[263] LEFEBVRE, Francis et al. *Memento pratique – Associations, fondations, congrégations, fonds de dotation*. Levallois: Editions Francis Lefebvre, 2012; p. 32.

# 29 TRANSFORMAÇÃO, INCORPORAÇÃO, FUSÃO E CISÃO DE ASSOCIAÇÕES

## 29.1 TRANSFORMAÇÃO

Transformação é a mudança de uma espécie de pessoa jurídica para outra. É uma metamorfose da espécie de pessoa jurídica. Dá-se, por exemplo, quando se transforma uma sociedade limitada em sociedade anônima, quando se transforma uma sociedade limitada em EIRELI (empresa individual de responsabilidade limitada)[264] etc.

### 29.1.1 Transformação de associação em fundação e vice-versa

No que se refere a transformação de associações civis, quando a mesma se transformar em uma fundação, não vemos qualquer problema, desde que na alteração estatutária de transformação e a própria associação, cumpram todos os requisitos legais atinentes às entidades fundacionais. O contrário (transformação de fundação em associação) também pode ser feito.

---

[264] Sobre o novíssimo tema da EIRELI: CARDOSO, Paulo Leonardo Vilela. *O empresário de responsabilidade limitada*. São Paulo: Saraiva, 2002.

### 29.1.2 Transformação de associação em pessoa jurídica com fins lucrativos (sociedade limitada ou sociedade anônima)

Situação mais complexa, é a transformação de uma associação em algum tipo de pessoa jurídica com fins lucrativos, como uma sociedade limitada ou anônima.

Na nossa primeira edição, entendíamos que não se podia fazer tal transformação porque subverteria a própria natureza da associação, se tratando de verdadeira dissolução. Inobstante tal ponto de vista, em novos estudos sobre o tema, alteramos nossa posição inicial.

Começamos a entender que é possível sim promover a alteração de uma associação civil para uma entidade com fins lucrativos (como uma sociedade limitada ou sociedade simples ou sociedade anônima).

Primeiramente, deve-se salientar que existe um princípio amplamente conhecido (principalmente na recuperação judicial e falência) que é o de preservação da empresa. Entende-se que há um princípio de preservação da empresa porque esta possui grande relevância social na geração de empregos, produção de riquezas, recolhimento de impostos e desenvolvimento da nação como bem pontua Gladston Mamede:

> Pontua-se, assim, a existência de um interesse público na preservação da estrutura e da atividade empresarial, isto é, na continuidade das atividades de produção de riquezas pela circulação de bens ou prestação de serviços, certo que a empresa atende não apenas os interesses do seu titular, de seus sócios (se sociedade empresarial), e de seus parceiros negociais. *Mutatis mutandi,* sobressai-se a percepção dos efeitos deletérios da extinção das atividades empresariais que, mais do que prejudicar isoladamente o empresário ou sociedade empresária, bem como seus parceiros negociais diretos (trabalhadores, fornecedores, clientes), prejudica à sociedade em geral. [265]

Entende-se que como as associações e outras pessoas jurídicas (que não empresárias) também contribuem da mesma forma para o país (gerando empregos, impostos, atuando em substituição do Estado), o princípio da preservação da empresa deve ser ampliado para um verdadeiro princípio da preservação da pessoa jurídica. Ainda mais faz sentido quando se trata de associações civis, onde a dissolução é por previsão constitucional, medida extrema (art. 5º, XIX da Constituição Federal).

---

[265] MAMEDE, Gladston. *Direito empresarial: empresa e atuação empresarial.* São Paulo: Atlas, 2010; p. 57.

Por conta deste princípio de preservação da pessoa jurídica, deve-se admitir a transformação da associação civil em sociedade empresária. Melhor que associação civil se transforme em sociedade empresária e dê sua contribuição para a sociedade do que se dissolva.

Outro fator favorável à transformação de associações em sociedades empresárias é o fato de não existir proibição legal para tanto. E segundo previsão do art. 5º, II da Constituição Federal, ao particular é possível fazer o que não seja vedado em lei.

Cite-se também que o art. 1113 do Código Civil permite a transformação sem fazer qualquer ressalva ou limitação no que tange às associações civis: "art. 113. O ato de transformação independe de dissolução ou liquidação da sociedade, e obedecerá aos preceitos reguladores da constituição e inscrição próprios do tipo em que vai converter-se".

Tanto se permite a transformação de associação civil em sociedade empresária no ordenamento jurídico brasileiro que há no caso de entidades desportivas profissionais, previsão expressa a respeito. O art. 27, §9º da lei 9615/98 (Lei Pelé) que disciplina o desporto, inclusive dispôs expressamente que as entidades desportivas profissionais (todas que se tem conhecimento eram associações civis) podiam se "constituir" em sociedade empresária, ou seja, poderiam se transformar de associação civil em sociedade empresária ou ainda criar uma empresa a ela coligada.

O professor Amando Luiz Rovai em seu artigo "*Possibilidade jurídica de transformação e uma associação ou sociedade cooperativa em sociedade empresária*" também aponta outros importantes motivos para justificar a possibilidade jurídica de transformação das associações civis em empresa[266], os quais sintetizamos abaixo.

Outro motivo a favor da transformação é o fato de que a Receita Federal do Brasil por meio da Solução de Consulta nº 7 de 03 de junho de 2002 aceita tal transformação de associação civil de ensino superior em empresa segundo se percebe *in verbis*:

> SOLUÇÃO DE CONSULTA Nº 7, DE 3 DE JUNHO DE 2002
>
> ASSUNTO: Imposto sobre a Renda de Pessoa Jurídica IRPJ
>
> INSTITUIÇÃO DE ENSINO SUPERIOR. FUNDAÇÃO. ASSOCIAÇÃO CIVIL. TRANSFORMAÇÃO EM SOCIEDADE CIVIL OU

---

[266] Capturado do site http://www. migalhas. com. br/dePeso/16,MI157425,61044-Possibilidade+juridica+de+transformacao+de+uma+associacao+ou em 02 de junho de 2013.

COMERCIAL COM FINS LUCRATIVOS. DEVOLUÇÃO DE CAPITAL. AVALIAÇÃO DE PATRIMÔNIO. É impossível juridicamente a transformação de instituição de ensino superior que adote a forma jurídica de fundação em sociedade civil ou comercial com fins lucrativos. Admite-se a transformação de instituição de ensino superior que adote a forma jurídica de associação civil em sociedade civil com fins lucrativos. Considerando que o art. 18 do Código Civil estabelece que a existência da pessoa jurídica se dá com o registro de seus atos no órgão competente, não é possível a transformação de associação civil em sociedade mercantil, visto que há que se promover a baixa de seus atos no Registro Civil de Pessoas Jurídicas e subseqüente inscrição na Junta Comercial, constituindo-se, portanto, outra pessoa jurídica. Quando da transformação, os aportes de recursos efetuados por aquelas pessoas que detinham direitos pessoais e partimoniais equivalentes aos de sócio devem ser imediatamente contabilizados como quotas de capital. Passando a entidade, anteriormente imune, a adotar a forma de sociedade civil ou comercial com fins lucrativos, seu patrimônio líquido deve ser avaliado conforme as disposições da legislação comercial (art. 17 da IN SRF nº 113, de 21 de setembro de 1998). A participação societária no capital social da pessoa jurídica resultante, relativa a cadaum de seus sócios ou acionistas, será avaliada pelo valor em dinheiro ou em bens e direitos que houver entregue à instituição anteriormente imune ou isenta, para formação de seu patrimônio, comprovado com documentação hábil e idônea, coincidente em datae valor com o constante dos registros da referida instituição (art. 18 da IN SRF nº 113, de 1998). Na ausência desses documentos comprobatórios, o valor da participação societária será considerado, para todos os efeitos tributários, igual a zero. Não há conflito entre os arts. 17 e 18 da IN SRF nº 113, de 1998, pois um se refere à avaliação do patrimônio da entidade e o outro à avaliação das quotas de capital na pessoa física dos sócios. A transformação, de per se, não é fato gerador do imposto de renda. Os fatos geradores do tributo ocorrerão, por exemplo, à medida que se verificar a percepção de renda ou proventos de qualquer natureza, tal como definido na legislação tributária, pelos sócios. A pessoa jurídica deve avaliar seu patrimônio e classificar como capital social apenas a importância passível de comprovação com documentação hábil e idônea pelos sócios, sob pena de descumprimento não apenas da legislação tributária, mas também da legislação comercial e societária, em especial a Lei nº 6. 404, de 1976. A devolução de capital será tributada na pessoa jurídica que a está realizando, quando efetuada a valor de mercado (art. 22 da Lei nº 9. 249, de 26 de dezembro de 1995). Não produz efeitos a consulta que verse sobrea legalidade do artigo 18 da Instrução Normativa nº 113, de 1998, conforme dispõe o inc. VIII da Instrução Normativa nº 02, de 09 de janeiro de 1997. Não produz efeitos consulta sobre assunto regulado expressamente na legislação tributária. Tendo oart. 18 da Lei nº 9. 532, de 1997, revogado a isenção anteriormente concedida às instituições de ensino, nos termos do art. 30 da Lei nº 4. 506, de 1964, não cabe questionar se a entidade deve ou não recolher tributos. Não produz efeitos a formulação de consulta em tese, nos termos do inc. I do art. 11 da IN SRF nº 02, de 09 de janeiro de 1997, o que se verifica quando a própria consulente expõe situação que "pode ter ocorrido", inclusive por não descrever, completa e exatamente, a hipótese a que se refere e por não conter a consulta todos os requisitos necessários a sua solução, conforme inc. XI do art. 11 da mesma Instrução Normativa.

DISPOSITIVOS LEGAIS: Lei nº 9. 870, de 23 de novembro de 1999, art. 9º; Lei nº 9. 131, de 24 de novembro de 1995, art. 7º-A; Lei nº 9. 532, de 10 de dezembro de 1997, arts. 12 a 18; Código Tributário Nacional, art. 14; Código Civil, arts. 13 a 30; Constituição Federal, art. 150, inc. VI, "c", e § 4º. Instrução Normativa nº 113, de 21 de setembro de 1998.

REGINA MARIA FERNANDES BARROSO

Coordenadora-Geral

A Procuradoria-Geral da Fazenda Nacional e a Receita Federal ao disporem sobre a regularidade fiscal perante a Fazenda Nacional menciona considera em seu preâmbulo a possibilidade de transformação de associações civis (incluída na expressão entidades) a seguir: "Esta certidão é válida para as finalidades previstas no art. 47 da Lei Nº 8. 212, de 24 de julho de 1991, exceto para: (. . . )- redução de capital social, transferência de controle de cotas de sociedade limitada, cisão total ou parcial, fusão, incorporação, ou transformação de entidade ou de sociedade empresária ou simples"

Modesto Carvalhosa já na égide do Código Civil revogado defendia a possibilidade de transformação de associação civil em sociedade empresária:

> Pergunta-se se também as sociedades civis (arts. 18 a 23 do C. C) podem transformar-se em sociedades comerciais. No sistema jurídico brasileiro todas as sociedades com personalidade jurídica previstas no Código Civil e no Código Comercial, e ainda nas leis especiais mencionadas (Dec. N. 3. 708, de 1919, e lei societária em vigor), podem transformar-se nos tipos societários comerciais acima mencionados. Podem transformar-se, assim, tanto as sociedades civis com fins lucrativos, desde que o contrato social assim o preveja ou não impeça. Também poderão ser transformadas as sociedades sem fins lucrativos, como ocorre hoje em todo o mundo com os clubes e associações esportivas

Na prática, tem-se conhecimento de várias associações que se transformaram em empresas. Até mesmo a BOVESPA – Bolsa de Valores de São Paulo transformou-se de uma associação civil em sociedade anônima segundo informa Andirá Cristina Cassoli Zabin em seu artigo "A transformação jurídica da Bolsa de Valores de São Paulo: Lucro empresarial x controle jurídico".[267]

### 29.1.3 Dos requisitos para transformação

O que se exige é que na transformação da associação civil para o tipo da pessoa jurídica que se deseje, obedeça aos preceitos reguladores da constituição e inscrição próprios do tipo em que vai converter-se (art. 1113 do Código Civil), bem como que atenda o quorum previsto no ato constitutivo ou estatuto social. Na ausência de quorum previsto no ato constitutivo ou estatuto social, exigir-se-á a unanimidade conforme previsão do art. 1114 do Código Civil.

Se o quorum previsto no ato constitutivo ou estatuto social não for a unanimidade, cabe ao associado contrário à transformação retirar-se da associação (art. 1114 do Código Civil), não recebendo qualquer restituição se não possuir quotas ou frações ideais da associação ou se as possuir, receberá o valor a elas correspondente. Não se trata de distribuição de lucros e sim pagamento de título patrimonial, o que sempre ocorreu em vários Clubes do país, os quais são vendidos pelos proprietários para terceiros. A peculiaridade no presente caso, é que no caso de transformação, os dissidentes deverão ter o valor patrimonial de seu título ressarcidos pela associação transformada.

Tal transformação a teor do art. 1115 do Código Civil "não modificará nem prejudicará, em qualquer caso, os direitos dos credores".

## 29.2 INCORPORAÇÃO, FUSÃO E CISÃO

No se refere à incorporação, fusão ou cisão entre associações civis também entendemos possível, a uma por inexistir proibição legal para tanto, a duas porque via de regra tais alterações são compatíveis com a natureza jurídica das associações e a três porque a legislação tributária (Lei 9532/97) prevê expressamente tais hipóteses em seus arts. 12, "g" e art. 16, parágrafo único[268].

---

[267] Capturado do site http://www. ambito-juridico. com. br/site/index. php?n_link=revista_artigos_leitura&artigo_id=4836 em 03 de junho de 2013.

[268] Art. 12. Para efeito do disposto no art. 150, inciso VI, alínea "c", da Constituição, considera-se imune a instituição de educação ou de assistência social que preste os serviços para os quais houver sido instituída e os coloque à disposição da população em geral, em caráter complementar às atividades do Estado, sem fins lucrativos. (Vide artigos 1º e 2º da Mpv 2. 189-49, de 2001) (Vide Medida Provisória nº 2158-35, de 2001): (. . . )g) assegurar a destinação de seu patrimônio a outra instituição que atenda às condições para gozo da

Ademais, pode-se por exemplo, um núcleo de criadores de cavalos mangalarga marchador de uma região fundir com outra, ou incorporar outra, ou cindir em duas outras.

---

imunidade, no caso de incorporação, fusão, cisão ou de encerramento de suas atividades, ou a órgão público;

Art. 16. Aplicam-se à entrega de bens e direitos para a formação do patrimônio das instituições isentas as disposições do art. 23 da Lei nº 9. 249, de 1995.

Parágrafo único. A transferência de bens e direitos do patrimônio das entidades isentas para o patrimônio de outra pessoa jurídica, em virtude de incorporação, fusão ou cisão, deverá ser efetuada pelo valor de sua aquisição ou pelo valor atribuído, no caso de doação.

# 30

# RECUPERAÇÃO JUDICIAL E FALÊNCIA DAS ASSOCIAÇÕES

É bastante polêmica a discussão sobre aplicação da recuperação judicial e falência às associações.

Há parte da doutrina e jurisprudência que entende ser aplicável a recuperação judicial e falência para as associações civis pelo fato destas últimas realizarem atividade econômica, muitas vezes, semelhantes a empresas.[269]

Discordamos de tal posicionamento. Isto porque o fato de realizar atividade econômica e muitas vezes semelhante a atividades empresariais, não desnatura a natureza jurídica das associações civis. E a natureza jurídica das associações civis é incompatível com recuperação judicial e falência. No que tange a associação, tal entidade tem mecanismo próprio de dissolução (extrajudicial ou judicial).[270]

Por isto, se mostra acertada as decisões abaixo:

> FALÊNCIA - PEDIDO CONTRA ASSOCIAÇÃO CIVIL - DESCABIMENTO - ASSOCIAÇÃO DEVEDORA SEM FINS LUCRATIVOS E INCONFUNDÍVEL COM SOCIEDADE CIVIL OU SOCIEDADE COMERCIAL - NÃO SUJEIÇÃO AO

---

[269] No mesmo sentido: PAES, José Eduardo Sabo. *Fudanções, associações e entidades de interesse social: aspectos jurídicos, administrativos, contábeis, trabalhistas e tributários*. Rio de Janeiro: Forense, 2018; p. 416.

[270] No mesmo sentido: ALVES, Alexandre Ferreira de Assumpção. *Recuperação* judicial de associações *in* FRAZÃO, Ana et al. *Associações: constituição, fundamentos e perspectivas*. Rio de Janeiro: Processo, 2017; p. 198-201.

REGIME DA LEI DE FALÊNCIAS - RECURSO DESPROVIDO. (TJSP; Apelação Com Revisão 9131093-31.2003.8.26.0000; Relator (a): A Santini Teodoro; Órgão Julgador: 2ª Câmara de Direito Privado; Foro de Jaú - 2.VARA CIVEL; Data do Julgamento: N/A; Data de Registro: 26/10/2004)

RECUPERAÇÃO JUDICIAL. Associação civil. Indeferimento da inicial. Impossibilidade. Recuperação judicial já deferida. Extinção do processo sem resolução do mérito por ausência de interesse de agir. Artigo 267, IV, do CPC. Apelante que não pode pleitear recuperação judicial. Instituto restrito aos empresários e às sociedades empresárias. Apelante que sequer é sociedade, muito menos empresária. Extinção do processo sem resolução do mérito mantida, por fundamento diverso. Recurso não provido, com observação. (TJSP; Apelação 0010036-39.2011.8.26.0189; Relator (a): Tasso Duarte de Melo; Órgão Julgador: 2ª Câmara Reservada de Direito Empresarial; Foro de Fernandópolis - 3ª Vara Cível; Data do Julgamento: 25/03/2013; Data de Registro: 27/03/2013).

# 31

# ASSOCIAÇÕES DE UTILIDADE PÚBLICA, OSCIPS E OS

Situação muito comum nos dias atuais, extremamente importante e interessante é o fato das associações civis receberem dinheiro público. Como entidade de extrema importância para o desenvolvimento do país, por substituir muitas vezes o Estado em suas obrigações ou complementá-lo, não possuir finalidade lucrativa e na sua grande maioria os diretores nem ao menos serem remunerados, vital muitas vezes que haja incentivo estatal por meio da concessão de verba pública para tais entidades. Muitas das vezes, a entidade não sobrevive sem o apoio governamental. As ONGs que nada mais são do que associações civis, valem-se muito de tal beneplácito legal.

Logicamente, como tudo na vida, há situações em que pessoas inescrupulosas valem-se de institutos jurídicos sérios como as associações para se enriquecerem ilicitamente com verbas públicas. Tal ato, no entanto, não pode servir para se extinguir tal auxílio a todas as associações e ONGs, sob pena de se tratar de medida injurídica (desproporcional). O que se deve fazer é separar o "joio do trigo", colocando maior controle sobre o recebimento e destino das verbas públicas, sem aniquilar a liberdade de associação.

## 31.1 ASSOCIAÇÕES DE UTILIDADE PÚBLICA

O recebimento de verba pública está atrelado a priori a qualificação da associação como de utilidade pública, seja ela federal, estadual ou municipal.

No objeto de nosso trabalho, abordaremos apenas a declaração de utilidade pública federal, por ser a mais importante e utilizada a nível nacional.

A declaração de utilidade pública federal era regida pela Lei 91 de 1935, tendo sido expressamente revogada pela lei 13204/2015.

O intuito foi de estender os benefícios legais para todas as organizações sem fins lucrativos, sem os requisitos formais e ultrapassados lei 91/1935.

Inobstante a revogação da lei federal de reconhecimento como de utilidade pública, legislação estadual e municipal podem continuar a fazer tal reconhecimento em seu campo de abrangência.

## 31.2 OSCIP (ORGANIZAÇÕES DA SOCIEDADE CIVIL DE INTERESSE PÚBLICO)

Com a percepção da importância das associações civis para o desenvolvimento nacional e da necessidade de desburocratizar as condições de estímulo às associações civis de interesse social, foi promulgada a Lei 9790/99 criando as OSCIPS (Organizações da sociedade civil de interesse público) que são espécies de associações civis.

A Lei 9790/99 deu-se por iniciativa da Comunidade Solidária (programa governamental então existente) com o escopo de fixar um novo marco regulatório para as entidades do terceiro setor, alterar e atualizar a legislação relativa às organizações não-governamentais de interesse público, além de simplificar e baratear os procedimentos para registro.

Na exposição de motivos externou-se que a Lei 9790/79 procurou equilibrar a maior assunção de direitos a entidades sem fins lucrativos de interesse social com a exigência de maiores obrigações, pois tais entidades valem-se de verba pública, não raramente. Fala-se em esfera pública não-estatal.

Passou a Lei 9790/99 a diferenciar as entidades associativas de interesses meramente associativos de outras de interesse social, criando para aquelas que utilizam verba pública, maior controle e dever de transparência.

Diante do exposto, nota-se que a Lei 9790/99 procurou conciliar o público com o privado, de forma equilibrada e inteligente.

A Lei 9790/99 trata em seu Capítulo I (art. 1º ao 8º) da qualificação como organização da sociedade civil de interesse público. Dispõe o art. 1º que podem se qualificar como OSCIP "Podem qualificar-se como Organizações da Sociedade Civil de Interesse Público as pessoas jurídicas de direito privado sem fins lucrativos que tenham sido constituídas e se encontrem em funcionamento regular há, no mínimo, 3 (três) anos, desde que os respectivos objetivos sociais e normas estatutárias atendam aos requisitos instituídos por esta Lei. A lei 13019/2014 incluiu a exigência temporal de 3 anos de constituição e funcionamento regular para a associação ser reconhecida como OSCIP. ". Apesar da exposição de motivos da Lei 9790/99 dar a entender que a mesma abrangeria além das entidades personificadas, as associações de fato que desempenham atividade de interesse social, a redação promulgada do art. 1º prevê apenas entidades com personalidade jurídica, excluindo, portanto as associações de fato.

Ao contrário do Código Civil, a Lei 9790/99 já prevê o que vem a ser entidade sem fins lucrativos em seu art. 1º, §1º

> "considera-se sem fins lucrativos a pessoa jurídica de direito privado que não distribui, entre os seus sócios ou associados, conselheiros, diretores, empregados ou doadores, eventuais excedentes operacionais, brutos ou líquidos, dividendos, bonificações, participações ou parcelas do seu patrimônio, auferidos mediante o exercício de suas atividades, e que os aplica integralmente na consecução do respectivo objeto social.

O art. 2º da Lei 9790/99 prevê como não enquadráveis como OSCIPs (ainda que exerçam atividades previstas na lei): I – as sociedades comerciais; II – os sindicatos, as associações de classe ou de representação de categoria profissional; III – as instituições religiosas ou voltadas para a disseminação de credos, cultos, práticas e visões devocionais e confessionais; IV – as organizações partidárias e assemelhadas, inclusive suas fundações; V – as entidades de benefício mútuo destinadas a proporcionar bens ou serviços a um círculo restrito de associados ou sócios; VI – as entidades e empresas que comercializam planos de saúde e assemelhados; VII – as instituições hospitalares privadas não gratuitas e suas mantenedoras; VIII – as escolas privadas dedicadas ao ensino formal não gratuito e suas mantenedoras; IX – as organizações sociais; X – as cooperativas; XI – as fundações públicas; XII – as fundações, sociedades civis ou associações de direito privado criadas por órgão público ou por fundações públicas; XIII – as organizações creditícias que tenham quaisquer tipo de vinculação com o sistema financeiro nacional a que se refere o art. 192 da Constituição Federal. Por se tratar de restrição legal e com base na interpretação á luz do direito fundamental de associação, entendemos que o rol das entidades não sujeitas a qualificação como OSCIP é *numerus clausus.* Todas demais entidades não previstas no art. 2º da Lei 9790/99não , são passíveis de serem qualificadas como OSCIP. Sílvio Luís Ferreira da Rocha também entende que o rol das entidades enquadráveis como OSCIPs é taxativo.[271]

---

[271] ROCHA, Sílvio Luís Ferreira da Rocha. *Terceiro Setor.* Malheiros: São Paulo, 2006; p. 76.

Para se qualificar como OSCIP, a pessoa jurídica, além de obedecer o princípio da universalização dos serviços em seu âmbito de atuação, deverá ter pelo menos uma das seguintes finalidades: I – promoção da assistência social; II – promoção da cultura, defesa e conservação do patrimônio histórico e artístico; III – promoção gratuita da educação, observando-se a forma complementar de participação das organizações de que trata esta Lei; IV – promoção gratuita da saúde, observando-se a forma complementar de participação das organizações de que trata esta Lei; V – promoção da segurança alimentar e nutricional; VI – defesa, preservação e conservação do meio ambiente e promoção do desenvolvimento sustentável; VII – promoção do voluntariado; VIII – promoção do desenvolvimento econômico e social e combate à pobreza; IX – experimentação, não lucrativa, de novos modelos sócio-produtivos e de sistemas alternativos de produção, comércio, emprego e crédito; X – promoção de direitos estabelecidos, construção de novos direitos e assessoria jurídica gratuita de interesse suplementar; XI – promoção da ética, da paz, da cidadania, dos direitos humanos, da democracia e de outros valores universais; XII – estudos e pesquisas, desenvolvimento de tecnologias alternativas, produção e divulgação de informações e conhecimentos técnicos e científicos que digam respeito às atividades mencionadas neste artigo (art. 3º da Lei 9790/99). São áreas eleitas pelo legislador como primordiais para o país e de grande relevo social.

O parágrafo único do art. 3º da Lei 9790/99 também impõe como condição a dedicação às atividades do caput do mesmo artigo, a qual se configura pela: a). execução direta de projetos, programas, planos de ações correlatas por meio de doação de recursos físicos, humanos e financeiros; b). pela prestação de serviços intermediários de apoio a outras organizações sem fins lucrativos e a órgãos do setor público que atuem em áreas afins. Em todas as finalidades previstas no art. 3º da Lei 9790, pode haver cobrança pelos serviços prestados, salvo as com finalidade de promoção da saúde, que devem ser gratuitas.

O parágrafo único do art. 3º da Lei 9790/99 deixa claro que as atividades podem ser desenvolvidas de três formas: execução direta, prestação de serviços intermediários de apoio a outras organizações ou prestação de serviços a órgãos do setor público. A execução direta apenas se dará por meio de projetos, programas, planos de ações correlatas através de doação de recursos físicos, humanos e financeiros. Já a prestação de serviços intermediários de apoio a outras organizações sem fins lucrativos se limita apenas à atividade meio unicamente. Isto porque uma associação, por exemplo, que preste serviços na atividade-fim de outra associação não faria sentido e seria inócua, bastando apenas que a primeira existisse. Já no que tange a prestação de serviços a órgãos públicos, não há limitação de atuar apenas na atividade-meio, mesmo porque iria contra o principal papel histórico das associações de substituir o Estado em suas obrigações. Outrossim, diante do gigantismo do Estado e de sua impotência é que se criou, dentre outras medidas, as OSCIPs, para ajudarem ainda mais o órgão estatal nos seus afazeres. Como se não bastasse, desde 1995 (por meio Plano Diretor da Reforma do Estado que originou a Lei 9637/98) passou-se a defender a possibilidade de transferência de serviços públicos para entidades civis sem fins lucrativos. Além disto, a terceirização de alguns serviços estatais permite muitas das vezes a prestação de um serviço ou oferecimento de produto de melhor qualidade, menos burocracia, maior eficiência e maior autonomia de gestão As limitações de prestações de serviços em atividade-fim não se aplicam as OSCIPs. Por outro lado, somente não poderá as OSCIPs atuarem em atividades fins de forma ampla e genérica (não complementar). Não poderia, por exemplo, repassar às OSCIPs toda a gestão da saúde ou educação de um município. Também são vedações legais a atuação de OSCIPs em atividades-fins que não as previstas no art. 3º da Lei 9790/99.

O fato de reconhecer a possibilidade da OSCIP prestar serviços na atividade-fim não quer dizer que a mesma possa atuar como se fosse mera associação civil sem qualquer vínculo estatal. Por se tratar de OSCIP e receber verba pública, a mesma pode (e deve) sofrer um controle mais intenso. Tanto é verdade que o art. 4º da Lei 9790/99 ordena o respeito a vários princípios de Direito Público, o que segundo nosso entender, também faz exigir a realização de concurso público para preenchimento dos cargos e licitação no que toca a escolha da(s) associação(ões) que substituirá(ao) o Estado na realização do seu mister e de licitações na compra de produtos e/ou prestação de serviços. O AgRg no RE 445167 julgado pelo STF em 28/08/2012 cuja relatoria coube ao Min. Cezar Peluso, não serve para verificar se as OSCIPs podem ou não prestar serviços na atividade-fim de órgão público, haja vista que o se discutiu lá foi a necessidade de realização de concurso (tão só). Desta feita, apesar de reconhecer a possibilidade das OSCIPs atuarem na atividade-fim, as mesmas tem que seguir os preceitos de direito público naquilo que for compatível e proporcional.

O art. 4º da Lei 9790/99 exige a presença de determinado conteúdo nas regras estatutárias (estatuto): a). observância dos princípios da legalidade, impessoalidade, moralidade, publicidade, economicidade e eficiência; b). a adoção de práticas de gestão administrativa, necessárias e suficientes a coibir a obtenção, de forma individual ou coletiva, de benefícios ou vantagens pessoais, em decorrência da participação no respectivo processo decisório; c). a constituição de conselho fiscal ou órgão equivalente, dotado de competência para opinar sobre os relatórios de desempenho financeiro e contábil, e sobre as operações patrimoniais realizadas, emitindo pareceres para os organismos superiores da entidade; d). a previsão de que, em caso de dissolução da entidade, o respectivo patrimônio líquido será transferido a outra pessoa jurídica qualificada nos termos desta Lei, preferencialmente que tenha o mesmo objeto social da extinta; e). a previsão de que, na hipótese de a pessoa jurídica perder a qualificação instituída por esta Lei, o respectivo acervo patrimonial disponível, adquirido com recursos públicos durante o período em que perdurou aquela qualificação, será transferido a outra pessoa jurídica qualificada nos termos desta Lei, preferencialmente que tenha o mesmo objeto social; f). a possibilidade de se instituir remuneração para os dirigentes da entidade que atuem efetivamente na gestão executiva e para aqueles que a ela prestam serviços específicos, respeitados, em ambos os casos, os valores praticados pelo mercado, na região correspondente a sua área de atuação; g). as normas de prestação de contas a serem observadas pela entidade, que determinarão, vários requisitos nos seus incisos. A previsão expressa de remuneração de dirigentes foi uma grande e importante inovação da OSCIPs, sob pena de esvaziar este tipo de associação, pois com tantas obrigações, riscos e responsabilidades, poucas pessoas se aventurariam a dirigir uma entidade desta natureza sem nada receber. Ainda deve-se levar em consideração que algumas OSCIPs e associações chegam a um tamanho tão grande, que o dirigente deve dedicar-se com afinco para conseguir gerir a entidade.

A redação originária do parágrafo único do art. 4º da Lei 9790/99 dispõe que servidores públicos podem compor o conselho de OSCIP, não podendo receber, no entanto, remuneração ou subsídio a qualquer título. Tal permissão se restringia apenas a participação em conselhos, diante do caráter fiscalizador de tal órgão. Não pode o servidor fazer parte da Diretoria. Também independe o nome dado ao órgão, importando apenas a natureza de órgãos fiscalizatório da OSCIP. Felizmente, a lei 13019/2014 excluiu a previsão de recebimento de remuneração ou subsídio de servidor público que componha conselho de OSCIP.

O art. 5º da Lei 9790/99 dispõe que o pedido de reconhecimento como OSCIP deve ser formulado ao Ministro da Justiça e instruído com vários documentos ali discriminados.

No art. 6º da Lei 9790/99 regulamenta-se a tramitação do procedimento de reconhecimento de associação como OSCIP perante o Ministério da Justiça.

Já os arts. 7º e 8º da Lei 9790/99 regram que a cassação da qualificação de OSCIP dá-se a pedido ou mediante decisão decorrente de processo administrativo ou judicial, de iniciativa de qualquer interessado (desde que não anonimamente) ou do Ministério Público, com garantia do contraditório, ampla defesa e devido processo legal. Tais artigos enceram polêmica existente anteriormente na lei de utilidade pública federal sobre a necessidade ou não de se garantir direito de defesa antes da cassação do título de utilidade pública.

O Capítulo II da Lei 9790/99, por sua vez, dispõe sobre o termo de parceria dos arts. 8º até o 15. O termo de parceria é definido no art. 9º da Lei 9790/99 como "o instrumento passível de ser firmado entre o Poder Público e as entidades qualificadas como Organizações da Sociedade Civil de Interesse Público destinado à formação de vínculo de cooperação entre as partes, para o fomento e a execução das atividades de interesse público previstas no art. 3º desta Lei".

O termo de parceria discrimina direitos e deveres das partes (art. 10º da Lei 9790/99) e deverá conter várias cláusulas: I – a do objeto, que conterá a especificação do programa de trabalho proposto pela Organização da Sociedade Civil de Interesse Público; II – a de estipulação das metas e dos resultados a serem atingidos e os respectivos prazos de execução ou cronograma; III – a de previsão expressa dos critérios objetivos de avaliação de desempenho a serem utilizados, mediante indicadores de resultado; IV – a de previsão de receitas e despesas a serem realizadas em seu cumprimento, estipulando item por item as categorias contábeis usadas pela organização e o detalhamento das remunerações e benefícios de pessoal a serem pagos, com recursos oriundos ou vinculados ao Termo de Parceria, a seus diretores, empregados e consultores; V – a que estabelece as obrigações da Sociedade Civil de Interesse Público, entre as quais a de apresentar ao Poder Público, ao término de cada exercício, relatório sobre a execução do objeto do Termo de Parceria, contendo comparativo específico das metas propostas com os resultados alcançados, acompanhado de prestação de contas dos gastos e receitas efetivamente realizados, independente das previsões mencionadas no inciso IV; VI – a de publicação, na imprensa oficial do Município, do Estado ou da União, conforme o alcance das atividades celebradas entre o órgão parceiro e a Organização da Sociedade Civil de Interesse Público, de extrato do Termo de Parceria e de demonstrativo da sua execução física e financeira, conforme modelo simplificado estabelecido no regulamento desta Lei, contendo os dados principais da documentação obrigatória do inciso V, sob pena de não liberação dos recursos previstos no Termo de Parceria. Também

Os arts. 11 e 12 da Lei 9790/99 regulamentam o acompanhamento e fiscalização da execução dos termos de parceria, enquanto os arts. 12 e 13 da mesma lei impõe que os responsáveis pelo acompanhamento e fiscalização informem ao Tribunal de Contas respectivo, a Advocacia-Geral da União e ao Ministério Público qualquer irregularidade, sob pena de responsabilidade solidária, além de poderem o Ministério Público e a Advocacia-Geral da União ingressar com medidas com a finalidade de decretação da indisponibilidade dos bens da entidade e o seqüestro dos bens dos seus dirigentes, bem como, bem como de agente público ou terceiro, que possam ter enriquecido ilicitamente ou causado dano ao patrimônio público, além de outras medidas consubstanciadas na Lei nº 8.429, de 2 de junho de 1992, e na Lei Complementar nº 64, de 18 de maio de 1990.

O art. 14 da Lei 9790/99 ordena à entidade a "publicar, no prazo máximo de trinta dias, contado da assinatura do Termo de Parceria, regulamento próprio contendo os procedimentos que adotará para a contratação de obras e serviços, bem como para compras com emprego de recursos provenientes do Poder Público, observados os princípios estabelecidos no inciso I do art. 4º desta Lei".

Resta obrigada a associação a gravar com cláusula de inalienabilidade o imóvel adquirido com com recursos provenientes da celebração do Termo de Parceria (art. 15 da Lei 9790/99).

A prestação de contas relativa à execução do Termo de Parceria perante o órgão da entidade estatal parceira refere-se à correta aplicação dos recursos públicos recebidos e ao adimplemento do objeto do Termo de Parceria, mediante a apresentação dos seguintes documentos: I - relatório anual de execução de atividades, contendo especificamente relatório sobre a execução do objeto do Termo de Parceria, bem como comparativo entre as metas propostas e os resultados alcançados; II - demonstrativo integral da receita e despesa realizadas na execução; III - extrato da execução física e financeira; IV - demonstração de resultados do exercício; (Incluído pela Lei nº 13.019, de 2014); V - balanço patrimonial; VI - demonstração das origens e das aplicações de recursos; VII - demonstração das mutações do patrimônio social; VIII - notas explicativas das demonstrações contábeis, caso necessário; X - parecer e relatório de auditoria, se for o caso (art. 15-B – incluído pela lei 13019/2014)

Diante da natureza pública das atividades de uma OSCIP, é vedada a mesma a participação em campanhas de interesse político-partidárias ou eleitorias (art. 16 da Lei 9790/90), além do dever de todas as informações a ela inerentes estarem disponíveis a acesso público (art. 17 da Lei 9790/99).

Admite-se ainda que uma mesma entidade seja qualificada como OSCIP e qualificada em outros diplomas legais simultaneamente (como de utilidade pública, por exemplo), desde que atenda os requisitos legais, durante um prazo de 5 anos da vigência da lei, prazo a partir do qual, deverá optar pela qualificação de sua vontade, sob pena de perder a qualificação anterior (art. 18 da Lei 9790/99).

Importante esclarecer, que a OSCIP como associação civil que é, também está sujeita aos requisitos estatutários das associações civis em geral.

Apesar da maior atualidade da Lei 9790/99, a mesma não exclui regime dos Títulos de Utilidade Pública, os quais ainda permanecem.

A Lei 9790/99 é regulamentada pelo Decreto 3100/99 que prevê em seu art. 5º como situação especial, a obrigatoriedade da OSCIP informar qualquer alteração dos fins ou regime de funcionamento da organização que possa influenciar a decisão do Ministério da Justiça concessiva da qualificação. Se a alteração dos fins ou do regime não for de tal envergadura e importância, não há obrigação legal de informá-la.

## 31.3 OS (ORGANIZAÇÕES SOCIAIS)

As organizações sociais (OS) são regulamentadas pela lei 9637/98 originária da conversão da Medida Provisória 1648/98.

O art. 1º da lei 9637/98 aduz "que o Poder Executivo poderá qualificar como organizações sociais pessoas jurídicas de direito privado, sem fins lucrativos, cujas atividades sejam dirigidas ao ensino, à pesquisa científica, ao desenvolvimento tecnológico, à proteção e preservação do meio ambiente, à cultura e à saúde, atendidos aos requisitos previstos nesta lei". Outras atividades que não as previstas no art. 1º da lei 9637/98 não poderão classificar a associação como OS. O reconhecimento como OS também exige o atendimento dos demais requisitos previstos em lei.

O art. 2º da lei 9637/98 menciona que "São requisitos específicos para que as entidades privadas referidas no artigo anterior habilitem-se à qualificação como organização social: I - comprovar o registro de seu ato constitutivo, dispondo sobre: a) natureza social de seus objetivos relativos à respectiva área de atuação; b) finalidade não-lucrativa, com a obrigatoriedade de investimento de seus excedentes financeiros no desenvolvimento das próprias atividades; c) previsão expressa de a entidade ter, como órgãos de deliberação superior e de direção, um conselho de administração e uma diretoria definidos nos termos do estatuto, asseguradas àquele composição e atribuições normativas e de controle básicas previstas nesta Lei; d) previsão de participação, no órgão colegiado de deliberação superior, de representantes do Poder Público e de membros da comunidade, de notória capacidade profissional e idoneidade moral; e) composição e atribuições da diretoria; f) obrigatoriedade de publicação anual, no Diário Oficial da União, dos relatórios financeiros e do relatório de execução do contrato de gestão; g) no caso de associação civil, a aceitação de novos associados, na forma do estatuto; h) proibição de distribuição de bens ou de parcela do patrimônio líquido em qualquer hipótese, inclusive em razão de desligamento, retirada ou falecimento de associado ou membro da entidade; i) previsão de incorporação integral do patrimônio, dos legados ou das doações que lhe foram destinados, bem como dos excedentes financeiros decorrentes de suas atividades, em caso de extinção ou desqualificação, ao patrimônio de outra organização social qualificada no âmbito da União, da mesma área de atuação, ou ao patrimônio da União, dos Estados, do Distrito Federal ou dos Municípios, na proporção dos recursos e bens por estes alocados; II - haver aprovação, quanto à conveniência e oportunidade de sua qualificação como organização social, do Ministro ou titular de órgão supervisor ou regulador da área de atividade correspondente ao seu objeto social e do Ministro de Estado da Administração Federal e Reforma do Estado". Tal artigo prevê em seu bojo vários requisitos do ato constitutivo e do estatuto, bem como no procedimento da OS. A priori, sem tais requisitos, a entidade não pode ou poderá perder a condição de OS.

O art. 3º da lei 9637/98 explicita que "O conselho de administração deve estar estruturado nos termos que dispuser o respectivo estatuto, observados, para os fins de atendimento dos requisitos de qualificação, os seguintes critérios básicos: I - ser composto por: a) 20 a 40% (vinte a quarenta por cento) de membros natos representantes do Poder Público, definidos pelo estatuto da entidade; b) 20 a 30% (vinte a trinta por cento) de membros natos representantes de entidades da sociedade civil, definidos pelo estatuto; c) até 10% (dez por cento), no caso de associação civil, de membros eleitos dentre os membros ou os associados; d) 10 a 30% (dez a trinta por cento) de membros eleitos pelos demais integrantes do conselho, dentre pessoas de notória capacidade profissional e reconhecida idoneidade moral; e) até 10% (dez por cento) de membros indicados ou eleitos na forma estabelecida pelo estatuto; II - os membros eleitos ou indicados para compor o Conselho devem ter mandato de quatro anos, admitida uma recondução; III - os representantes de entidades previstos nas alíneas "a" e "b" do inciso I devem corresponder a mais de 50% (cinqüenta por cento) do Conselho; IV - o primeiro mandato de metade dos membros eleitos ou indicados deve ser de dois anos, segundo critérios estabelecidos no estatuto; V - o dirigente máximo da entidade deve participar das reuniões do conselho, sem direito a voto; VI - o Conselho deve reunir-se ordinariamente, no mínimo, três vezes a cada ano e, extraordinariamente, a qualquer tempo; VII - os conselheiros não devem receber remuneração pelos serviços que, nesta condição, prestarem à organização social, ressalvada a ajuda de custo por reunião da qual participem; VIII - os conselheiros eleitos ou indicados para integrar a diretoria da entidade devem renunciar ao assumirem funções executivas". Tal dispositivo legal disciplina a composição e requisitos do conselho de administração.

O art.4º da lei 9637/98 regra que "Para os fins de atendimento dos requisitos de qualificação, devem ser atribuições privativas do Conselho de Administração, dentre outras: I - fixar o âmbito de atuação da entidade, para consecução do seu objeto; II - aprovar a proposta de contrato de gestão da entidade; III - aprovar a proposta de orçamento da entidade e o programa de investimentos; IV - designar e dispensar os membros da diretoria; V - fixar a remuneração dos membros da diretoria; VI - aprovar e dispor sobre a alteração dos estatutos e a extinção da entidade por maioria, no mínimo, de dois terços de seus membros; VII - aprovar o regimento interno da entidade, que deve dispor, no mínimo, sobre a estrutura, forma de gerenciamento, os cargos e respectivas competências; VIII - aprovar por maioria, no mínimo, de dois terços de seus membros, o regulamento próprio contendo os procedimentos que deve adotar para a contratação de obras, serviços, compras e alienações e o plano de cargos, salários e benefícios dos empregados da entidade; IX - aprovar e encaminhar, ao órgão supervisor da execução do contrato de gestão, os relatórios gerenciais e de atividades da entidade, elaborados pela diretoria; X - fiscalizar o cumprimento das diretrizes e metas definidas e aprovar os demonstrativos financeiros e contábeis e as contas anuais da entidade, com o auxílio de auditoria externa". Há a exigência de previsão estatutária das atribuições privativas do Conselho de Administração.

O art.5º da lei 9637/98 cita que "Para os efeitos desta Lei, entende-se por contrato de gestão o instrumento firmado entre o Poder Público e a entidade qualificada como organização social, com vistas à formação de parceria entre as partes para fomento e execução de atividades relativas às áreas relacionadas no art. 1º". Há a conceituação do contrato de gestão neste dispositivo legal.

O art.6º da lei 9637/98 e seu parágrafo único regulamentam que "O contrato de gestão, elaborado de comum acordo entre o órgão ou entidade supervisora e a organização social, discriminará as atribuições, responsabilidades e obrigações do Poder Público e da organização social. Parágrafo único. O contrato de gestão deve ser submetido, após aprovação pelo Conselho de Administração da entidade, ao Ministro de Estado ou autoridade supervisora da área correspondente à atividade fomentada". Menciona-se neste artigo disposições gerais sobre o contrato de gestão.

O art.7º da lei 9637/98 contém previsão de que "Na elaboração do contrato de gestão, devem ser observados os princípios da legalidade, impessoalidade, moralidade, publicidade, economicidade e, também, os seguintes preceitos: I - especificação do programa de trabalho proposto pela organização social, a estipulação das metas a serem atingidas e os respectivos prazos de execução, bem como previsão expressa dos critérios objetivos de avaliação de desempenho a serem utilizados, mediante indicadores de qualidade e produtividade; II - a estipulação dos limites e critérios para despesa com remuneração e vantagens de qualquer natureza a serem percebidas pelos dirigentes e empregados das organizações sociais, no exercício de suas funções. Parágrafo único. Os Ministros de Estado ou autoridades supervisoras da área de atuação da entidade devem definir as demais cláusulas dos contratos de gestão de que sejam signatários". Possui neste artigo os requisitos do contrato de gestão.

O art.8º e seus parágrafos da lei 9637/98 imperatizam que "A execução do contrato de gestão celebrado por organização social será fiscalizada pelo órgão ou entidade supervisora da área de atuação correspondente à atividade fomentada. § 1º A entidade qualificada apresentará ao órgão ou entidade do Poder Público supervisora signatária do contrato, ao término de cada exercício ou a qualquer momento, conforme recomende o interesse público, relatório pertinente à execução do contrato de gestão, contendo comparativo específico das metas propostas com os resultados alcançados, acompanhado da prestação de contas correspondente ao exercício financeiro. § 2º Os resultados atingidos com a execução do contrato de gestão devem ser analisados, periodicamente, por comissão de avaliação, indicada pela autoridade supervisora da área correspondente, composta por especialistas de notória capacidade e adequada qualificação. § 3º A comissão deve encaminhar à autoridade supervisora relatório conclusivo sobre a avaliação procedida". Aborda neste ponto a execução e fiscalização do contrato de gestão.

O art.9º da lei 9637/98 dispõe que "Os responsáveis pela fiscalização da execução do contrato de gestão, ao tomarem conhecimento de qualquer irregularidade ou ilegalidade na utilização de recursos ou bens de origem pública por organização social, dela darão ciência ao Tribunal de Contas da União, sob pena de responsabilidade solidária". A previsão aqui disposta diz respeito a obrigatoriedade de informação ao Tribunal de Contas da União na hipótese de ciência de alguma irregularidade.

O art.10º da lei 9637/98 consta que "Sem prejuízo da medida a que se refere o artigo anterior, quando assim exigir a gravidade dos fatos ou o interesse público, havendo indícios fundados de malversação de bens ou recursos de origem pública, os responsáveis pela fiscalização representarão ao Ministério Público, à Advocacia-Geral da União ou à Procuradoria da entidade para que requeira ao juízo competente a decretação da indisponibilidade dos bens da entidade e o seqüestro dos bens dos seus dirigentes, bem como de agente público ou terceiro, que possam ter enriquecido ilicitamente ou causado dano ao patrimônio público. § 1º O pedido de seqüestro será processado de acordo com o disposto nos arts. 822 e 825 do Código de Processo Civil. § 2º Quando for o caso, o pedido incluirá a investigação, o exame e o bloqueio de bens, contas bancárias e aplicações mantidas pelo demandado no País e no exterior, nos termos da lei e dos tratados internacionais. § 3º Até o término da ação, o Poder Público permanecerá como depositário e gestor dos bens e valores seqüestrados ou indisponíveis e velará pela continuidade das atividades sociais da entidade". Consta o dever de representação no caso de ciência de malversação da verba pública, bem como das medidas processuais cabíveis em tal hipótese.

O art.11º da lei 9637/98 aduz que "As entidades qualificadas como organizações sociais são declaradas como entidades de interesse social e utilidade pública, para todos os efeitos legais". Como as entidades qualificadas como organizações sociais são declaradas como utilidade pública e interesse social, não há motivo pela manutenção do antigo e burocrático reconhecimento de utilidade pública isolado.

O art.12º da lei 9637/98 diz que "Às organizações sociais poderão ser destinados recursos orçamentários e bens públicos necessários ao cumprimento do contrato de gestão. § 1º São assegurados às organizações sociais os créditos previstos no orçamento e as respectivas liberações financeiras, de acordo com o cronograma de desembolso previsto no contrato de gestão. § 2º Poderá ser adicionada aos créditos orçamentários destinados ao custeio do contrato de gestão parcela de recursos para compensar desligamento de servidor cedido, desde que haja justificativa expressa da necessidade pela organização social. § 3º Os bens de que trata este artigo serão destinados às organizações sociais, dispensada licitação, mediante permissão de uso, consoante cláusula expressa do contrato de gestão". Cita a possibilidade de destinação de recursos orçamentários e bens públicos para as organizações sociais, dispensada inclusive licitação mediante permissão de uso.

O art.13º da lei 9637/98 disciplina que "Os bens móveis públicos permitidos para uso poderão ser permutados por outros de igual ou maior valor, condicionado a que os novos bens integrem o patrimônio da União. Parágrafo único. A permuta de que trata este artigo dependerá de prévia avaliação do bem e expressa autorização do Poder Público". Trata da permuta de bens móveis públicos permitidos para uso.

O art.14º da lei 9637/98 disciplina que "É facultado ao Poder Executivo a cessão especial de servidor para as organizações sociais, com ônus para a origem. § 1º Não será incorporada aos vencimentos ou à remuneração de origem do servidor cedido qualquer vantagem pecuniária que vier a ser paga pela organização social.§ 2º Não será permitido o pagamento de vantagem pecuniária permanente por organização social a servidor cedido com recursos provenientes do contrato de gestão, ressalvada a hipótese de adicional relativo ao exercício de função temporária de direção e assessoria. § 3º O servidor cedido perceberá as vantagens do cargo a que fizer juz no órgão de origem, quando ocupante de cargo de primeiro ou de segundo escalão na organização social". Aborda a cessão especial de servidor para as OS, com ônus para o órgão público cedente.

O art.15º da lei 9637/98 coloca que "São extensíveis, no âmbito da União, os efeitos dos arts. 11 e 12, § 3º, para as entidades qualificadas como organizações sociais pelos Estados, pelo Distrito Federal e pelos Municípios, quando houver reciprocidade e desde que a legislação local não contrarie os preceitos desta Lei e a legislação específica de âmbito federal". Extende os efeitos dos arts. 11 e 12, § 3º (reconhecimento como de interesse social e utilidade pública e possibilidade da OS ser destinatária de bens da união mediante permissão de uso, dispensada licitação) para as entidades qualificadas como organizações sociais pelos Estados, Distrito Federal e pelos Municípios quando houver reciprocidade e desde que a legislação local não contrarie os preceitos desta Lei e a legislação específica de âmbito federal.

O art.16º da lei 9637/98 disciplina que "O Poder Executivo poderá proceder à desqualificação da entidade como organização social, quando constatado o descumprimento das disposições contidas no contrato de gestão. § 1º A desqualificação será precedida de processo administrativo, assegurado o direito de ampla defesa, respondendo os dirigentes da organização social, individual e solidariamente, pelos danos ou prejuízos decorrentes de sua ação ou omissão. § 2º A desqualificação importará reversão dos bens permitidos e dos valores entregues à utilização da organização social, sem prejuízo de outras sanções cabíveis". Aborda-se a desqualificação da associação civil como organização social.

O art.17º da lei 9637/98 cita que "A organização social fará publicar, no prazo máximo de noventa dias contado da assinatura do contrato de gestão, regulamento próprio contendo os procedimentos que adotará para a contratação de obras e serviços, bem como para compras com emprego de recursos provenientes do Poder Público". Da exigência da OS publicar em determinado prazo, regulamento próprio de contratação de obras, serviços e compras com emprego de recursos públicos.

O art.18º da lei 9637/98 cita que "A organização social que absorver atividades de entidade federal extinta no âmbito da área de saúde deverá considerar no contrato de gestão, quanto ao atendimento da comunidade, os princípios do Sistema Único de Saúde, expressos no art. 198 da Constituição Federal e no art. 7º da Lei nº 8.080, de 19 de setembro de 1990". Obriga a OS que absorver atividade de entidade federal extinta na área da saúde a obedecer os princípios do SUS.

O art.19º da lei 9637/98 aduz que "As entidades que absorverem atividades de rádio e televisão educativa poderão receber recursos e veicular publicidade institucional de entidades de direito público ou privado, a título de apoio cultural, admitindo-se o patrocínio de programas, eventos e projetos, vedada a veiculação remunerada de anúncios e outras práticas que configurem comercialização de seus intervalos". Previsão da possibilidade de OS que absorverem atividades de rádio e TV receberem recursos e veicular publicidade institucional de entidades de direito público ou privado, a título de apoio cultural, admitindo-se outros recebimentos específicos citados.

O art.20º da lei 9637/98 menciona que "Será criado, mediante decreto do Poder Executivo, o Programa Nacional de Publicização - PNP, com o objetivo de estabelecer diretrizes e critérios para a qualificação de organizações sociais, a fim de assegurar a absorção de atividades desenvolvidas por entidades ou órgãos públicos da União, que atuem nas atividades referidas no art. 1º, por organizações sociais, qualificadas na forma desta Lei, observadas as seguintes diretrizes: I - ênfase no atendimento do cidadão-cliente; II - ênfase nos resultados, qualitativos e quantitativos nos prazos pactuados; III - controle social das ações de forma transparente". Disciplina a criação do Programa Nacional de Publicização – PNP, com o escopo de estabelecer diretrizes e critérios para a qualificação de OS para fins de assegurar a absorção de atividades desenvolvidas por entidades ou órgãos públicos da União.

O art.21º da lei 9637/98 menciona que "São extintos o Laboratório Nacional de Luz Síncrotron, integrante da estrutura do Conselho Nacional de Desenvolvimento Científico e Tecnológico - CNPq, e a Fundação Roquette Pinto, entidade vinculada à Presidência da República. § 1º Competirá ao Ministério da Administração Federal e Reforma do Estado supervisionar o processo de inventário do Laboratório Nacional de Luz Síncrotron, a cargo do Conselho Nacional de Desenvolvimento Científico e Tecnológico - CNPq, cabendo-lhe realizá-lo para a Fundação Roquette Pinto. § 2º No curso do processo de inventário da Fundação Roquette Pinto e até a assinatura do contrato de gestão, a continuidade das atividades sociais ficará sob a supervisão da Secretaria de Comunicação Social da Presidência da República. § 3º É o Poder Executivo autorizado a qualificar como organizações sociais, nos termos desta Lei, as pessoas jurídicas de direito privado indicadas no Anexo I, bem assim a permitir a absorção de atividades desempenhadas pelas entidades extintas por este artigo. § 4º Os processos judiciais em que a Fundação Roquette Pinto seja parte, ativa ou passivamente, serão transferidos para a União, na qualidade de sucessora, sendo representada pela Advocacia-Geral da União". Prevê a extinção do Laboratório Nacional de Luz Síncrotron e Fundação Roquette Pinto e trata da formação da execução de tal extinção.

O art.22º da lei 9637/98 regulamenta que "As extinções e a absorção de atividades e serviços por organizações sociais de que trata esta Lei observarão os seguintes preceitos: I - os servidores integrantes dos quadros permanentes dos órgãos e das entidades extintos terão garantidos todos os direitos e vantagens decorrentes do respectivo cargo ou emprego e integrarão quadro em extinção nos órgãos ou nas entidades indicados no Anexo II, sendo facultada aos órgãos e entidades supervisoras, ao seu critério exclusivo, a cessão de servidor, irrecusável para este, com ônus para a origem, à organização social que vier a absorver as correspondentes atividades, observados os §§ 1º e 2º do art. 14; II - a desativação das unidades extintas será realizada mediante inventário de seus bens imóveis e de seu acervo físico, documental e material, bem como dos contratos e convênios, com a adoção de providências dirigidas à manutenção e ao prosseguimento das atividades sociais a cargo dessas unidades, nos termos da legislação aplicável em cada caso; III - os recursos e as receitas orçamentárias de qualquer natureza, destinados às unidades extintas, serão utilizados no processo de inventário e para a manutenção e o financiamento das atividades sociais até a assinatura do contrato de gestão; IV - quando necessário, parcela dos recursos orçamentários poderá ser reprogramada, mediante crédito especial a ser enviado ao Congresso Nacional, para o órgão ou entidade supervisora dos contratos de gestão, para o fomento das atividades sociais, assegurada a liberação periódica do respectivo desembolso financeiro para a organização social; V - encerrados os processos de inventário, os cargos efetivos vagos e os em comissão serão considerados extintos; VI - a organização social que tiver absorvido as atribuições das unidades extintas poderá adotar os símbolos designativos destes, seguidos da identificação "OS". § 1º A absorção pelas organizações sociais das atividades das unidades extintas efetivar-se-á mediante a celebração de contrato de gestão, na forma dos arts. 6º e 7º. § 2º Poderá ser adicionada às dotações orçamentárias referidas no inciso IV parcela dos recursos decorrentes da economia de despesa incorrida pela União com os cargos e funções comissionados existentes nas unidades extintas". Aborda os requisitos no caso de extinções e absorção de atividades e serviços por OS.

O art.23º da lei 9637/98 disciplina que "É o Poder Executivo autorizado a ceder os bens e os servidores da Fundação Roquette Pinto no Estado do Maranhão ao Governo daquele Estado". Prevê a cessão dos bens e servidores da Fundação Roquette Pinto no Estado do Maranhão ao Governo daquele Estado.

O art.23A da lei 9637/98 cita que "Os servidores oriundos da extinta Fundação Roquette Pinto e do extinto Território Federal de Fernando de Noronha poderão ser redistribuídos ou cedidos para órgãos e entidades da Administração Pública Federal, independentemente do disposto no inciso II do art. 37 e no inciso I do art. 93 da Lei nº 8.112, de 11 de dezembro de 1990, assegurados todos os direitos e vantagens, inclusive o pagamento de gratificação de desempenho ou de produtividade, sem alteração de cargo ou de tabela remuneratória. Parágrafo único. As disposições do caput aplicam-se aos servidores que se encontram cedidos nos termos do inciso I do art. 22 e do art. 23 desta Lei". Disciplina sobre os servidores oriundos da extinta Fundação Roquette Pinto e do extinto Território Federal de Fernando de Noronha.

O art.24 da lei 9637/98 arremata que "São convalidados os atos praticados com base na Medida Provisória nº 1.648-7, de 23 de abril de 1998". Convalida os atos praticados pela MP 1648-7 de 1998 que foi convertida na lei 9637/98.

# 32
# LEI DE ACESSO ÀS INFORMAÇÕES E ASSOCIAÇÕES

José Eduardo Sabo Paes levanta interessante problemática sobre a aplicabilidade da lei de acesso à informação (lei 12527/2011) às associações civis.[272]

> Regra o art. 2º da lei de acesso à informação que:
>
> "Aplicam-se as disposições desta Lei, no que couber, às entidades privadas sem fins lucrativos que recebam, para realização de ações de interesse público, recursos públicos diretamente do orçamento ou mediante subvenções sociais, contrato de gestão, termo de parceria, convênios, acordo, ajustes ou outros instrumentos congêneres.
>
> Parágrafo único. A publicidade a que estão submetidas as entidades citadas no **caput** refere-se à parcela dos recursos públicos recebidos e à sua destinação, sem prejuízo das prestações de contas a que estejam legalmente obrigadas.".

Resta claro que o acesso à informação se limita a situações relacionadas com a percepção de recursos públicos. Cite-se por exemplo uma academia de letras de uma determinada cidade que perceba verba pública de uma Prefeitura para um projeto cultural nas escolas. O direito à informação se limita a este projeto e não abrange outras informações da entidade sem vínculo com a percepção de verba pública.

No que tange as informações relativas a percepção de verba pública, o fato de ter havido prestação de contas aprovadas perante o órgão associativo, não

---

[272] PAES, José Eduardo Sabo. *Fudanções, associações e entidades de interesse social: aspectos jurídicos, administrativos, contábeis, trabalhistas e tributários*. Rio de Janeiro: Forense, 2018; p. 88.

desobriga a entidade a repassar a informação ao solicitante, diante do interesse público envolvido.

Por força da lei 12527/2011 deverão as entidades que percebam verba pública ainda "observar em seus atos e ações a publicidade como preceito legal e o sigilo como exceção. Deverão também as entidades privadas divulgar informações de interesse público, independentemente de solicitações; utilizar de meios de comunicação viabilizados pela tecnologia da informação; fomentar o desenvolvimento da cultura de transparência na sua administração; desenvolver o controle social nas suas ações".[273]

O Decreto 7724/2012 impôs no seu art. 63 que "As entidades privadas sem fins lucrativos que receberem recursos públicos para realização de ações de interesse público deverão dar publicidade às seguintes informações: I - cópia do estatuto social atualizado da entidade; II - relação nominal atualizada dos dirigentes da entidade; e III - cópia integral dos convênios, contratos, termos de parcerias, acordos, ajustes ou instrumentos congêneres realizados com o Poder Executivo federal, respectivos aditivos, e relatórios finais de prestação de contas, na forma da legislação aplicável". Deverão ainda disponibilizar tais informações em seu sítio na internete e em quadro de avisos de amplo acesso público em sua sede (art. 63, §1º), salvo se for dispensada pelo órgão ou entidade pública repassante e quando comprovada a ausência de meios de realizar a divulgação (art. 63,§2º).

As informações de que trata o caput do art. 63 deverão ser publicadas a partir da celebração do convênio, contrato, termo de parceria, acordo, ajuste ou instrumento congênere, serão atualizadas periodicamente e ficarão disponíveis até cento e oitenta dias após a entrega da prestação de contas final (art. 63, §3º).

Os pedidos de informação referentes aos convênios, contratos, termos de parcerias, acordos, ajustes ou instrumentos congêneres previstos no art. 63 deverão ser apresentados diretamente aos órgãos e entidades responsáveis pelo repasse de recursos (art. 64).

---

[273] Op. Cit. P. 109.

# 33

# DIREITOS DA PERSONALIDADE E ASSOCIAÇÕES

O art. 52 do Código Civil dispõe que aplica às pessoas jurídicas (no que couber) dos direitos da personalidade, o que estende às associações.

As associações também possuem denominação social, honra objetiva, marca, domínio de internete, imagem, segredo, privacidade e outros direitos da personalidade compatíveis com sua natureza jurídica.

São ainda sujeitas a dano moral e material por danos aos seus direitos da personalidade e podem manejar medidas administrativas e judiciais para proteção de tais direitos.

# 34
# AUTOCONTRATAÇÃO E ASSOCIAÇÕES

Autocontratação ou contrato consigo mesmo se dá quando em ambos os pólos da relação contratual se está a mesma pessoa (ainda que representando ou representado por pessoa diversa). Assim, haveria autocontratação quando um presidente de um clube firmar contrato com sua empresa para patrocinar a entidade em determinada modalidade desportiva.

José Eduardo Sabo Paes entende que apesar de não haver proibição no Código Civil e Processo Civil, a contratação por questões éticas não deveria ser admitida em determinadas situações como quando os dirigentes ou seus familiares fazem parte como sócios ou contratados de firma que tem relações contratuais com a associação.[274]

Neste ponto em especial, discordamos do amigo José Eduardo Sabo Paes.

Entendemos que não se pode a priori proibir a autocontratação justamente porque não há lei a impedindo, incidindo no art. 5º, II da Constituição Federal.

Ademais, a presunção é de boa-fé das relações humanas e não o contrário.

Outrossim, não é raro vermos com freqüência dirigentes de associações com as melhores das intenções emprestar dinheiro pessoal para entidades associativas e muitas das vezes não cobrar nem ao menos juros em situações de dificuldades das entidades. Outras vezes, patrocinam entidades associativas

---

[274] PAES, José Eduardo Sabo. *Fudanções, associações e entidades de interesse social: aspectos jurídicos, administrativos, contábeis, trabalhistas e tributários.* Rio de Janeiro: Forense, 2018; p. 389.

para ajudarem a entidade. Há situações de amor e de paixão de dirigentes por suas entidades, devendo portanto separar o joio do trigo e aqueles que estão de boa-fé daqueles que atuam de má-fé.

Por último, tem se ter em mente que na associação, como entidade privada que é, vige a liberdade de funcionamento.

Assim, via de regra é lícita a autocontratação.

Somente será ilícita se houver previsão legal ou estatutária em sentido contrário e se trazer dano a entidade.

Pelo exposto, seria lícita por exemplo o empréstimo de dinheiro de um dirigente para a associação cobrando juros legais, mas não seria lícito a cobrança de juros acima dos limites legais.

# 35
# ORGANIZAÇÕES RELIGIOSAS

A religião desde os primórdios da humanidade sempre foi de fundamental importância para a sociedade. Por tal motivo, a Constituição Federal consagrou expressamente a liberdade religiosa como direito fundamental ao dispor no art. 5º:

> VI – é inviolável a liberdade de consciência e de crença, sendo assegurado o livre exercício dos cultos religiosos e garantida, na forma da lei, a proteção aos locais de culto e a suas liturgias; VII – é assegurada, nos termos da lei, a prestação de assistência religiosa nas entidades civis e militares de internação coletiva; VIII – ninguém será privado de direitos por motivo de crença religiosa ou de convicção filosófica ou política, salvo se as invocar para eximir-se de obrigação legal a todos imposta e recusar-se a cumprir prestação alternativa, fixada em lei.

Previu ainda o art. 143 da Constituição Federal que "o serviço militar é obrigatório nos termos da lei. §1º Às Forças Armadas compete, na forma da lei, atribuir serviço alternativo aos que, em tempo de paz, após alistados, alegarem imperativo de consciência, entendo-se como tal o decorrente de crença religiosa e de convicção filosófica ou política, para se eximirem de atividades de caráter essencialmente militar".

## 35.1 LIBERDADE RELIGIOSA

A liberdade religiosa segundo Paulo Gustavo Gonet Branco, Gilmar Mendes e Inocêncio Mártires Coelho engloba a liberdade de crença, a de aderir a alguma religião e a liberdade do exercício do culto respectivo[275], além da liberdade de não crer, não aderir/deixar de aderir e não exercer culto religioso.

---

[275] MENDES, Gilmar Ferreira et al. *Curso de direito constitucional*. São Paulo: Saraiva, 2010, p. 494..

## 35.2 CONCEITO

A liberdade religiosa pode ser exercida individualmente ou na forma coletiva. Na forma coletiva, nos interessa a modalidade associativa que dá origem às organizações religiosas que tem nas igrejas sua forma mais comum. As organizações religiosas são "aquelas nascidas de confissões religiosas, ou seja, os órgãos criados pela disciplina formada a partir de sua história e tradição, necessários à prática do culto religioso e da divulgação da fé".[276] Como bem apontado por Raphael de Barros Monteiro Filho et al, acaso a organização tenha por escopo fins diversos da divulgação da fé e da prática dos cultos, como fazer caridade ou proporcionar educação, assistência médica etc., não será organização religiosa, ainda que formada por fiéis de uma confissão religiosa.[277] Inobstante isto, pode uma organização religiosa realizar outros atos diversos da mera confissão religiosa como fornecer alimentação para pessoas carentes, promover campanhas, assistência educacional não religiosa etc.

O Código Civil inicialmente fez constar as organizações religiosas como uma associação como qualquer outra no seu art. 44. No entanto, por força da grande movimentação das entidades religiosas, conseguiu-se promover alteração no art. 44 do Código Civil por meio da lei 10825/2003 acrescentando o inciso IV e colocando as organizações religiosas como espécie própria de pessoa jurídica, distinta das associações civis. A mesma lei também fez acrescentar o §1º no art. 44 do Código Civil prevendo que " São livres a criação, a organização, a estruturação interna e o funcionamento das organizações religiosas, sendo vedado ao poder público negar-lhes reconhecimento ou registro dos atos constitutivos e necessários ao seu funcionamento".

Tal alteração foi a nosso ver injustificada, não podendo se falar que as organizações religiosas são mais importantes que outras espécies de associações, além de inexistir razão jurídica plausível para fazer tal diferenciação. .

De toda forma, como bem colocado no Enunciado 142 da III Jornada de Direito Civil do CJF/STJ: "Os partidos políticos, os sindicatos e as associações religiosas possuem natureza associativa, aplicando-se-lhes o Código Civil".

Também acertado o Enunciado 143 da III Jornada de Direito Civil do CJF/STJ: "A liberdade de funcionamento das organizações religiosas não afasta o

---

[276] MONTEIRO FILHO, Raphael de Barros et al. *Comentários ao novo código civil: das pessoas (Arts. 1º a 78), volume I;* coord. Sálvio de Figueiredo Teixeira. Rio de Janeiro: Forense, 2010; p. 573.

[277] Op. Cit. p. 574.

controle de legalidade e legitimidade constitucional de seu registro, nem a possibilidade de reexame, pelo Judiciário, da compatibilidade de seus atos com a lei e com seus estatutos".

## 35.3 LIMITAÇÕES À LIBERDADE RELIGIOSA

Mesmo diante de tal prerrogativa, não se pode dizer que as organizações estão à margem da lei e da Constituição Federal. Tanto é verdade que o Enunciado 143 das Jornadas de Direito Civil exteriorizou que "A liberdade de funcionamento das organizações religiosas não afasta o controle de legalidade e legitimidade constitucional de seu registro, nem a possibilidade de reexame pelo Judiciário da compatibilidade de seus atos com a lei e seus estatutos".

Outrossim, tanto se admite obediência das organizações religiosas aos preceitos legais e constitucionais (desde que proporcionais e não aniquilem o núcleo essencial da liberdade religiosa associativa) que no Brasil foi promulgado o Decreto nº 7107/2010 entre o Governo Brasileiro e a Santa Sé relativo ao Estatuto Jurídico da Igreja Católica no Brasil, deixando claro a submissão da entidade religiosa ao ordenamento jurídico brasileiro segundo já apontou o STF em antigo precedente:.

> Liberdade de culto dêsde que não contrarie a ordem pública. Liberdade de consciência. Culto público. Sua extensão. (STF - MS 1114, Relator(a): Min. LAFAYETTE DE ANDRADA, Tribunal Pleno, julgado em 17/11/1949, DJ 26-01-1950 PP-00878 Revista Archivo Judiciário VOL-00101-01 PP-00006)

Mister se faz esclarecer que podem ser aplicadas às organizações religiosas as disposições atinentes as associações civis em geral de forma supletiva e desde que compatível com a natureza daquelas..

No caso das organizações religiosas e conforme disposto no art. 44, §1º do Código Civil, o Estado não pode interferir em questões *interna corporis* das mesmas.[278] A doutrina afirma que o Estado não pode intervir em questões puramente espirituais ou litúrgicos, regras tidas pelas confissões religiosas como essenciais à expressão da espiritualidade dos crentes[279]. O próprio art. 5º, VI da

---

[278] No mesmo sentido: MENDES, Gilmar Ferreira et al. *Curso de direito constitucional.* São Paulo: Saraiva, 2010, p. 512.

[279] MONTEIRO FILHO, Raphael de Barros et al. *Comentários ao novo código civil: das pessoas (Arts. 1º a 78), volume I;* coord. Sálvio de Figueiredo Teixeira. Rio de Janeiro: Forense, 2010; p. 567.

Constituição Federal garante tal inviolabilidade. O STF já teve oportunidade de julgar a questão:

> COMPETE EXCLUSIVAMENTE A AUTORIDADE ECLESIASTICA DECIDIR A QUESTÃO SOBRE AS NORMAS DA CONFISSAO RELIGIOSA, QUE DEVEM SER RESPEITADAS POR UMA ASSOCIAÇÃO CONSTITUIDA PARA O CULTO. (STF – RE 31179/DF – Rel. Min. Hahnemann Guimarães – 2ª T. – DJ 08/04/1958)

A liberdade das organizações religiosas, assim como todas as associações civis, não é absoluta, podendo haver limitações. Desta forma, não se admite organizações religiosas com fins ilícitos como a que objetiva o curanderismo[280], maltrato dos animais, lesões corporais à pessoas como em alguns rituais de magia de negra etc. Paulo Gustavo Gonet Branco, Gilmar Mendes e Inocêncio Mártires Coelho citam o RHC 62240 do STF cujo Rel. Min. Francisco Rezek entendeu desta mesma maneira.[281]

A liberdade religiosa associativa deve ser exercida com base na proporcionalidade. Desta forma, não pode se admitir *a priori* poluição sonora habitual e fora dos limites legais realizada por organização religiosa segundo a jurisprudência:

> AÇÃO DE OBRIGAÇÃO DE FAZER – PRELIMINAR DE INADMISSÃO DO RECURSO REJEITADA – IGREJA EVANGÉLICA – RUÍDOS EXCESSIVOS PRODUZIDOS POR CULTO RELIGIOSO – POLUIÇÃO SONORA – PERTURBAÇÃO DA TRANQUILIDADE E SOSSEGO – RESPEITO AO LIMITE DE DECIBÉIS LEGALMENTE PERMITIDO – TUTELA ANTECIPADA – REQUISITOS PREENCHIOS – MULTA POR DESCUMPRIMENTO – REDUÇÃO – DESCABIMENTO – PRAZO PARA CUMPRIMENTO DA DECISÃO – FIXAÇÃO RAZOÁVEL PELA 1ª INSTÂNCIA. Não há que se falar em inadmissão do recurso, quando este não violar o disposto no artigo 557 do CPC. Comprovada a emissão de ruídos excessivos produzidos por culto religioso, capazes de perturbar a tranqüilidade e sossego da vizinhança, deve ser deferida a antecipação de tutela, uma vez presentes os requisitos necessários. Deve-se fixar multa de valor significativo, em virtude de descumprimento de ordem judicial, com o objetivo de forçar a parte a cumprir a obrigação específica. O prazo de 24 horas estipulado para cumprimento da ordem judicial mostra-se razoável e adequado,

280 No mesmo sentido: MENDES, Gilmar Ferreira et al. *Curso de direito constitucional.* São Paulo: Saraiva, 2010, p. 513.

281 No mesmo sentido: MENDES, Gilmar Ferreira et al. *Curso de direito constitucional.* São Paulo: Saraiva, 2010, p. 513.

> uma vez que o seu cumprimento não demanda qualquer preparação ou esforço por parte da recorrente, que apenas deverá respeitar a legislação que limita os decibéis permitidos. (TJMG – 1039609049108-7/001 – Rel. Des. Arnaldo Maciel – DJ 09/03/2010)

Pode-se, no entanto, admitir em situações excepcionais a poluição sonora quando houver algum interesse superior que a legitime como, por exemplo, a caracterização de interesse público ou traço cultural de uma cidade:

> MANDADO DE SEGURANÇA PREVENTIVO – OFENSA AO ARTIGO 141 § 7º C.F. – UTILIZAÇÃO PELA IGREJA DE ALTO-FALANTES – AVISOS DE INTERESSE DA COMUNIDADE – LIBERDADE RELIGIOSA. “”A utilização de alto-falantes, nas igrejas, para aviso de interesses da comunidade é prática das melhores tradições dos campanários de Minas Gerais e, ainda que não autorizadas ou reconhecida formalmente, consubstancia serviço de utilidade pública, que deve merecer o prestígio e o respeito do Estado”” (Des. Almeida Melo). (TJMG – MS 1000000287728-0/000 – Rel. Des. Alvim Soares – DJ 07/20/2002)

Nestas situações, deve-se pautar no princípio constitucional da proporcionalidade, analisando as peculiaridades do caso concreto.

## 35.4 POSSIBILIDADE JURÍDICA DE MEMBROS DE ASSOCIAÇÃO RELIGIOSA REALIZAREM PROVAS DE CONCURSOS EM DIAS E/OU HORÁRIOS NÃO CONSIDERADOS SAGRADOS

Discute se membros de determinada organização religiosa ou professores de determinada crença como os da Igreja Adventista tem o direito de realizarem prova de concurso público em dias ou horários que não sejam considerados sagrados para eles.

Mais uma vez, deve-se analisar o caso concreto e analisar a questão à luz da proporcionalidade. Segundo entendemos, por força do art. 5º, III da Constituição Federal, tais pessoas tem a *priori* o direito de realizarem prova de concurso público em outro dia ou horário que não sejam considerados sagrados por sua religião ou crença. Isto porque o art. 5º, III da Constituição Federal prevê que a lei vai prever prestação alternativa. Por se tratar de direito fundamental e diante da máxima eficácia do mesmo, ainda que inexista lei, o poder público deve conceder prestação alternativa. A jurisprudência mais abalizada não destoa:

> ADMINISTRATIVO. MANDADO DE SEGURANÇA. CONCURSO PÚBLICO. DIREITO DE PRESTAR PROVA EM HORÁRIO

> DIVERSO DO DETERMINADO. CRENÇA RELIGIOSA. POSSIBILIDADE. – A liberdade de culto, assegurada pela Constituição Federal, deve, sempre que possível, ser respeitada pelo Poder Público na prática de seus atos. Ela compreende, além da garantia de exteriorização da crença, a garantia de fidelidade aos hábitos e cultos, como no caso concreto, em que o sábado é considerado dia de guarda para a religião dos impetrantes. (TRF da 4ª Região – REO 200270000681439 – Rel. Des. Fed. Luiz Carlos de Castro Lugon – DJ 11/08/2004)

Somente não se concederá esta possibilidade na hipótese de se entender que tal situação seria totalmente desproporcional no caso concreto, cabendo o ônus da prova ao poder público.

Apesar disto, há entendimento de que não se tem o direito de realizar prova de concurso público em dia e/ou horário não considerado sagrado para sua religião segundo aponta o STF e STJ:

> Agravo Regimental em Suspensão de Tutela Antecipada. Pedido de restabelecimento dos efeitos da decisão do Tribunal *a quo* que possibilitaria a participação de estudantes judeus no Exame Nacional do Ensino Médio (ENEM) em data alternativa ao *Shabat*. Alegação de inobservância ao direito fundamental de liberdade religiosa e ao direito à educação. Medida acautelatória que configura grave lesão à ordem jurídico-administrativa. Em mero juízo de delibação, pode-se afirmar que a designação de data alternativa para a realização dos exames não se revela em sintonia com o princípio da isonomia, convolando-se em privilégio para um determinado grupo religioso. Decisão da Presidência, proferida em sede de contracautela, sob a ótica dos riscos que a tutela antecipada é capaz de acarretar à ordem pública. Pendência de julgamento da ADI 391 e da ADI 3.714, nas quais esta Corte poderá analisar o tema com maior profundidade. (STF – STA 389-AgR, – Rel. Min. **Gilmar Mendes** – DJ 3/12/2009)

> RECURSO ORDINÁRIO – MANDADO DE SEGURANÇA – CONCURSO PÚBLICO – PROVAS DISCURSIVAS DESIGNADAS PARA O DIA DE SÁBADO – CANDIDATO MEMBRO DA IGREJA ADVENTISTA DO SÉTIMO DIA – PEDIDO ADMINISTRATIVO PARA ALTERAÇÃO DA DATA DA PROVA INDEFERIDO – INEXISTÊNCIA DE ILEGALIDADE – NÃO VIOLAÇÃO DO ART. 5º, VI E VII, CR/88 – ISONOMIA E VINCULAÇÃO AO EDITAL – RECURSO DESPROVIDO.

> 1. O concurso público subordina-se aos princípios da legalidade, da vinculação ao instrumento convocatório e da isonomia, de modo que

> todo e qualquer tratamento diferenciado entre os candidatos tem que ter expressa autorização em lei ou no edital.
>
> 2. O indeferimento do pedido de realização das provas discursivas, fora da data e horário previamente designados, não contraria o disposto nos incisos VI e VIII, do art. 5º, da CR/88, pois a Administração não pode criar, depois de publicado o edital, critérios de avaliação discriminada, seja de favoritismo ou de perseguição, entre os candidatos.
>
> 3. Recurso não provido. (STJ – RMS 16107/PA – Rel. Min. Paulo Medina – DJ 31/05/2005)

## 35.5 DIREITO À PROTEÇÃO DA DENOMINAÇÃO SOCIAL E DIREITOS DA PERSONALIDADE

Outro ponto deveras polêmico é saber se a organização religiosa tem o direito de proteção à sua denominação social. Antes do advento do Código Civil de 2002, o STJ apreciou o tema entendendo que não haveria norma prevendo tal proteção, *in verbis*:

> Pessoa jurídica. Associações (religiosas). Nomes (proteção). Registro (antecedência). Preceito cominatório (improcedência).
>
> 1. Formal e materialmente, não há norma que proteja nome de associação destinada a desenvolver atividade religiosa; de fins, portanto, não econômicos. Inaplicabilidade do Cód. de Prop. Industrial, ainda que sob as luzes dos arts. 4º da Lei de Introdução e 126 do Cód. de Pr. Civil.
>
> 2. Regência do caso pelos arts. 114, I e 115 da Lei nº 6.015/73.
>
> 3. Não há meios jurídicos que garantam a propriedade do nome de religioso, "podendo ser ostentado, pronunciado, venerado e adotado por quantos seguidores e/ou cultores tenha ou venha a ter, individualmente ou organizados em associações" (acórdão estadual), haja vista o que ordinariamente acontece com as igrejas cristãs pelo mundo afora.
>
> 4. Recurso especial fundado na alínea a, de que a Turma não conheceu. (STJ – REsp 66529/SP – Rel. Min. Nilson Naves – DJ 21/09/1999)

Com o advento do Código Civil que prevê em seu art. 52 a aplicação às pessoas jurídicas (no que couber) dos direitos da personalidade, entendemos plenamente possível a proteção à denominação social das organizações religiosas. Não vemos qualquer diferença para se proteger a denominação social das associações civis em geral e não proteger as organizações religiosas. Outrossim, tem por objetivo tal proteção evitar que uma nova organização religiosa induza fiéis de outra organização religiosa em erro ao se utilizar da mesma denominação. Há acertado precedente jurisprudencial neste sentido:

> APELAÇÃO CÍVEL – IGREJA – FILIAL – DENOMINAÇÃO – LITIGÂNCIA DE MÁ-FÉ – VERDADE DOS FATOS. A igreja evangélica cuja criação e registro no CNPJ precedem ao de sua filial emancipada em razão das discordâncias de seus dirigentes, tem o direito de utilizar sua denominação na cidade na qual originalmente instalou a filial. O litigante de má-fé que altera a verdade dos fatos deve ser condenado ao pagamento de multa, conforme previsto nos artigos 17 e 18 do CPC. (TJMG – AC 1045208036888-2/001 – Rel. Des. Estevão Lucchesi – DJ 24/05/2012)

Por óbvio, vocábulos comuns como Igreja, Deus, Cristo, Jesus etc. não podem ser apropriados com exclusividade por qualquer ordenação religiosa.

Quanto aos demais direitos da personalidade, por força do art. 52 do Código Civil, também se aplica a proteção às organizações religiosas naquilo que couber como bem exemplificado por José Eduardo Sabo Paes:

> "A imagem, a honra, a divulgação dos escritos e outras tantas formas de que outrem possa fazer uso para expor a rentidade ao desprezo público, ainda que não haja intenção difamatória, estão também protegidas".[282]

## 35.6 DIREITO AO CONTRADITÓRIO E AMPLA DEFESA NA EXCLUSÃO DE MEMBRO

No que tange a relação da organização religiosa e seus membros, discute se há necessidade de concessão de contraditório e ampla defesa (direito à produção de provas, recurso etc.). Apesar do art. 44, 1º da Constituição Federal prever a liberdade de organização e funcionamento, deve-se obedecer aos preceitos constitucionais, e dentre eles, a ampla defesa e contraditório previstos no art. 5º, LIV da Constituição Federal.

Diante disto, imprescindível que se conceda ao membro da organização ao contraditório e ampla defesa, sob pena de ser nula sua exclusão segundo aponta a jurisprudência:

> APELAÇÃO CÍVEL – AÇÃO COMINATÓRIA – NULIDADE DA SENTENÇA POR AUSÊNCIA DE PROVA E ABERTURA DE PRAZO PARA APRESENTAÇÃO DE MEMORIAIS – REIJEITAR PRELIMINAR – DESLIGAMENTO DE FIEL DA IGREJA – MÉRITO – IMPOSSIBILIDADE DE APRECIAÇÃO – CONTROLE DA LEGALIDADE DA

---

[282] PAES, José Eduardo Sabo. *Fudanções, associações e entidades de interesse social: aspectos jurídicos, administrativos, contábeis, trabalhistas e tributários*. Rio de Janeiro: Forense, 2018; p.23.

> DECISÃO – CABIMENTO – AUSÊNCIA DE PROCEDIMENTO DISCIPLINAR PRÉVIO À IMPOSIÇÃO DA SANÇÃO – VERIFICAÇÃO – MANUTENÇÃO DA EXCLUSÃO DO FIEL – IMPOSSIBILIDADE.
> - Não há como prevalecer a preliminar de nulidade da sentença, ao fundamento de que não foi feita prova testemunhal nem facultada a apresentação de memoriais, já que restou configurado o completo desinteresse das partes quanto à produção da referida prova, encontrando-se suficientemente instruído, não sendo necessária a abertura de prazo para a juntada de memoriais, que, inclusive, é facultativa.
> - Em relação à apreciação dos atos das organizações religiosas, cumpre anotar que somente é possível o controle quanto à sua legalidade, descabendo ao Judiciário o reexame do mérito da decisão que excluiu a parte autora do quadro de fieis da Igreja. Trata-se, neste caso, de matéria interna corporis que, como já dito, refoge do âmbito do controle jurisdicional.
> - Não havendo prova da instauração de procedimento administrativo próprio para apuração das infrações que ensejaram o desligamento do autor da Igreja nem sendo demonstrada, ainda, a possibilidade de apresentação de defesa previamente à aplicação da penalidade, mister se faz manter a sentença recorrida que acolheu a pretensão inicial. (TJMG – AC 1068711000584-4/001 – Rel. Des. Evandro Lopes da Costa Teixeira – DJ 06/06/2013)

## 35.7 IMPOSSIBILIDADE DE INTERVENÇÃO DO JUDICIÁRIO EM QUESTÕES *INTERNA CORPORIS*

Não pode o Judiciário, no entanto, adentrar no mérito para analisar a (in) justiça e/ou conveniência da decisão eclesiástica, podendo apenas verificar apenas a legalidade formal da decisão. Ademais, reiteramos o que foi dito no início do capítulo sobre tal intervenção.

## 35.8 PRESTAÇÃO DE CONTAS DE DIRIGENTES

O dirigente de organização religiosa como qualquer outro dirigente de associação por administrar patrimônio alheio, está obrigado a prestar contas. A jurisprudência aponta no mesmo trilho:

> Ação de prestação de contas – Primeira fase – Prática de atos de administração – Circunstância que demonstra a obrigação de prestar contas.
> - Se o réu era presidente da igreja requerente, tendo, nesta qualidade, praticado atos de administração, com celebração de contratos onerosos em nome daquela, tem ele dever de prestar contas. (TJMG – 1002407592855-6/001 – Rel. Des. Pedro Bernardes – DJ 16/04/2013)[283]

---

[283] No mesmo sentido: TJMG – AC 1.0549.08.011049-3/001 – Rel. Des. Eduardo Marine da Cunha – DJ 30/07/2009.

Qualquer membro da organização religiosa poderá pleitear a prestação de contas dos dirigentes da entidade. Haverá ausência de interesse processual a exigência de prestação de contas quando já tiverem as mesmas sido prestadas ao órgão previsto estatutariamente.

## 35.9 DÍZIMO E CONTRIBUIÇÕES

Um instituto jurídico nas organizações religiosas que também tem gerado infindáveis controvérsias diz respeito à contribuição financeira às organizações religiosas, normalmente chamada de dízimo ou oferenda.

O dízimo é uma contribuição prestada pelos fiéis às organizações religiosas. Questiona-se muito atualmente se o fiel que contribuiu com o mesmo pode pedir o ressarcimento.

Via de regra, não cabe a restituição de dízimo ofertado por fiel a determinada organização religiosa por sua natureza espontânea e irretratável como bem apontado pelo TJSP:

> DOAÇÃO. ANULAÇÃO. NAO CABIMENTO. VALORES DOADOS À IGREJA RÉ EM CERIMÔNIA RELIGIOSA. NÃO COMPROVADA A OCORRÊNCIA DE QUALQUER VÍCIO DE CONSENTIMENTO. RÉ QUE SE LIMITA A PRESTAR ORIENTAÇÃO RELIGIOSA. NÃO COMPROVADO O CARÁTER UNIVERSAL DA DOAÇÃO. PROVA QUE COMPETIA À AUTORA, NOS TERMOS DO ARTIGO 333, INCISO I DO CPC. PEDIDO JULGADO IMPROCEDENTE. RECURSO PROVIDO. INDENIZAÇÃO. RESPONSABILIDADE CIVIL. DANO MORAL. INOCORRÊNCIA. ALEGADO VÍCIO DE CONSENTIMENTO NA DOAÇÃO REALIZADA EM FAVOR DA RÉ. AUSÊNCIA DE ILICITUDE DO COMPORTAMENTO DA RÉ. NÃO COMPROVADA A OCORRÊNCIA DE COAÇÃO. SENTENÇA REFORMADA. RECURSO PROVIDO. (TJSP – AC 0018785-41.2009.8.26.0019 – Rel. Vito Gugliemi – DJ 10/02/2011)
>
> REVOGAÇÃO DE DOAÇÃO C.C. RESTITUIÇÃO DE VALORES Improcedência – Contribuição do dízimo – Dever de consciência religiosa que não tem natureza de doação – Pagamentos que se constituíam em obrigação – Devolução – Descabimento – Quantias que foram dadas em cumprimento a regra estabelecida pela igreja e aceita espontaneamente pelo fiel – Ratificação dos fundamentos do "decisum " – Aplicação do art 252 do RITJSP – Recurso improvido. (TJSP – AC 9241431-04.2005.8.26.0000 – Rel. Des. Álvaro Passos – DJ 03/08/2011)

Somente haveria a possibilidade de se falar em restituição na hipótese de presente algum vício de consentimento (erro inescusável, coação, estado de perigo, dolo ou lesão) ou incapacidade do doador:

> INDENIZAÇÃO. CONTRADIÇÃO NA SENTENÇA. NULIDADE. INOCORRÊNCIA. DÍZIMO. EMISSÃO DE CHEQUES. AGENTE INCAPAZ. NULIDADE DO ATO. VALOR SUPERIOR ÀS POSSES DO EMITENTE. CULPA DA INSTITUIÇÃO RELIGIOSA. HONORÁRIOS SUCUMBENCIAIS. I – Não há contradição na sentença quando o julgador, motivado e coerentemente, interpreta os fatos e avalia as provas dos autos na busca da justa prestação jurisdicional. II – O negócio jurídico praticado por absolutamente incapaz é nulo, mesmo antes da sentença de interdição, se comprovado que, à época da emissão de vontade, o agente não tinha discernimento do ato. III – Declarada a nulidade do negócio jurídico, deve ser restabelecido o status quo ante, não sendo possível, como no caso dos autos, em que os cheques foram colocados em circulação, o agente incapaz deve ser indenizado por todo o montante doado. IV – A instituição religiosa que recebe como doação valor muito superior às posses do doador, sem a devida cautela, responde civilmente pela conduta desidiosa. V – Os honorários sucumbenciais devem ser condizentes com a atividade exercida pelo advogado. (TJMG – AC 002403965628-5/001 – Rel. Des. Fernando Botelho – DJ 14/08/2008)

A alegação de punição espiritual ou religiosa, repreensão ou promessa religiosa, não é capaz de gerar a restituição do dízimo ofertado anteriormente e não se caracteriza como nenhuma hipótese de vício de consentimento por ser culturalmente típica da natureza das organizações religiosas e da religião.

Por outro lado, caberá a restituição se o ofertante do dízimo for incapaz ou tiver o ato objeto ilícito (vício do consentimento) como por exemplo a ocorrência de lesão ao se doar todo o patrimônio, não sendo capaz ao fiel garantir o próprio sustento.

> APELAÇÃO - DOIS RECURSOS - AÇÃO ORDINÁRIA - DOAÇÃO INOFICIOSA - ART. 548 DO CÓDIGO CIVIL - NULIDADE - DANOS MORAIS - INEXISTÊNCIA. É impossível a convalidação da doação feita à igreja ré, nos termos do art. 548 do Código Civil, quando tal negócio deixa o doador sem renda suficiente para a subsistência, já que praticamente ficaram esgotadas as suas economias que estavam reservadas para a compra/construção da casa própria. Não tendo ficado demonstrada a existência de fraude ou coação da igreja ré, tendo a doação ocorrido de forma espontânea, não havendo falar em dano moral causado

ao autor. (TJMG - AC 1.0024.12.088098-4/001 – Rel. Des. Alberto Henrique - DJ 25/08/2016)

APELAÇÃO CÍVEL - DECLARATÓRIA DE NULIDADE - MINISTÉRIO PÚBLICO - IDOSO - SUBSTITUTO PROCESSUAL - LEGITIMIDADE ATIVA - DOAÇÃO INOFICIOSA - NULIDADE - CONVALIDAÇÃO - IMPOSSIBILIDADE - DECADÊNCIA - AFASTAMENTO - RESERVA DO MÍNIMO EXISTENCIAL AO DOADOR - INOCORRÊNCIA - ANULAÇÃO DA DOAÇÃO COM EFEITOS EX TUNC. - O Ministério Público tem legitimidade para atuar como substituto processual do idoso em situações de risco, consoante disposições do art. 74, III, da Lei n. 10.741/2003, sendo exceção à regra do art. 6º, do Código de Processo Civil. - O diploma material civil confere à doação inoficiosa o regime da nulidade. E, não sendo o negócio jurídico nulo suscetível de convalidação pelo decurso do tempo, nos exatos termos do art. 169, do mesmo diploma legal, não há se cogitar de decadência. - A teor do disposto no art. 548 do Código Civil, é nula a doação de todos os bens sem reserva de parte, ou renda suficiente para a subsistência do doador, visando garantir-lhe o mínimo existencial. Com efeito, o exercício da autonomia privada e do direito à propriedade encontra limitações no princípio dignidade da pessoa humana, de égide constitucional. (TJMG – AC Nº 1.0388.11.003635-6/001 – Rel. Des. Anacleto Rodrigues (JD CONVOCADO) - DJ 04/03/2015)

Também caberá a restituição no caso de pessoa com doença mentalmente incapacitante que doar considerável valor.

Sobre a possibilidade de penhora de dízimo, há precedentes do extinto 2º TACSP e TJMG admitindo-a:

Agravo de Instrumento – Petição inicial. Documentos particulares que a instruem. Cópias não autenticadas. Validade. Autenticação ou conferência dependente de impugnação pela parte contrária. A cópia sem autenticação de documento particular não indispensável faz a mesma prova do original e sua conferência somente será imprescindível se houver impugnação da parte contra quem foi produzida. Agravo de Instrumento – Acidente do Trabalho – Direito Comum – Execução contra Igreja Evangélica – Penhora do "dízimo". Possibilidade – Tendo os exeqüentes desistido da penhora do imóvel, cuja praça foi negativa, nada impede que a penhora recaia, em substituição, sobre as contribuições dos fiéis à Igreja, que constituem renda dela. – PRELIMINAR REJEITADA – -RECURSO IMPROVIDO (ex-2º TACSP – AI 0008890-02.1998.8.26.0000 – Rel. Juiz Luiz de Lorenzi –DJ 02/02/1999)

AGRAVO DE INSTRUMENTO – AÇÃO MONITÓRIA. CUMPRIMENTO DE SENTENÇA – PENHORA DÍZIMO – POSSIBILIDADE.

> - Não havendo elemento nos autos que demonstre a existência de outros bens capazes de assegurar o pagamento do débito, a penhora sobre o recolhimento de dízimo do devedor revela-se como única forma de garantia do sucesso da fase executiva. (TJMG – AI 1067210020869-9/001 – Rel. Desa. Selma Marques – DJ 12/09/2012)

Entendemos que o raciocínio de penhora de contribuições às organizações religiosas ou dízimos deve ser interpretada da mesma forma que a penhora de faturamento das empresas. Isto porque as contribuições e dízimo estão para as organizações religiosas assim como o faturamento está para as empresas. Acresce-se que apesar de admitir-se a penhora limitada das contribuições e dízimos das organizações religiosas até o patamar de 30% (trinta por cento), pode-se reduzir tal limite quando ficar demonstrado pela entidade que irá comprometer sua subsistência, devendo-se realizar penhora em patamar menor. O ônus da prova da demonstração da inviabilidade da penhora em determinado patamar é da organização religiosa.

## 35.10 RESPONSABILIDADE CIVIL POR ATO DE SEUS PREPOSTOS

As organizações religiosas respondem (assim como todas pessoas jurídicas) por ato de seus prepostos. As mesmas são responsáveis pela conservação e segurança de suas sedes e templos e pelos atos de seus prepostos (dirigentes, funcionários e religiosos).

Como as organizações não possuem (pelo menos à primeira vista) atividade normalmente desenvolvida que gere risco para os direitos de outrem (como exige o art. 927, parágrafo único do Código Civil para caracterizar responsabilidade objetiva), a responsabilidade de tais entidades é subjetiva.

Somente se ficar comprovada que a atividade normalmente desenvolvida pela organização religiosa no caso concreto enseje risco para os direitos de outrem é que haverá a responsabilidade objetiva como no caso abaixo:

> APELAÇÃO – AÇÃO DE INDENIZAÇÃO POR DANOS MATERIAIS E MORAIS – RESPONSABILIDADE OBJETIVA – CULTO RELIGIOSO – DANO MORAL – INTEGRIDADE PSICOFÍSICA – QUANTIFICAÇÃO – DUPLA FINALIDADE. A responsabilidade da entidade religiosa apelante é objetiva, nos termos do art. 927, parágrafo único, in fine, do Código Civil. A todos é garantida a liberdade de fé e crença. O risco da atividade (art. 927, parágrafo único, in fine, do Código Civil) refere-se ao perigo de o participante do culto atingir terceiros por atos

> inconscientes decorrentes da fé. As manifestações dos fiéis são legítimas e merecedores de proteção legal. Todavia, mostra-se prudente evitar a provocação de prejuízos à terceiros que também tem o mesmo direito de exteriorizar sua fé nas instalações da apelante, desde que mantida a integridade psicofísica. O dano moral constitui a lesão à integridade psicofísica da vítima. A integridade psicofísica, por sua vez, é o direito a não sofrer violações em seu corpo ou em aspectos de sua personalidade, aí incluídos a proteção intimidade, a honra, vida privada. Em razão da quebra de um braço nas instalações da apelante, a recorrida teve lesões corporais, aspecto integrante da integridade psicofísica e caracterizador do dano moral. Violada a integridade psicofísica (lesão ao corpo ou à personalidade) resta configurado o dano moral, independentemente da existência de dor ou sofrimento. Estes sentimentos, que nada mais são do que possível consequência do dano moral, passam a ser analisados unicamente no instante da quantificação do valor indenizatório. A reparação moral tem função compensatória e punitiva. A primeira, compensatória, deve ser analisada sob os prismas da extensão do dano e das condições pessoais da vítima. A finalidade punitiva, por sua vez, tem caráter pedagógico e preventivo, pois visa desestimular o ofensor a reiterar a conduta lesiva. (TJMG – AC 1048005076399-8/001 – Rel. Des. Tibúrcio Marques – DJ 24/09/2009)

As organizações religiosas são responsáveis por ato de seus prepostos (padres, pastores, bispos, rabinos etc.), inclusive em celebrações religiosas. Desta forma, os danos gerados pelos prepostos das organizações religiosas são de responsabilidade da própria entidade a teor do art. 932, I a IV do Código Civil. A jurisprudência não diverge:

> APELAÇÃO CÍVEL. AÇÃO DE INDENIZAÇÃO POR DANOS MORAIS E MATERIAIS. CERIMÔNIA RELIGIOSA DE CASAMENTO. AUSÊNCIA DA BENÇÃO FINAL AOS NOIVOS. DANOS MORAIS CONFIGURADOS. AUSÊNCIA DE COMPROVAÇÃO DOS DANOS MATERIAIS. INEXISTÊNCIA DESSES. I – Se restou delineado nos autos, que na celebração da cerimônia religiosa não houve a bênção final, configurados estão os danos morais sofridos pelos noivos, tendo em vista a frustração suportada por eles ante a ausência de tal benção, vez que, ao se casar na Igreja, o que se objetiva, na verdade, é a bênção da união; II – Não demonstrados nos autos os danos materiais alegados, não há falar em condenação da requerida neles, já que ausente requisito para tanto. (TJMG – AC 1002407465271-0/001 – Rel. Des. Luciano Pinto – DJ 21/08/2008).

A responsabilidade das organizações religiosas pelos atos de seus prepostos é solidária como já entendeu o STJ:

CIVIL E PROCESSO CIVIL. AÇÃO DE COMPENSAÇÃO POR DANOS MORAIS. CERCEAMENTO DE DEFESA. INEXISTÊNCIA. VÍTIMA DE CRIME CUJA AUTORIA É CONHECIDA. AÇÃO PENAL EM CURSO. TERMO INICIAL DO PRAZO PRESCRICIONAL. TRÂNSITO EM JULGADO DA SENTENÇA PENAL. RELAÇÃO DE PREPOSIÇÃO ENTRE A DIOCESE E O PADRE A ELA VINCULADO. SUBORDINAÇÃO CONFIGURADA. RESPONSABILIDADE SOLIDÁRIA E OBJETIVA DA INSTITUIÇÃO. ARTS. ANALISADOS: 130, CPC, 200, 932, III, 933, CC/02.

1. Ação de compensação por danos morais distribuída em 24/03/2010, da qual foi extraído o presente recurso especial, concluso ao Gabinete em 21/08/2013.

2. Discute-se a ocorrência de cerceamento de defesa pelo indeferimento da produção de provas, o termo inicial do prazo prescricional da pretensão de compensação por danos morais de vítima de crime, e a responsabilidade civil solidária e objetiva de entidade eclesiástica pelos danos advindos da prática do delito cometido por padre a ela vinculado.

3. Não configura cerceamento de defesa o indeferimento das provas requeridas com o fim de comprovar a ausência de relação de preposição, quando a própria Diocese afirma que o causador do dano é padre vinculado à Instituição, cumprindo funções, horários e normas relacionadas à administração da paróquia, fato esse, para o Tribunal de origem, suficiente para configurar a responsabilidade solidária e objetiva.

4. A regra inserta no art. 200 do CC/02 não ofende a teoria da actio nata, tampouco a independência das esferas cível e criminal, porquanto o prazo em curso da prescrição da pretensão reparatória se suspende apenas no momento em que o mesmo fato é apurado na esfera criminal, passando o ofendido, então, a ter também a faculdade de executar ou liquidar a sentença penal transitada em julgado.

5. Se o procedimento criminal não for iniciado no lapso temporal de três anos, não há falar em suspensão da prescrição da pretensão reparatória no juízo cível, de modo que, nesse caso, a inércia da parte em propor a ação de conhecimento naquele prazo será punida com a extinção daquela pretensão, restando-lhe apenas a possibilidade de executar a sentença definitivamente proferida pelo juízo criminal.

6. O STJ há muito ampliou o conceito de preposição (art. 932, III, do CC/02) para além das relações empregatícias, ao decidir que na configuração de tal vínculo "não é preciso que exista um contrato típico de trabalho; é suficiente a relação de dependência ou que alguém preste serviço sob o interesse e o comando de outrem" (REsp nº 304.673/SP, Rel. Min. Barros Monteiro, 4ª Turma, DJ de 11/3/02).

> 7. Evidencia-se, no particular, a subordinação caracterizadora da relação de preposição, porque demonstrada a relação voluntária de dependência entre o padre e a Diocese à qual era vinculado, de sorte que o primeiro recebia ordens, diretrizes e toda uma gama de funções do segundo, e, portanto, estava sob seu poder de direção e vigilância, mesmo que a ele submetido por mero ato gracioso (voto religioso).
>
> 8. A gravidade dos fatos reconhecidos em juízo, sobre crimes sexuais praticados por religiosos contra menores, acarreta responsabilidade civil da entidade religiosa, dado o agir aproveitando-se da condição religiosa, traindo a confiança que nela depositam os fiéis.
>
> 9. Notadamente em circunstâncias como a dos autos, em que o preposto, como sacerdote, é, em geral, pessoa de poucas posses, que faz voto de pobreza, e, portanto, sem possuir os meios necessários para garantir a justa indenização, assume o preponente nítida posição de garantidor da reparação devida à vítima do evento danoso, porque, em regra, possui melhores condições de fazê-lo.
>
> 10. Recurso especial conhecido e desprovido. (STJ - Resp 1393699/PR - Rel. Min. Nancy Andrighi - 3ª T. - DJ 19/11/2013)

As organizações religiosas respondem (assim como todas pessoas jurídicas) por ato de seus prepostos. As mesmas são responsáveis pela conservação e segurança de suas sedes e templos, pelos atos de seus prepostos (dirigentes, funcionários e religiosos).

Como as organizações não possuem (pelo menos à primeira vista) atividade normalmente desenvolvida que gere risco para os direitos de outrem (como exige o art. 927, parágrafo único do Código Civil para caracterizar responsabilidade objetiva), a responsabilidade de tais entidades é subjetiva.

Somente se ficar comprovada que a atividade normalmente desenvolvida pela organização religiosa no caso concreto enseje risco para os direitos de outrem é que haverá a responsabilidade objetiva.

Diante disto, seja empregado ou preposto sem vínculo empregatício, a organização responde por seus atos.

## 35.11 (IM)POSSIBILIDADE DE NÃO SE ADMITIR FIÉIS PELA ORIENTAÇÃO SEXUAL

Como dito alhures, a natureza jurídica das associações deve servir de norte para julgar a licitude ou não de questões atinentes a dita associação.

Não é raro acontecer de determinada conduta não ser permissiva em determinado tipo de associação e ser em outro.

Uma das mais polêmicas questões – é sem dúvida alguma – a possibilidade ou não das organizações religiosas não admitirem fiéis homossexuais.

Como adiantado anteriormente, as associações em geral como clubes não podem negar a participação em seus quadros pela condição sexual do associado e tampouco promover tratamento diferenciado de outros associados heterossexuais em detrimento dos homossexuais.

No que se refere às organizações religiosas, salvo melhor juízo, entendemos que a resposta é diversa.

Isto porque nas organizações religiosas vigora também a liberdade de religião, fazendo com que a liberdade de auto-determinação seja um pouco mais intensa. Historicamente, várias religiões tem sua base de crença no casamento heterosexual e em outros dogmas, não sendo ilícito, portanto, não se admitir pessoas que não estejam de acordo com as normas religiosas. Nos Estados Unidos, em caso julgado em 1995, a Suprema Corte norte-americana entendeu que associações privadas tem o direito de não admitirem pessoas que podem de ir de encontro às mensagens e expressões que deseja repassar. Entedeu-se que as associações que realizam o desfile do dia de St. Patrick em Boston podiam não incluir manifestantes ou mensagens contrárias ao que se deseja expressar com o desfile como ocorreu ao impedir gays e lésbicas que desejavam marchar sob sua própria bandeira. (Hurley *v.* Irish-Amercian Gay, Lesbian, and Bisexual Group of Boston, 515 US 555).[284]

Assim, apesar de entendermos ser louvável religiões admitirem as pessoas independentemente de sua orientação sexual, não julgamos como ilícitas as que não admitem tais pessoas. Salientamos novamente, que a priori, nas outras espécies de associações, não se pode impedir a participação das pessoas em virtude da orientação sexual.

---

[284] Op. Cit. P. 615.

# BIBLIOGRAFIA


ALEMANHA. *Código civil alemão*. Trad.: Souza Diniz. Rio de Janeiro: Distribuidora Record, 1960.

ALEMAR, Aguinaldo. *Direito e ambientalismo: fundamentos para o estudo do direito ambiental.* Belo Horizonte: Arraes Editores, 2013.

ALPA, Guido. *Istituzioni di Diritto Privato*. 2. ed. Torino: UTET, 1997.

ALTERINI, Atílio Aníbal. *Derecho Privado*: curso ajustado a los programas vigentes em universidades nacionales e privadas. 3. ed. Buenos Aires: Abeledo-Perrot, 1989.

ALVES, José Carlos Moreira. *A parte geral do projeto de Código Civil brasileiro* (*subsídios históricos para o novo Código Civil brasileiro*). 2. ed. São Paulo: Saraiva, 2003.

AMARAL, Francisco. *Direito civil*: introdução. 5. ed. Rio de Janeiro: Renovar, 2003.

AZEVEDO, Álvaro Villaça. *Código civil comentado*: das pessoas e dos bens: artigos 1 a 103, volume I/Álvaro Villaça Azevedo, Gustavo René Nicolau; Coordenador Álvaro Villaça de Azevedo. São Paulo: Atlas, 2007.

BARRON, Jerome A. e DIENES, C. Thomas. *Constitucional Law in a nutshell.* Eagan: West, 2013.

BASTOS, Celso Ribeiro. *Curso de Direito Constitucional.* 18. ed. São Paulo: Editora Saraiva, 1997.

BASTOS, Celso Ribeiro; MARTINS, Ives Gandra. *Comentários à Constituição do Brasil*: promulgada em 5 de outubro de 1988. São Paulo: Saraiva, 1988-1989.

BEVILÁQUA, Clóvis. *Código civil dos Estados Unidos do Brasil, comentado por Clovis Beviláqua.* Edição histórica. Rio de Janeiro: Ed. Rio, 1976-1984.

BIELSA, Rafael. *Derecho Administrativo.* Tomo IV. 6. ed. Buenos Aires: La Ley, 1965.

BORGES, Alexandre Walmott. *Preâmbulo da Constituição e a ordem econômica.* Curitiba: Juruá, 2003.

CAETANO, Marcello. *Manual de Direito Administrativo.* 10. ed. Coimbra: Livraria Almedina, 1997.

CAHÍAN, Adolfo. *Manual teórico práctico de asociaciones civiles e fundaciones.* Buenos Aires: Ediciones La Rocca, 1994.

CAMARGOS, Ana Amélia Mascarenhas. *Direito do trabalho no terceiro setor.* São Paulo: Saraiva, 2008.

CARBONNIER, Jean. *Droit civil*: 1./les personnes: personalité, incapacites, personnes morales. 20. ed. Paris: Presses Universitaires de France, 1996.

CARDOSO, Paulo Leonardo Vilela. *O empresário de responsabilidade limitada.* São Paulo: Saraiva, 2002.

CARUSI. Donato. *Associazioni e Fondazioni*: dal codice civile alle riforme annunciate. Milano: Giuffrè Editore, 2001.

CARVALHO, Afrânio. *Instituições de direito privado.* 3. ed. Rio de Janeiro: Forense, 1980.

COELHO, Fábio Ulhoa. *Manual de direito comercial.* 13. ed. São Paulo: Saraiva, 2002.

COELHO, Fábio Ulhoa. *Curso de direito civil.* vol. 1. São Paulo: Editora Saraiva, 2004.

COLIN, Ambrosio; CAPITANT, H. *Curso elemental de derecho civil.* Traduccion por la Revista General de Legislacion y Jurisprudência con notas sobre el derecho civil español por Demofilo de Buen. Madrid: Instituto Editorial Réus, 1961.

COSTA, Carlos Celso Orcesi da. *Código civil na visão do advogado.* São Paulo: Editora Revista dos Tribunais, 2003.

CRETELLA JR., José. *Comentarios à Constituição Brasileira de 1988.* vol. I. 2. ed. Rio de Janeiro: Forense Universitária, 1997.

DAMAREY, Stéphaine et al. *Code des associations et fundations commenté.* Dalloz: Paris, 2012.

DELGADO, Mário Luiz. *Problemas de direito intertemporal no código civil:* doutrina e jurisprudência. São Paulo: Saraiva, 2004.

DINIZ, Maria Helena. *Curso de direito civil brasileiro.* 22. ed. São Paulo: Saraiva, 2005.

DUARTE, José. *Comentários à Lei das Contravenções Penais.* vol. II. 2. ed. Rio de Janeiro: Forense, 1958.

EMANUEL, Steven L. *Constitucional Law.* New York: Wolters Kluwer, 2013.

FACHIN, Luiz Edson e TEPEDINO, Gustavo José Mendes (orgs.). *Diálogos sobre Direito Civil.* Vol. III. Rio de Janeiro: Renovar, 2012,

FACHIN, Luiz Edson . *Teoria Crítica do Direito Civil.* Rio de Janeiro: Renovar, 2012.

FALCÃO, Alcino Pinto. *Parte geral do código civil.* Rio de Janeiro: José Konfino Editor, 1959.

FARACO, Carlos Emílio; MOURA, Francisco Mota de. *Gramática*: fonética, fonologia, sintaxe e estilística. 17. ed. São Paulo: Editora Ática, 1997.

FARIA, Bento de. *Das contravenções penais.* Rio de Janeiro: Distribuidora Record Editora, 1958.

FARIAS, Cristiano Chaves de e ROSENVALD, Nelson. *Direito civil: teoria geral.* Lumen Júris, 2011.

FERNANDES, Luís A. Carvalho. *Teoria geral do Direito Civil.* vol. I. 2. ed. Lisboa: Lex, 1995.

FERNANDES, Wanderley. Cláusulas de exoneração e de limitação de responsabilidade. São Paulo: Saraiva, 2013.

FERRARA, Francesco. *Tratatto di diritto civile italiano.* Vol. I. Milano: Giuffrè, 1982.

FERREIRA, Aurélio Buarque de Holanda. *Novo Aurélio Século XXI*: o dicionário da língua portuguesa. 3. ed. totalmente revista e ampliada. Rio de Janeiro: Nova Fronteira, 1999.

FERREIRA, Pinto. *Comentários à Constituição brasileira.* São Paulo: Saraiva, 1989.

FIUZA, César. *Direito civil*: curso completo. 12. ed. Belo Horizonte: Del Rey, 2008.

FIÚZA, Ricardo. *O novo Código Civil e as propostas de aperfeiçoamento.* Colaboração: Mario Luiz Delgado Regis. São Paulo: Saraiva, 2004.

FORGES, Jean-Michel de. *Lês institutions administratives françaises.* Paris: Presses Universitaires de France, 1985.

FRANÇA. *Código Napoleão ou Código Civil dos Franceses.* Trad.: Souza Diniz. Rio de Janeiro: Distribuidora Record, 1962.

FRAZÃO, Ana et al. *Associações: constituição, fundamentos e perspectivas.* Rio de Janeiro: Processo, 2017.

GALGANO, Francesco. *Diritto civile e commerciale.* Vol. 1. 2. ed. Padova: CEDAM, 1993.

GONÇALVES NETO, Alfredo de Assis. *Direito de empresa: comentários aos artigos 966 a 1.195 do Código Civil.* São Paulo: Editora Revista dos Tribunais, 2007.

GONÇALVES, Luiz da Cunha. *Tratado de direito civil*: em comentário ao código civil português. São Paulo: M. Limonad, 1955-1968.

GRINOVER, Ada Pellegrini *et al. Código de defesa do consumidor comentado pelos autores do anteprojeto.* 6. ed. Rio de Janeiro: Forense, 1999.

GRINOVER, Ada Pelegrini *et al. Código de defesa do consumidor comentado pelos autores do anteprojeto.* 6. ed. Rio de Janeiro: Forense, 1999.

HÄBERLE, Peter. *Libertad, igualdad, fraternidad: 1789 como historia, actualidad y futuro del Estado constitucional.* Madrid: Trotta, 1998.

HESSE, Konrad. *A força normativa da Constituição.* Trad. Gilmar Mendes. Porto Alegre: Sergio Antonio Fabris Editor, 1991.

ISRAEL, Jean Jacques. *Direito das liberdades fundamentais.* Barueri: Manoel, 2005.

ITÁLIA. *Código Civile con la Costituizone e le principalli leggi speciali.* A cura di: Rosário Nicolo e Adolfo di Majo. Milano: Dott. A. Giuffrè Editore, 1977.

JACQUES, Paulino. *Curso de Direito Constitucional.* 5. ed. Rio de Janeiro: Forense, 1967.

KELSEN, Hans. *Teoria geral do direito e do estado.* São Paulo: Martins Fontes, 1998.

LEHMANN, Heinrich. *Parte General.* Vol. I. Madrid: Editorial Revista de Derecho Privado, 1956.

LEFEBVRE, Francis et al. *Memento pratique – Associations, fondations, congrégations, fonds de dotation.* Levallois: Editions Francis Lefebvre, 2012.

LEONARDO, Rodrigo Xavier. *Associações sem fins econômicos.* São Paulo: Editora Revista dos Tribunais, 2014.

LIMA, Joao Franzen de. *Curso de direito civil brasileiro.* vol. 1. Rio de Janeiro: Forense, 1957.

LISBOA, Roberto Senise. *Manual de direito civil.* vol. 1. 3. ed. São Paulo: RT, 2003.

LORENZETTI, Ricardo Luis. *Fundamentos do direito privado.* São Paulo: Editora Revista dos Tribunais, 1998.

LOTUFO, Renan. *Código civil comentado*: parte geral (arts. 1º a 232). vol. 1. São Paulo: Saraiva, 2003.

MAROT, Yves. *La loi du 1er juillet 1901. Sur lês associations: um príncipe de liberte ou um príncipe de démocratie? L'association: um contrat ou une persone juridique?*. Recueil Dalloz, 2001, p. 3106.

MAXIMILIANO, Carlos. *Hermenêutica e aplicação do direito.* Rio de Janeiro: Forense, 1993.

MAZEAUD, Henri et Leon; MAZEAUD, Jean. *Leçons de Droit Civil.* 4ème ed.Tome Premier. Vol. X. Paris: Éditions Montchrestien, 1990-1993.

MENDES, Gilmar Ferreira et al. *Curso de direito constitucional.* São Paulo: Saraiva, 2010.

MESSINEO, Francesco. *Manual de Derecho Civil y Comercial.* Tomo I. traduccion de Santiago Sentis Melendo. Buenos Aires: Ed. Jurídicas Europa-America, 1954-1956.

MILL, John Stuart. *Sobre a liberdade.* Tradução e prefácio Alberto Rocha Barros; apresentação Celso Lafer. 2. ed. Petrópolis: Vozes, 1991.

MIRANDA, Francisco Cavalcanti Pontes de. *Tratado de Direito Privado.* Parte geral. Tomo I. Rio de Janeiro: Editor Borsoi, 1954.

MONTEIRO FILHO, Raphael de Barros et al. *Comentários ao novo código civil: das pessoas (Arts. 1º a 78), volume I;* coord. Sálvio de Figueiredo Teixeira. Rio de Janeiro: Forense, 2010.

MONTEIRO, Washington de Barros. *Curso de Direito Civil.* 29. ed. São Paulo: Saraiva, 1997.

NERY JÚNIOR, Nelson et al. *Código civil comentado.* São Paulo: Editora Revista dos Tribunais, 2008; p. 254.

PAES, José Sabo. *Fundações, associações e entidades de interesse social: aspectos jurídicos, administrativos, contábeis, trabalhistas e tributários.* São Paulo: Forense, 2010.

PAES, José Eduardo Sabo. *Fudanções, associações e entidades de interesse social: aspectos jurídicos, administrativos, contábeis, trabalhistas e tributários.* Rio de Janeiro: Forense, 2018.

PEREIRA, Caio Mário da Silva. *Instituições de direito* civil. Rio de Janeiro: Forense, 2000.

PERLINGIERI, Pietro. *Manuale di diritto civili.* 4. ed. Napoli: Edizioni Scientifiche Italiane, 2003.

PROPERSI, Adriano e ROSSI, Giovanna. *Gli enti non profit.* Milano: Gruppo24Ore, 2012.

REALE, Miguel. *Estudos preliminaries do Código Civil.* São Paulo: Editora Revista dos Tribunais, 2003; p. 8.

REALE, Miguel. *História do Novo Código Civil.* São Paulo: Editora Revista dos Tribunais, 2005.

RIVERO, Jean. *Droit Administratif.* 5eme. éd. Paris: Dalloz, 1971.

RIPERT, Georges; BOULANGER, Jean. *Tratado de Derecho Civil segun el tratado de Planiol.* Buenos Aires: La ley, 196-.

RIZZARDO, Arnaldo. *Parte Geral do Código Civil*: lei n. 10.406, de 10.01.2002. 3. ed. Rio de Janeiro: Forense, 2003.

ROCHA, Sílvio Luís Ferreira da Rocha. *Terceiro Setor.* Malheiros: São Paulo, 2006.

ROMANO, Santi. *L'ordinamento giuridico.* 2. ed. Firenze: Sansoni, 1945.

ROPPO, Enzo. *O contrato.* Trad. Ana Coimbra e M. Januário C. Gomes. Coimbra: Livraria Almedina, 1988.

SANTORO-PASSARELLI, Francesco. *Dotrrine Generali Del Diritto Civile.* 9. ed. Napoli: Casa Editrice Dott. Eugenio Jovene, 1997.

SANTOS, Antônio Jeová. *Direito intertemporal e o novo Código Civil:* aplicações da Lei 10406/2002. São Paulo: Editora Revista dos Tribunais, 2003.

SIDOU, J.M. Othon. *Dicionário jurídico*: Academia Brasileira de Letras Jurídicas. 8. ed. Rio de Janeiro: Forense Universitária, 2003.

SILVA, De Plácido. *Vocabulário Jurídico.* 11. ed. Vol. I. Rio de Janeiro: Forense, 1991.

SUÍÇA. *Código civil suíço e Código Federal Suíço das Obrigações.* Trad.: Souza Dini. Rio de Janeiro: Distribuidora Record, 1961.

TEIXEIRA, Wendel de Brito Lemos Teixeira; ATTIE, Jose Américo Fonseca. A legalidade da permanência da sociedade de cônjuges casados sob o regime da comunhão universal após o advento do novo Código Civil. *Revista Forense Eletrônica*, n. 378.

TEPEDINO, Gustavo; BARBOZA, Heloisa Helena; MORAES, Celina Bodin de [coords.]. *Código civil interpretado conforme a Constituição da República.* Rio de Janeiro: Renovar, 2004.

THEODORO JR., Humberto. *Curso de Direito Processual Civil.* Rio de Janeiro: Forense, 2005.

THEODORO JÚNIOR, Humberto. *Direitos do consumidor: a busca de um ponto de equilíbrio entre as garantias do Código de Defesa do Consumidor e do Direito Processual Civil.* Rio de Janeiro: Forense, 2013.

TOCQUEVILLE, Aléxis. *A democracia na América.* Trad. Neil Ribeiro da Silva. São Paulo: Folha de São Paulo, 2010.

TUHR, Andreas Von. *Derecho Civil*: teoria general del derecho civil aleman. vol. IV. Buenos Aires: Editora Depalma, 1946.

TRABUCCHI, Alberto. *Instituciones de Derecho Civil.* Madrid: Editorial Revista de Derecho Privado, 1967.

VALE, André Rufino do. Drittwirkung de direitos fundamentais e associações privadas. Direito Público. Porto Alegre, ano 3, n.9, p.53-74, jul./set.2005.

VENOSA, Silvio Salvo. *Direito Civil.* São Paulo: Editora Atlas, 2004.

WESTERMANN, Harry. *Código Civil Alemão*: parte geral. Trad. Luiz Doria Furquim. Porto Alegre: S.A. Fabris, 1991.

ZANOBINI, Guido. *Corso di Diritto Amministrativo.* Milano: Dott. A. Giuffrè Editore, 1959.

SITES CONSULTADOS

Angola Press (Empresa pública de notícias da Angola) <http://www.angolapress-angop.ao>

Câmara dos Deputados do Paraguai <http://www.camdip.gov.py>

Canadian Legal Information Institute <http://pdba.georgetown.edu>

Colégio de Abogados de Puerto Montt A.G. <http://colegioabogados.org>

Comission Andina de Juristas <http://www.cajpe.org.pe/RIJ/bases/legisla/bolivia/ley11.HTM>

Congresso do Peru <http://www.congreso.gob.pe>

Conseil Constitutionnel de la France <http://www.conseil-constitutionnel.fr>

Consultor Jurídico – http://www.conjur.com.br>

Corte Constitucional da Bolívia <http://www.tribunalconstitucional.gov.bo>

Embaixada da Alemanda (Brasília) <http://www.brasilia.diplo.de/Vertretung/brasilia>

Fundação Educacional Friedrich-Ebert-Stiftung <http://library.fes.de

IBGE <http://www.ibge.gov.br/home/estatistica/economia/fasfil/2005/fasfil.pdf>

Jus Navigandi <http://www.jus.com.br>

Lawbrain <www.lawbrain.com>

Leys Paraguayas <http://www.leyes.com.py>

Miguallhas <www.migalhas.com.br>

Political Database of the Americas (PDBA) da Universidade de Georgetown <http://pdba.georgetown.edu>

Revista Eletronica del Derecho de las Telecomunicaciones <http://www.redetel.gov.ar>

Senado da Argentina <http://www.senado.gov.ar/web/informacion/cuerpo1.php>

Senato Della Repubblica della Italia <http://www.senato.it>

Superior Tribunal de Justiça do Brasil <http://www.stj.jus.br>

Supremo Tribunal Federal do Brasil <http://www.stf.jus.br>

Supremo Tribunal de Portugal <http://www.stj.pt>

Tribunal de Justiça do Distrito Federal <http://www.tjdf.jus.br>

Tribunal de Justiça de Minas Gerais <http://www.tjmg.jus.br>

Tribunal de Justiça do Rio de Janeiro <http://www.tjrj.jus.br>

Tribunal de Justiça do Rio Grande do Sul <http://www.tjrs.jus.br>

Tribunal de Justiça de São Paulo <http://www.tjsp.jus.br>

Tribunal Regional do Trabalho da 3ª Região <http://www.trt3.jus.br>

Universidade de Girona <http://civil.udg.es>

Universidad Nacional Autônoma de México <http://www.juridicas.unam.mx/publica/librev/rev/dconstla/cont/2006.2/pr/pr9.pdf>

Universidade de Rioja <http://www.unirioja.es>